rororo computer

*HERAUSGEGEBEN VON LUDWIG MOOS
UND MANFRED WAFFENDER*

Windows von Microsoft ist mit der Version 3.1 endgültig zum grafischen Betriebssystem-Standard für den MS-DOS-PC geworden. Es bietet dem Anwender neben neuen Technologien wie OLE und TrueType-Fonts acht Büroprogramme und zwei Spiele. Auf einfache Weise können Programme unter Windows Daten austauschen und zu individuellen Anwendungen integriert werden. Zu dieser Integration zählt auch die von Musik und Sprache. Mit der Multimedia-Erweiterung von Windows lassen sich Lehrprogramme, Bild-Ton-Lexika oder Unterhaltungsspiele einsetzen. Diese strukturierte Einführung bringt dem Benutzer die Fähigkeiten von Windows anschaulich und Schritt für Schritt näher, so daß er binnen kurzem den größtmöglichen Nutzen aus diesem Programm ziehen kann.

HELMUT ERLENKÖTTER
VOLKER REHER

BETRIEBSSYSTEM WINDOWS 3.1

EINE STRUKTURIERTE EINFÜHRUNG

**GRUNDKURS COMPUTERPRAXIS
HERAUSGEGEBEN
VON RUDOLF HAMBUSCH**

ROWOHLT

11.–20. Tausend März 1993

Originalausgabe
Veröffentlicht im Rowohlt Taschenbuch Verlag GmbH,
Reinbek bei Hamburg, Dezember 1992
Copyright © 1992 by Rowohlt Taschenbuch Verlag GmbH,
Reinbek bei Hamburg
Umschlaggestaltung Thomas Henning
Grafiken Carola Hennig und Ilse Parkmann
Satz Times PostScript Linotype Library, PM 4.01
bei Langosch Grafik & DTP, Hamburg
Druck und Bindung Clausen & Bosse, Leck
Printed in Germany
1890-ISBN 3 499 19230 6

INHALT

EDITORIAL 14

VORWORT 16

1	BEDIENUNG	18
1.1	Maus und Tastatur	20
1.2	WINDOWS starten und beenden	23
1.3	Fenster	23
1.3.1	Fenster verschieben	25
1.3.2	Fenstergröße ändern	26
1.3.3	Fenster auf Symbolgröße verkleinern	26
1.3.4	Symbol auf Fenstergröße bringen	27
1.3.5	Fenster auf Vollbild vergrößern	28
1.3.6	Übungen 1–2	28
1.3.7	Bildlaufleisten verwenden	28
1.3.8	Übung 3	30
1.3.9	Fenster schließen	30
1.4	Menüs	31
1.4.1	Das Systemmenü	31
1.4.2	Andere Menüs	34
1.4.3	Übungen 4–7	36
1.5	WINDOWS-Lernprogramm und Hilfe	36
1.5.1	Die WINDOWS-Hilfe	37
1.5.2	Das WINDOWS-Lernprogramm	41
2	PROGRAMM-MANAGER	43
2.1	Gruppen	43
2.1.1	Gruppenfenster öffnen und schließen	45

2.1.2	Gruppenfenster anordnen	45
2.1.3	Symbole anordnen	48
2.1.4	Übungen 8–9	49
2.1.5	Bezeichnung und Zuordnung ändern	49
2.1.6	Gruppen erstellen und löschen	51
2.1.7	Weitere Befehle zur Gruppenverwaltung	59
2.2	Programme starten	60
2.2.1	Starten mit der Maus	60
2.2.2	Starten mit Tastenkombination	60
2.2.3	Automatisch starten	61
2.2.4	Programm und Dokument verbinden	62
2.2.5	Übungen 10–11	62
2.3	PROGRAMM-MANAGER beenden	63
3	SPIELE	64
3.1	SOLITÄR	64
3.1.1	Spielregeln	64
3.1.2	Spieloptionen	67
3.1.3	Karten umlegen	69
3.1.4	Tips	69
3.2	MINESWEEPER	70
3.2.1	Spielregeln	70
3.2.2	Spieloptionen	73
3.2.3	Tips	74
4	PAINTBRUSH	76
4.1	Fenster-Darstellung	77
4.2	Ein erstes Bild gestalten	79
4.3	Speichern und Laden	83
4.4	Fehler korrigieren	87
4.4.1	Radieren	87
4.4.2	Widerrufen	89
4.4.3	Rücktaste einsetzen	90
4.4.4	Bildausschnitt vergrößern	91
4.4.5	Zusammenfassung	92
4.5	Übungen 12–14	93
4.6	Schere, Pinsel, Linie und Rechteck	93
4.6.1	Wir zeichnen ein Fenster	93

4.6.2	Zusammenfassung	96
4.7	Cursorposition anzeigen	97
4.8	Einen Lageplan zeichnen	98
4.9	Das Texthilfsmittel benutzen	98
4.10	Kreis und Bogen benutzen	101
4.11	Mit dem Trickkasten arbeiten	103
4.12	Drucken	104
4.12.1	Eine Zeichnung drucken	105
4.12.2	Layout festlegen	106
4.13	Weitere Werkzeuge und Befehle	107
4.13.1	Das Vieleck	107
4.13.2	Die gefüllten Werkzeuge	108
4.13.3	Bildattribute festlegen	108
4.13.4	Formen und Farben bestimmen	109
4.13.5	Teile von Zeichnungen laden und speichern	111
4.13.6	Bildformat ignorieren	111
4.14	Der Briefkopf	112
4.15	Alle Werkzeuge im Überblick	113
5	WRITE	115
5.1	WRITE starten	115
5.2	Schnellübersicht	116
5.3	Cursor im Text bewegen	117
5.4	Textkorrekturen	118
5.5	Übung 15	119
5.6	Text markieren	119
5.7	Textblöcke bearbeiten	121
5.7.1	Die ZWISCHENABLAGE	121
5.7.2	Ausschneiden, Kopieren, Einfügen	122
5.8	Textsuche	124
5.8.1	Textstellen suchen	124
5.8.2	Textstellen ersetzen	125
	Übung 16	127
5.8.3	Fehlerquellen beim Ersetzen	127
5.9	Dokumentgestaltung	128
5.9.1	Zeilenlineal	128
5.9.2	Schriftstile	129
5.9.3	Hoch- und tiefgestellte Zeichen	129

5.9.4	Schriftarten und Schriftgrößen	130
5.9.5	ZEICHENTABELLE	130
	Übung 17	132
5.9.6	Absätze formatieren	132
5.9.7	Tabulatoren benutzen	135
5.9.8	Silbentrennung	137
5.9.9	Übung 18	138
5.10	Seitenlayout festlegen	139
5.10.1	Kopf- und Fußzeilen einfügen	140
5.10.2	Seitenumbruch	140
5.11	Text speichern und drucken	141
5.12	Text und Grafik kombinieren	143
	Übungen 19–20	147
5.13	OBJEKT-MANAGER	147
	Übung 21	149
6	WINDOWS STEUERN	150
6.1	Der TASK-MANAGER	150
6.2	Die SYSTEMSTEUERUNG	152
6.2.1	Farben	153
6.2.2	Schriftarten	157
6.2.3	Anschlüsse	158
6.2.4	Maus	159
6.2.5	Desktop	160
6.2.6	Netzwerk	163
6.2.7	Drucker	164
6.2.8	Ländereinstellung	169
6.2.9	Tastatur	170
6.2.10	Datum/Uhrzeit	170
6.2.11	Klang	170
6.2.12	Erweiterter Modus für 386-PC	171
6.2.13	Treiber	174
6.2.14	MIDI-Mapper	175
6.3	Der DRUCK-MANAGER	175
6.3.1	Die Druckerwarteschlange	176
6.3.2	Druckerwarteschlange bearbeiten	177
6.3.3	Befehle des DRUCK-MANAGERS	177
6.3.4	Drucken in eine Datei	178

7	DATEI-MANAGER	180

7.1	Mit Verzeichnisfenstern arbeiten	180
7.2	Dateien kopieren, verschieben und löschen	187
	Übung 22 189	
7.3	Verzeichnisse bearbeiten 190	
	Übungen 23–25 191	
7.4	Datenträger bearbeiten 191	
7.5	Dokumente und Programme verknüpfen	192
7.6	Besondere Maustechniken 194	
7.7	Einstellungen des DATEI-MANAGERS	195
7.8	Zusammenfassung 195	

8	UHR	196

8.1	Gebrauch und Aussehen 196
8.1.1	Icon-Darstellung 196
8.1.2	Fenster-Darstellung 196
8.1.3	Analog-Uhr 198
8.1.4	Digital-Uhr 198
8.2	Uhr einstellen 199
8.3	Vordergrunddarstellung 199
8.4	Übungen 26–27 199

9	KALENDER	201

9.1	Gebrauch und Aussehen 201
9.1.1	Icon-Darstellung 201
9.1.2	Fenster-Darstellung 202
9.1.3	Tageskalender 202
9.1.4	Monatskalender 203
9.2	Einige Vorüberlegungen zur Kalenderplanung 205
9.2.1	Zeitraster 205
9.2.2	Arbeitsbeginn 205
9.3	Besondere Tage kennzeichnen 206
9.3.1	Markierungssymbole 207
9.3.2	Kommentare eintragen 208
9.4	Termine eintragen 208
9.4.1	Zeitrastereintragung 208
9.4.2	Zwischentermine 209

9.5	Wecker benutzen 209
9.6	Termine bearbeiten 211
9.7	Kalender speichern 212
9.8	Kalender drucken 212
9.8.1	Layout 213
9.8.2	Drucken 214
9.9	Übungen 28–33 215

10	KARTEI 216
10.1	Gebrauch und Aussehen 216
10.1.1	Icon-Darstellung 216
10.1.2	Fenster-Darstellung 217
10.1.3	Kartenanzeige 218
10.1.4	Listenanzeige 218
10.2	Karteiplanung 219
10.2.1	Ordnungsbegriffe und Stichworte 219
10.2.2	Karteiteil 220
10.2.3	Telefonnummern 220
10.3	Eine Kartei anlegen 221
10.3.1	Leerkarte bearbeiten 221
10.3.2	Neue Karten hinzufügen 223
10.3.3	Text-Karten 223
10.3.4	Bild-Karten 224
10.3.5	Gemischte Karten 226
10.4	Kartei speichern 227
10.5	Kartei drucken 227
10.5.1	Druckerinstallation überprüfen 227
10.5.2	Layout festlegen 228
10.5.3	Drucken 228
10.6	In einer Kartei suchen 228
10.6.1	Im Register suchen 229
10.6.2	Im Karteiteil suchen 230
10.7	Automatische Rufnummernwahl 231
10.8	Eine Kartei bearbeiten 232
10.8.1	Stichwortzeile ändern 233
10.8.2	Karteiteil ändern 233
10.8.3	Karten wiederherstellen 233
10.8.4	Karten löschen 233

10.8.5 Karten duplizieren 234
10.8.6 Karteien zusammenführen 235
10.9 Übungen 34–35 235

11 EDITOR 236

11.1 Gebrauch und Aussehen 236
11.1.1 Icon-Darstellung 236
11.1.2 Fenster-Darstellung 236
11.1.3 Editor-Dateien 237
11.2 Datei anlegen 238
11.3 Datei speichern 239
11.4 In Editor-Dateien suchen 239
11.5 Datei drucken 240
11.5.1 Druckereinrichtung prüfen 240
11.5.2 Layout festlegen 241
11.6 Text ändern 241
11.7 Speicherbedarf 242
11.8 Protokoll-Dateien 243
11.9 Übungen 36–37 244

12 TERMINAL 245

12.1 Gebrauch und Aussehen 245
12.2 Notwendige Hardware 247
12.3 Sonstige Voraussetzungen 249
12.4 Erste Sitzung vorbereiten 250
12.5 Eine Rechner-Verbindung herstellen 254
12.5.1 Der Modem-Einsatz 254
12.5.2 Die Handhabung eines Akustikkopplers 256
12.6 Ablauf einer Sitzung 256
12.6.1 Login 257
12.6.2 Dialog 257
12.6.3 Datei-Übertragung 258
12.6.4 Logoff 259
12.7 Drucken 260
12.7.1 Ankommende Nachrichten mitdrucken 260
12.7.2 Textteile drucken 261
12.8 Mehr Komfort 262
12.8.1 Telefonnummern einstellen 262

12.8.2	Terminal-Emulationen	263
12.8.3	Terminaleinstellungen	264
12.8.4	Datenübertragungsparameter	267
12.8.5	Modembefehle	269
12.8.6	Übertragungsprotokolle	271
12.8.7	Logische Funktionstasten belegen	275
12.9	Terminal-Dateien speichern	278
12.10	Mit Terminal-Dateien arbeiten	278
12.11	Übung 38	279
13	MULTIMEDIA	280
13.1	Voraussetzungen	280
13.2	KLANGRECORDER	281
13.2.1	Klangdateien öffnen und abspielen	282
13.2.2	Klänge bearbeiten	282
13.2.3	Klänge aufnehmen und speichern	285
13.2.4	Anwendungsbeispiele für Klangdateien	285
13.3	MEDIEN-WIEDERGABE	286
13.3.1	Mediengerät wählen	287
13.3.2	Mediendatei wiedergeben	287
14	RECHNER	289
14.1	Gebrauch und Aussehen	289
14.1.1	Icon-Darstellung	289
14.1.2	Fenster-Darstellung	289
14.2	Der Standardrechner	291
14.2.1	Mit Tastatureingabe rechnen	291
14.2.2	Mit Mauseingabe rechnen	293
14.3	Der technisch-wissenschaftliche Rechner	293
14.3.1	Einfache Berechnungen mit Tastatureingabe	293
14.3.2	Berechnungen mit Mauseingabe	296
14.3.3	Statistische Berechnungen	299
14.4	Automatische Berechnungen	301
14.5	Übungen 39–42	303

15 RECORDER 304

- 15.1 Gebrauch und Aussehen 304
- 15.2 Makro-Planung 306
- 15.3 Makros aufnehmen 307
- 15.4 Makros starten 310
- 15.5 Makros ändern 311
- 15.5.1 Optionen ändern 312
- 15.5.2 Makros löschen 313
- 15.5.3 Makros zusammenführen 313
- 15.6 Makros für Demos erstellen 313
- 15.7 Übungen 43–44 314

16 PIF-EDITOR 315

- 16.1 Gebrauch und Aussehen 315
- 16.2 Betriebsmodi einstellen 317
- 16.2.1 Standard-Modus 317
- 16.2.2 386-erweitert-Modus 318
- 16.3 Programminformationen eingeben 319
- 16.3.1 Allgemeine Angaben 319
- 16.3.2 Laufzeitverhalten 319
- 16.4 Weitere Optionen 322
- 16.5 Übung 45 325

17 ANHANG 326

- 17.1 Installation 326
- 17.2 Tastaturen 328
- 17.3 Praxis-Tips 328
- 17.3.1 Allgemein Nützliches 328
- 17.3.2 Dateien öffnen und speichern 336
- 17.3.3 OLE (Object-Linking-and-Embedding) 337
- 17.3.4 Drag-and-Drop 338
- 17.3.5 Dateien mit TrueType-Fonts drucken 338
- 17.3.6 Programme automatisch starten 339
- 17.3.7 Das WINDOWS-Team 339
- 17.4 ASCII-Zeichensatz 340
- 17.5 ANSI-Zeichensatz 341
- 17.6 Produkt- und Warennamen 342
- 17.7 Sachwortregister 343

EDITORIAL

Folgt man den Aussagen von Bildungs- und Wirtschaftspolitikern, so wird das Zusammenleben der Menschen in Zukunft von informationsverarbeitenden Maschinen geprägt sein: Mehr als die Hälfte aller Arbeitenden wird direkt oder indirekt mit Computern zu tun haben. Eine besondere Rolle spielt dabei der heute bereits millionenfach verbreitete Jedermanncomputer, der Personal Computer (PC). Schüler, Handwerksmeister, Rechtsanwälte, Kaufleute, Lehrer und viele andere leben, spielen und arbeiten schon heute mit diesem Gerät. Der Einsatz des persönlichen Computers wird weniger von der Fähigkeit des Benutzers geprägt, das Gerät in seiner Technizität (Hardware) zu verstehen, als es vielmehr mit Hilfe der Computerprogramme (Software) zu bedienen.

Die Serie "Grundkurs Computerpraxis" erklärt Informationsverarbeitung sehr konkret und auf einfache Weise. Dabei steht das, was den Computer im eigentlichen Sinn funktionieren läßt, im Vordergrund: die Software.

Sie umfaßt
- Betriebssysteme,
- Anwenderprogramme,
- Programmiersprachen.

Ausgewählt werden Programme, die sich hunderttausendfach bewährt und einen Standard gesetzt haben, der Gefahr des Veraltens also nur in geringem Maße unterliegen.

Im "Grundkurs Computerpraxis" wird das praktische Computerwissen übersichtlich gegliedert, textverständlich strukturiert, auf das Wesentliche begrenzt und mit Grafiken, Beispielen und Übungen optimal zugänglich gemacht.

Der Herausgeber der Serie, Rudolf Hambusch, leitet am Institut für Schule und Weiterbildung des Landes Nordrhein-Westfalen unter anderem das Projekt Lehrerfortbildung in Informationsverarbeitung Wirtschaft. Die Autoren sind erfahrene Berufspädagogen, Praktiker und Mitarbeiter im Fortbildungsprojekt.

VORWORT

Die Benutzeroberfläche WINDOWS ist seit mehreren Jahren auf dem Markt. Die im Jahr 1990 erschienene Version 3 befindet sich auf über 9 Millionen Computern im Einsatz. Mit der 1992 von Microsoft herausgebrachten Version 3.1 wird dem PC-Anwender ein noch leichteres und intuitiveres Arbeiten ermöglicht. Besonders hervorzuheben sind die einfache Installation, die verbesserte grafische Gestaltung, die hohe Arbeitsgeschwindigkeit und die ausgeklügelte Speicherverwaltung.
WINDOWS 3.1 ist auf allen AT mit 2 MB Arbeitsspeicher und einer Festplatte sowie leistungsfähigeren PC lauffähig. Je stärker der Prozessor (mindestens 80386) und je mehr Hauptspeicher (> 2 MB) vorhanden ist, desto angenehmer gestaltet sich jedoch das Arbeiten. Zusätzlich werden erst mit Prozessoren ab dem 80386 einige Fähigkeiten von WINDOWS 3.1 erschlossen.
Zum Einsatz von WINDOWS sollte man weiterhin wissen, daß die ganze Leistungsfähigkeit dieser Benutzeroberfläche erst dann zum Tragen kommt, wenn speziell für WINDOWS entworfene Programme eingesetzt werden. Zwar laufen auch normale DOS-Programme unter WINDOWS, es bringt jedoch wenig Vorteile, sie unter dieser Oberfläche einzusetzen.
Seit dem Erscheinen der Version 3.0 hat sich die Anzahl der WINDOWS-Anwendungen sprunghaft erhöht. Dazu gehören auch DOS-Programme, die nun als WINDOWS-Versionen angeboten werden, wie beispielsweise WORD für WINDOWS. WINDOWS hat sich somit in kurzer Zeit zu der grafischen Benutzeroberfläche schlechthin entwickelt.
Dieses Buch will Ihnen praxisgerecht die Fähigkeiten von WINDOWS 3.1 nahebringen. Daher ist es so aufgebaut, daß Sie die Beispiele und Aufgaben direkt am Rechner ausprobieren sollten. Legen

Sie also das Buch neben den Rechner, und arbeiten Sie die Kapitel der Reihe nach durch. Die Kapitel sind zwar thematisch in sich abgeschlossen, sie bauen jedoch aufeinander auf.

Das Buch ist nicht in erster Linie als Nachschlagewerk konzipiert, sondern soll eine schrittweise Einführung in das Thema bieten. Daher werden bestimmte Vorgehensweisen und Techniken in der Regel an der Stelle erläutert, an der sie das erste Mal benötigt werden. Damit Sie dennoch bestimmte Stellen nachschlagen können, ist ein umfangreiches Stichwortverzeichnis vorhanden. Darüber hinaus haben wir im Anhang einige zentrale Funktionen von WINDOWS zusammengefaßt.

Zu diesem Band gibt es eine **Beispieldiskette** mit den von den Autoren verwendeten Beispielen, die gesondert bestellt werden kann. Bestellnummer: D5-9230/5,25 Zoll für DM 20 oder D3-9230/3,5 Zoll für DM 22. Die Preise sind inklusive Porto und Verpackung. Die Bestellung erfolgt nur durch Zusendung eines Euroschecks oder Einzahlung/Überweisung des Betrages an: Diskservice Ilse Parkmann, Am Königsteich 42, WD-4535 Westerkappeln, Konto-Nr. 20127627, Sparkasse Ibbenbüren, BLZ 403 510 60.

Wir danken Frau Ilse Parkmann und Herrn Dipl.-Hdl. Gerhard Haase für ihre Beratung und Hilfe bei der Korrektur des Manuskripts.

Helmut Erlenkötter / Volker Reher

1 BEDIENUNG

Die grafische Benutzeroberfläche von WINDOWS erleichtert das Arbeiten mit einem MS-DOS-Rechner erheblich. Statt Befehle und deren Syntax auswendig lernen zu müssen, können die meisten Aufgaben menügesteuert oder durch Auswählen von **Symbolen** (Icons) erledigt werden.

Bei WINDOWS wird der Bildschirm als Desktop (Schreibtischoberfläche) bezeichnet. Auf diesem "Schreibtisch" befinden sich rechteckige Arbeitsbereiche, die **Fenster** genannt werden. Sie lassen sich vergrößern, verkleinern, verschieben und wieder schließen. In diesen Fenstern läuft alles ab, was Sie mit WINDOWS machen wollen.

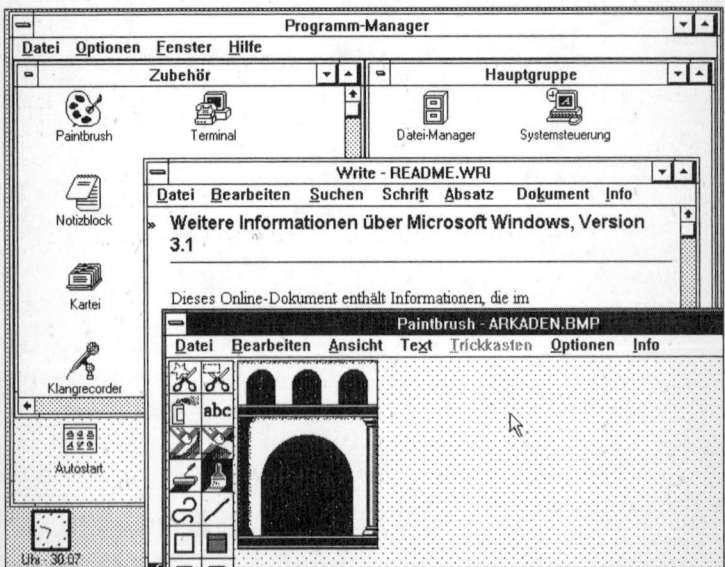

WINDOWS wird größtenteils mit Hilfe einer **Maus** bedient. Dieses nützliche "Nagetier" wandelt die Bewegung Ihrer Hand auf dem Schreibtisch in die Bewegung eines **Mauszeigers** auf dem Bildschirm um. So kann zum Beispiel ein Programm allein durch das **Anklicken** eines Symbols mit dem Mauszeiger gestartet werden.

Die Bedienung von WINDOWS ist zwar prinzipiell auch über die Tastatur möglich, doch ist die Arbeitsweise mit einer Maus zweckmäßiger. Daher haben wir uns in diesem Buch weitgehend auf die Steuerung mit der Maus beschränkt. Sollten Sie also noch keine Maus besitzen, so ist es ratsam, sich eine solche zuzulegen. Es muß nicht die teuerste sein; wenn Sie jedoch unnötigen Problemen aus dem Weg gehen wollen, achten Sie darauf, daß sie mit der Microsoft-Maus kompatibel ist.

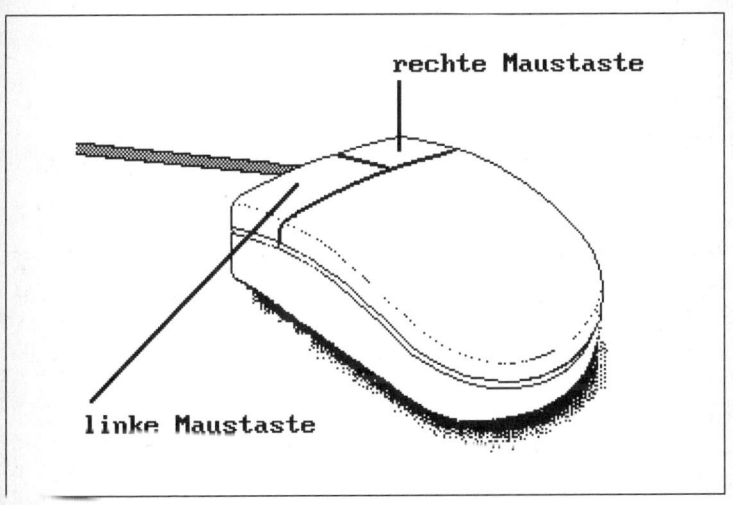

Wenn Sie noch nicht mit der Bedienung von WINDOWS vertraut sind, sollten Sie dieses und das nächste Kapitel gründlich durcharbeiten. Sie erleichtern sich dadurch das weitere Arbeiten. Außerdem müssen Sie die Bedienung nur ein einziges Mal lernen, da alle Programme, die unter WINDOWS laufen, auf die gleiche Weise zu handhaben sind. Verlieren Sie also bitte nicht die Geduld; ab Kapitel 3 können Sie zuerst spielerisch, dann kreativ tätig werden.

1.1 Maus und Tastatur

Bei der Beschreibung der **Mausaktionen** verwenden wir die folgenden Begriffe:

Mauszeiger Kleines Symbol auf dem Bildschirm, das je nach Anwendung verschiedene Formen annehmen kann (Pfeil, Linie, Kreuz usw.).

Klicken Kurzes Drücken und Loslassen einer Maustaste (in der Regel der linken).

Doppelklicken Maustaste zweimal schnell nacheinander drücken.

Ziehen Drücken und Festhalten einer Maustaste, während die Maus bewegt wird. Durch Ziehen können zum Beispiel Symbole oder Fenster auf dem Bildschirm verschoben werden.

Zeigen Bewegen der Maus, bis der Mauszeiger auf ein gewünschtes Element auf dem Bildschirm zeigt.

Cursor Eine Markierung auf dem Bildschirm, die anzeigt, an welcher Stelle das nächste Zeichen erscheinen soll. Eine andere Bezeichnung für Cursor ist **Einfügemarke**.

Hat Ihre Maus mehrere Tasten, so wird standardmäßig die **linke Maustaste** verwendet. Mit Hilfe der **Systemsteuerung**, die in Kapitel 6.2 beschrieben wird, können Sie allerdings auch selber festlegen, welche Maustaste Sie benutzen möchten. Mit wenigen Ausnahmen reicht diese eine Taste zur Bedienung von WINDOWS aus.

Wenn in einigen Fällen auch die **Tastatur** eingesetzt werden soll, sind die nötigen Tastenkombinationen und Tastenfolgen wie folgt dargestellt:

<TASTE1>+<TASTE2>
Ein Pluszeichen bedeutet, daß beide Tasten zur gleichen Zeit gedrückt sein müssen. Soll also die Tastenkombination <ALT>+<LEERTASTE> betätigt werden, muß **zuerst** die <ALT>-Taste **gedrückt und festgehalten** und dann die <LEERTASTE> **kurz** gedrückt werden. Denken Sie daran, daß Sie die meisten Tasten nur kurz antippen müssen. Durch zu langes Festhalten wird das Zeichen mehrfach eingegeben.

<TASTE1>,<TASTE2>
Ein Komma bedeutet, daß die beiden Tasten nacheinander zu betätigen sind. Die erste Taste muß losgelassen sein, bevor die zweite gedrückt wird.

Die im Buch verwendeten Tastenbezeichnungen haben folgende Bedeutung:

<F1> bis <F12>
Bezeichnungen für die Funktionstasten, die sich oberhalb oder links der Ziffern und Buchstaben befinden.

<EINGABETASTE>
Wird auch als <RETURNTASTE> oder <ENTERTASTE> bezeichnet. Sie liegt rechts neben dem Buchstabenfeld.

<ESC-TASTE>
Die <ESCAPE>-Taste befindet sich links oben auf der Tastatur. Sie dient als eine Art Notbremse. Bei vielen Programmen wird beim Druck auf diese Taste die gerade laufende Aktion ordnungsgemäß abgebrochen.

<RÜCKTASTE>
Liegt meist oberhalb der <EINGABETASTE> und dient dazu, das Zeichen links vom Cursor zu löschen. Sie ist mit einem nach links weisenden Pfeil beschriftet.

<ENTF-TASTE>
Diese Taste dient dazu, das Zeichen zu löschen, das rechts vom Cursor steht. Die englische Beschriftung lautet **DEL** für das Wort **Del**ete.

<EINFG-TASTE>
Diese Taste wird häufig von Textprogrammen verwendet, um zwischen dem Einfüge- und dem Überschreibmodus umzuschalten. Die englische Beschriftung lautet **INS** für **Ins**ert.

<POS1-TASTE>
Diese Taste wird häufig von Textprogrammen verwendet, um den Cursor an den Anfang der Zeile oder der Bildschirmseite zu bringen. Im Englischen ist diese Taste mit **Home** beschriftet.

<ENDE-TASTE>
Diese Taste wird häufig von Textprogrammen verwendet, um den Cursor hinter das letzte Zeichen der Zeile oder der Bildschirmseite zu bringen. Im Englischen ist diese Taste mit **End** beschriftet.

<BILD-NACH-OBEN>
Eine häufige Verwendung dieser Taste ist das seitenweise Blättern durch einen Text: Richtung nach oben. Die englische Beschriftung lautet **PgUp** für **Page Up**.

<BILD-NACH-UNTEN>
Eine häufige Verwendung dieser Taste ist das seitenweise Blättern durch einen Text: Richtung nach unten. Die englische Beschriftung lautet **PgDn** für die Bezeichnung **Page Down**.

<UMSCHALTTASTE>
Die Umschalttasten dienen vor allem dazu, die Großbuchstaben auf der Tastatur zu erreichen. Sie befinden sich auf der linken und der rechten Seite und sind meist mit einem nach oben weisenden Pfeil markiert. Sie werden häufig auch als <SHIFTTASTEN> bezeichnet.

<STRG-TASTE>
Diese Taste befindet sich unten links auf der Tastatur. Sie hat, ähnlich wie die Umschalttaste, keine eigene Funktion, sondern ändert die Funktion der Taste, die mit ihr zusammen gedrückt wird. Sie ist häufig auch mit **CTRL** beschriftet.

<TABULATORTASTE>
Die Tabulatortaste ist mit zwei gegenläufigen Pfeilen beschriftet und befindet sich meist neben dem Buchstaben Q.

<LEERTASTE>
Diese Taste erzeugt ein Leerzeichen.

<NACH LINKS>
<NACH RECHTS>
<NACH OBEN>
<NACH UNTEN>
Diese Bezeichnungen werden für die **Cursor**tasten verwendet. Sie befinden sich bei neuen Tastaturen in einem separaten Block oder sind in die Zifferntasten auf der rechten Seite integriert.

1.2 WINDOWS starten und beenden

Nachdem Ihr Computer normal gestartet wurde und das Betriebssystem geladen ist, geben Sie den Befehl

   win

ein. Nach einigen Sekunden erscheint die Arbeitsfläche von WINDOWS.
Als erstes Fenster befindet sich darauf der sogenannte PROGRAMM-MANAGER. Dieses Fenster ist für WINDOWS von zentraler Bedeutung. Von hier aus werden alle anderen Programme aufgerufen und gesteuert. Der PROGRAMM-MANAGER startet automatisch, wenn Sie mit WINDOWS arbeiten. Ein Schließen dieses Fensters ist gleichbedeutend mit dem Beenden von WINDOWS.
Die einfachste Art, ein Fenster zu schließen und damit in diesem Fall auch WINDOWS zu beenden, besteht darin, die Tastenkombination <ALT>+<F4> zu benutzen, indem Sie die <ALT>-Taste festhalten und die Funktionstaste <F4> kurz drücken. Den dann folgenden Hinweis, daß WINDOWS beendet wird, bestätigen Sie durch Drücken der <EINGABETASTE>.
Falls Sie WINDOWS wirklich beendet haben, starten Sie es erneut, damit wir uns jetzt an die Arbeit machen können.

1.3 Fenster

Der Bildschirm wird in WINDOWS als Schreibtisch (Desktop) bezeichnet. Auf ihm können Sie Elemente ablegen und wie auf einem richtigen Schreibtisch anordnen.
Wenn Sie WINDOWS starten, wird als erstes **Anwendungsfenster** der **PROGRAMM-MANAGER** geöffnet. Er ist das Hauptprogramm, von dem aus Sie alle Aktivitäten steuern. Wir werden es dazu benutzen, Ihnen den Umgang mit Fenstern zu demonstrieren. Das hier Gelernte gilt natürlich auch für alle anderen WINDOWS-Fenster.
Wie Sie sehen, befindet sich im Fenster PROGRAMM-MANAGER ein weiteres Fenster mit dem Titel **Hauptgruppe**. Dieses sollten Sie im folgenden noch unverändert lassen. Wir kommen in Kapitel 2 ausführlich darauf zurück.

24 BEDIENUNG

Das folgende Bild zeigt den Bildschirm direkt nach dem Start von WINDOWS.

Hinweis:
Beachten Sie bitte, daß der PROGRAMM-MANAGER auf Ihrem Rechner etwas anders aussehen kann, da die Anordnung der einzelnen Elemente frei wählbar ist. Wenn WINDOWS neu installiert ist, sollten jedoch keine oder nur geringe Unterschiede zu erkennen sein.

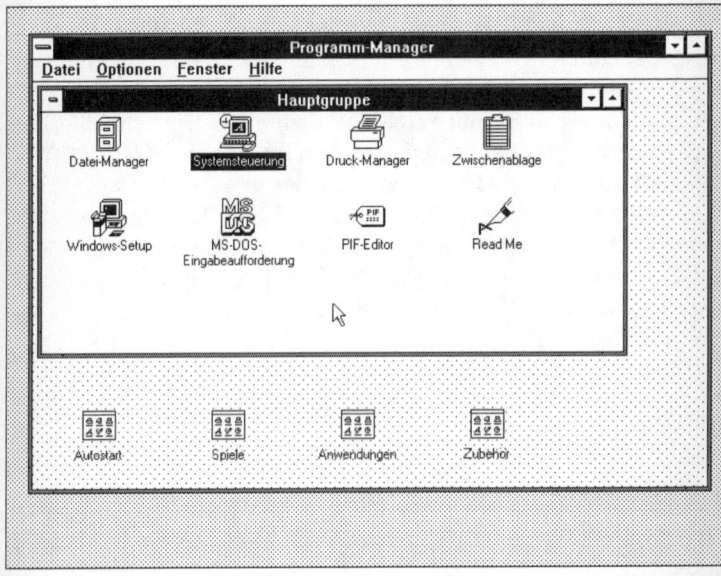

Damit wir im folgenden auf die einzelnen Teile eines Fensters Bezug nehmen können, sind in der nächsten Abbildung die einzelnen Elemente benannt. Wie Sie feststellen werden, sind nicht immer alle diese Elemente in jedem Fenster vorhanden; einige Grundelemente finden Sie jedoch immer wieder.

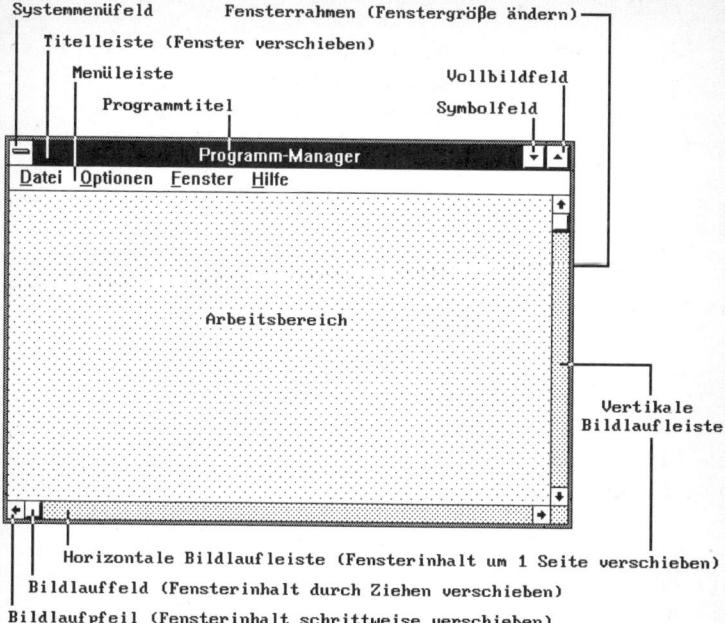

Mit diesen Hilfsmitteln können Sie alle Aufgaben erledigen, die in Zusammenhang mit den Fenstern stehen.

1.3.1 Fenster verschieben

Als ersten Schritt wollen wir dieses Fenster über den sogenannten Schreibtisch verschieben. Dazu fahren Sie mit dem Mauszeiger auf die Titelleiste. Das ist der Balken mit dem Text "Programm-Manager". Dann drucken Sie die (linke) Maustaste, halten sie fest und schieben das Fenster durch Bewegen der Maus an den gewünschten Platz. Lassen Sie nun die Maustaste wieder los. Sie entsinnen sich, daß man diesen Vorgang als **Ziehen** bezeichnet.

Wie Sie sehen, wird während des Verschiebens nicht der Fensterinhalt bewegt, sondern nur ein Rahmen. Erst wenn Sie die Maustaste wieder loslassen, verschiebt sich der Fensterinhalt in den neuen Rahmen.

Verschieben Sie das Fenster an mehrere Stellen. Dabei können Sie es auch so weit schieben, daß es nur noch teilweise auf dem Desktop zu erkennen ist. Bringen Sie das Fenster schließlich wieder ungefähr in die Mitte des Bildschirms. Neben der Veränderung der Position ist auch die Größe eines Fensters einstellbar.

1.3.2 Fenstergröße ändern

Bewegen Sie den Mauszeiger auf den äußeren Rand des Fensters. Genau auf diesem Rand ändert sich die Form des Zeigers von einem Pfeil zu einem Doppelpfeil. Bewegen Sie nun die Maus bei gedrückter Maustaste in eine der beiden Richtungen, in die der Doppelpfeil zeigt. Die Fenstergröße ändert sich entsprechend.
Wollen Sie gleichzeitig zwei Seitenlängen ändern, dann zeigen Sie auf eine der vier Ecken des Fensterrahmens. Der Zeiger verändert sich zu einem diagonalen Doppelpfeil. Durch Ziehen kann jetzt die Größe zweier Seiten gleichzeitig eingestellt werden.
Durch das Verschieben der Fenster und Ändern ihrer Größe besteht die Möglichkeit, mehrere Fenster gleichzeitig auf dem Bildschirm zu sehen. Eine weitere Eigenschaft eines Fensters ist die Verkleinerung auf Symbolgröße.

1.3.3 Fenster auf Symbolgröße verkleinern

Immer wenn Sie unter WINDOWS mit einem Programm arbeiten, tun Sie das in einem Fenster. Wenn Sie Ihre Arbeit mit dem Programm unterbrechen wollen, können Sie dieses Fenster auf Symbolgröße verkleinern. Dadurch nimmt es auf dem Desktop keinen unnötigen Platz ein, und das Programm selbst bleibt im Speicher. Ein umständliches Beenden und Neuladen entfällt somit. Auf diese Weise können Sie schnell auf eine Vielzahl von Programmen zugreifen, ohne sie immer neu laden zu müssen; jedoch hängt die Anzahl gleichzeitig verfügbarer Symbole von der Arbeitsspeichergröße Ihres Rechners und, wie Sie später noch sehen werden, von der Betriebsart von WINDOWS ab.
Um ein Fenster auf Symbolgröße zu verkleinern, klicken Sie das Feld **Symbol** an. Das ist das Feld mit dem nach unten weisenden Dreieck rechts neben der Titelleiste. Die nächste Abbildung zeigt das Ergebnis dieses Schrittes.

FENSTER 27

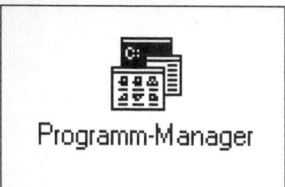

Das Symbol (Icon) wird von WINDOWS an den unteren Rand des Desktop gesetzt und zeigt Ihnen an, daß das entsprechende Programm noch im Speicher ist.

1.3.4 Symbol auf Fenstergröße bringen

Mit nur zwei Tastenanschlägen können Sie aus dem Symbol wieder das ursprüngliche Fenster herstellen.
Klicken Sie das Symbol **einmal** kurz an! Daraufhin erscheint ein Menü wie im folgenden Bild dargestellt.

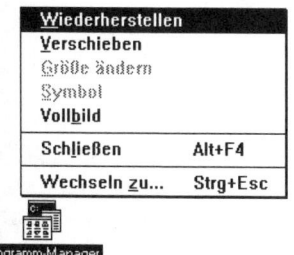

Wählen Sie hier den Menüpunkt **Wiederherstellen** durch kurzes Anklicken. Das Fenster hat seine alte Größe wieder, und Sie können Ihre Arbeit an der gleichen Stelle wieder aufnehmen, an der Sie sie unterbrochen haben.
Die zweite Möglichkeit, das Symbol wieder auf Fenstergröße zu bringen, besteht in einem Doppelklick mit der Maus. Das heißt, Sie bewegen den Pfeil auf das Symbol und drücken zweimal schnell nacheinander auf die linke Maustaste.

1.3.5 Fenster auf Vollbild vergrößern

Die letzte Funktion, mit der Sie die Größe eines Fensters ändern können, rufen Sie durch Anklicken der Schaltfläche **Vollbild** auf. Das ist das Feld mit dem nach oben weisenden Dreieck rechts neben der Titelleiste. Danach nimmt das Fenster die gesamte Fläche des Desktop ein.
Wie Sie sehen, hat sich der Pfeil in der Schaltfläche Vollbild in einen Doppelpfeil verwandelt. Dies zeigt an, daß die Schaltfläche jetzt die Funktion **Wiederherstellen** hat. Ein Klicken auf diese Fläche stellt das ursprüngliche Fenster wieder her.
Damit sind Sie nun in der Lage, das Aussehen des WINDOWS-Desktop nach Ihren Wünschen zu ändern.

1.3.6 Übungen 1–2

1) Versuchen Sie, das PROGRAMM-MANAGER-Fenster so weit wie möglich zu verkleinern (nicht auf Symbolgröße). Bringen Sie es anschließend wieder auf die ursprüngliche Größe!
2) Ändern Sie die Größe des Fensters in der Reihenfolge Vollbild – Fenster – Symbol – Fenster.

1.3.7 Bildlaufleisten verwenden

Sicherlich ist Ihnen aufgefallen, daß beim Verkleinern zusätzliche Elemente unten und rechts im Fenster erschienen sind. Bei diesen Elementen handelt es sich um die sogenannten **Bildlaufleisten**. Sie tauchen immer dann auf, wenn das Fenster zu klein geworden ist, um alles das aufzunehmen, was es darstellen soll.
Versuchen Sie, das Fenster so weit zu verkleinern, wie in der nächsten Abbildung zu sehen ist. Die jetzt erscheinenden Bildlaufleisten erfüllen zwei Aufgaben. Erstens machen sie darauf aufmerksam, daß im Fenster nicht alles zu sehen ist, und zweitens kann damit das Fenster über das Dokument verschoben werden. Bildlaufleisten sind zum Beispiel dann nötig, wenn Sie einen längeren Text bearbeiten, der nicht vollständig auf dem Bildschirm Platz findet, oder wenn Sie ein Bild erstellen, das nicht ganz auf die Zeichenfläche paßt.
Sie können sich das Ganze so vorstellen, als würden Sie durch den

Sucher eines Fotoapparates auf den Schreibtisch sehen. Auch dabei erkennen Sie ja immer nur einen relativ kleinen Ausschnitt der ganzen Fläche.

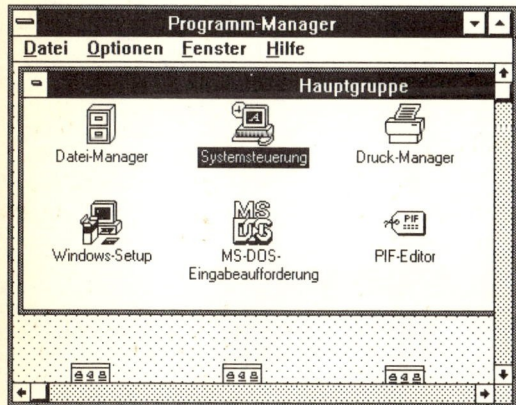

Verschieben können Sie den Fensterausschnitt mit dem **Bildlaufpfeil**, dem **Bildlauffeld** und der **Bildlaufleiste**. Versuchen wir es an der unteren waagerechten Leiste:
- Zeigen Sie auf den Pfeil, der nach rechts deutet, und klicken Sie ihn mehrmals an! Das Fenster verschiebt sich schrittweise nach rechts.
- Zeigen Sie auf den Pfeil, der nach links deutet, und halten Sie die Maustaste fest! Das Fenster verschiebt sich kontinuierlich nach links.

Das Bildlauffeld zeigt die relative Position des Fensterausschnittes zum Dokument an. Wenn der Ausschnitt also die linke obere Ecke zeigt, ist das Bildlauffeld in der horizontalen Bildlaufleiste ganz links und in der vertikalen Leiste ganz oben.
- Zeigen Sie auf das Bildlauffeld, und ziehen Sie es von einer Seite der Leiste auf die andere! Wenn Sie die Maustaste wieder loslassen, ist der Fensterausschnitt ebenfalls um eine entsprechende Distanz verschoben.

30 BEDIENUNG

Die letzte Möglichkeit zum Verschieben eines Ausschnittes besteht darin, die Bildlaufleiste direkt anzuklicken.

■ Zeigen Sie irgendwo links oder rechts vom Bildlauffeld auf die Leiste, und klicken Sie! Der Ausschnitt wird jeweils um eine ganze Bildschirmseite verschoben, maximal bis zum rechten Rand.

1.3.8 Übung 3

Üben Sie das Arbeiten mit den Pfeilen und Leisten, bis Sie es sicher beherrschen. Stellen Sie das Fenster des PROGRAMM-MANAGERS zum Schluß so ein, daß es ungefähr dem folgenden Bild entspricht:

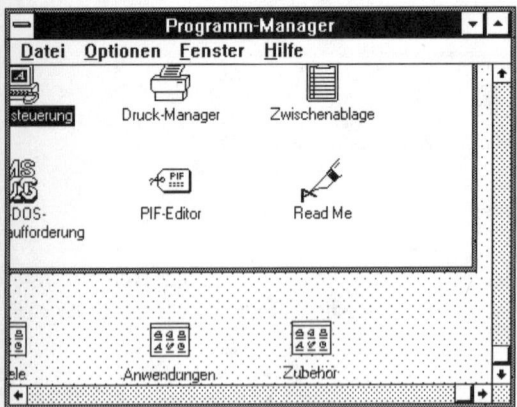

1.3.9 Fenster schließen

Um ein Fenster zu schließen, stehen vier verschiedene Alternativen zur Auswahl:
1) der Befehl **Schließen** aus dem Systemmenü (siehe 1.4.1)
2) die Tastenkombination <ALT>+<F4>
3) Doppelklicken des **Systemmenüfeldes**
4) der Befehl **Beenden** bzw. **Windows beenden...** aus dem Menü **Datei** (siehe 1.4.2).

Wenn Sie mit einer Maus arbeiten, ist die dritte Methode wahrscheinlich die günstigste.

1.4 Menüs

Befehle werden in WINDOWS aus Menüs ausgewählt. Sie verbergen sich hinter dem Systemmenüfeld und der Menüleiste. Jedes Programm hat seine eigenen Menüs; viele Funktionen sind aber ähnlich und auch an gleicher Stelle zu finden, so daß man sehr schnell auch die Bedienung eines anderen Programms erlernen kann.
Menüs werden geöffnet, indem man den Begriff bzw. das Systemmenüfeld anklickt.
Beim Arbeiten mit der Tastatur müssen Sie die <ALT>-Taste gedrückt halten und den unterstrichenen Buchstaben aus der Menüleiste antippen. Das Menü **Datei** wird also durch <ALT>+<D> **geöffnet**. Eine Ausnahme bildet das Systemmenü. Hier benutzen Sie die Tastenkombination <ALT>+<LEERTASTE>. Wenn Sie nach dem Öffnen eines Menüs einen Befehl durch Anklicken auswählen, wird dieser Befehl ausgeführt und das Menü geschlossen. Soll das Menü wieder geschlossen werden, ohne daß ein Befehl ausgeführt wird, so klicken Sie den Namen des Menüs bzw. das Symbol für das Systemmenü nochmals an oder drücken ein- oder zweimal die <ESC>-Taste.
Die folgende Tabelle zeigt alle Kombinationen im Überblick:

	Maus	**Tastatur**
Systemmenü öffnen	Systemfeld anklicken	<ALT>+<LEERTASTE>
Systemmenü schließen	Systemfeld anklicken	<ESC>,<ESC>
Andere Menüs öffnen	Menüpunkt anklicken	<ALT>+<Buchstabe>
Andere Menüs schließen	Menüpunkt anklicken	<ESC>,<ESC>

1.4.1 Das Systemmenü

Das **Systemmenü** erscheint in jedem Anwendungsprogramm und enthält in der Regel auch immer die gleichen Befehle.
Im nächsten Bild sehen Sie das Systemmenü des PROGRAMM-MANAGERS. Öffnen Sie es jetzt mit der Maus durch Anklicken des Kästchens in der linken oberen Ecke oder mit der Tastenkombination <ALT>+<LEERTASTE>.

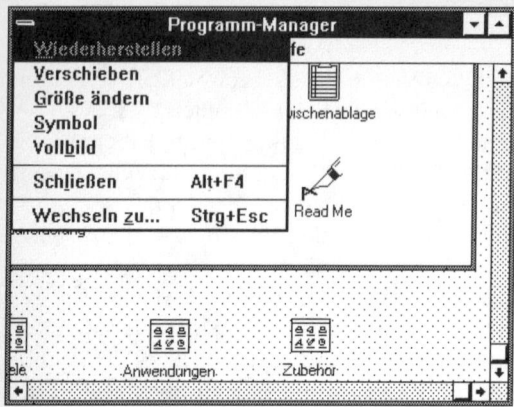

Im oberen Teil des Menüs sehen Sie die Befehle **Wiederherstellen**, **Verschieben**, **Größe ändern**, **Symbol** und **Vollbild**. Diese Befehle werden zur Änderung der Fenstergröße und zum Verschieben des Fensters benötigt, wenn Sie mit der Tastatur arbeiten. Sie erzielen damit denselben Effekt, wie wenn Sie Titelleiste, Fensterrahmen usw. mit der Maus benutzen. Sie können daher auch alles, was Sie bis jetzt mit der Maus gemacht haben, um das Aussehen des Desktop zu verändern, durch Auswahl der Befehle aus dem Systemmenü erledigen.

Der Befehl **Wiederherstellen** ist in der Menüliste kontrastarm dargestellt. Das bedeutet, daß er im Augenblick nicht einsetzbar ist. Diese Form der Darstellung für momentan nicht wählbare Befehle wird in allen Menüs verwendet. So würde in einem Programm zur Textverarbeitung der Befehl zum Drucken nicht auswählbar sein, solange noch kein Text eingegeben ist. In unserem Beispiel kann das Fenster nicht wiederhergestellt werden, da es ja bereits geöffnet ist.

Bei der Auswahl eines Befehls haben Sie drei Alternativen:

1) Sie klicken den Befehl an.
2) Sie wählen ihn mit <NACH UNTEN> oder <NACH OBEN> aus und bestätigen mit <EINGABETASTE>.
3) Sie tippen den unterstrichenen Buchstaben, zum Beispiel <S> für **Symbol**.

MENÜS   33

Wählen Sie jetzt den Befehl **Symbol** aus. Wie Sie das machen, bleibt Ihnen überlassen.

Wie Sie bereits wissen, können Sie ein Symbol durch einen Doppelklick wieder auf Fenstergröße bringen. Benutzen Sie jedoch diesmal die Tastenkombination <ALT>+<LEERTASTE>. Jetzt ist der Befehl **Wiederherstellen** im Systemmenü nicht mehr kontrastarm. Dafür können nun die Befehle **Größe ändern** und **Symbol** nicht ausgeführt werden. Stellen Sie die ursprüngliche Fenstergröße wieder her, und öffnen Sie das Systemmenü erneut.

Neben den fünf Befehlen zur Steuerung des Fensters finden Sie noch die Befehle **Schließen** und **Wechseln zu**. Mit **Schließen** wird das aktuelle Fenster geschlossen, was nichts anderes heißt, als daß dieses Programm beendet wird. Wenn allerdings der PROGRAMM-MANAGER geschlossen wird, wird damit auch gleichzeitig WINDOWS beendet. Neben dem Befehl **Schließen** ist die Tastenkombination <ALT>+<F4> angegeben. Sie kann als **Abkürzung** für diesen Befehl benutzt werden. Solche Abkürzungstasten sind für eine ganze Reihe von Befehlen vorgesehen. Im Lauf der Zeit werden Sie sich viele davon gemerkt haben, um die Arbeit mit WINDOWS noch weiter zu beschleunigen.

Wählen Sie den Befehl **Schließen** aus. Es erscheint ein kleines Fenster, ein sogenanntes **Dialogfeld**:

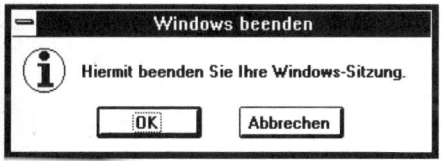

Hier müssen Sie bestätigen, wenn Sie das Programm wirklich beenden möchten. Sie werden darin ein neues Element erkennen.

Sie sehen zwei **Schaltflächen**, die hier mit **OK** und mit **Abbrechen** beschriftet sind. Eine Schaltfläche funktioniert wie ein Druckschalter. Sie kann durch Anklicken mit der Maus "gedrückt" werden. OK bedeutet dabei, daß der Befehl weiter ausgeführt werden soll. **Abbrechen** erlaubt es, eine einmal begonnene Aktion vorzeitig zu beenden, falls dieser Befehl versehentlich ausgewählt wurde.

Da Sie weitermachen wollen, klicken Sie das Feld **Abbrechen** an.
Solche oder ähnliche Sicherheitsabfragen sind in allen Programmen vorhanden, damit nicht aus Versehen eine Aktion durchgeführt wird, bei der Sie Daten verlieren könnten.

Für diejenigen, die hin und wieder auch ihre Tastatur einsetzen möchten, einige *Hinweise:*
Bei allen Dialogfeldern, die mehrere Elemente enthalten, können Sie mit der <TABULATORTASTE> die einzelnen Elemente reihum anspringen. An welcher Stelle Sie sich gerade befinden, ist an einem punktierten Rahmen sichtbar, der die gewählten Stellen markiert. Eine Schaltfläche können Sie mit der <EINGABETASTE> betätigen. In der Regel brauchen Sie auch die Schaltflächen OK und Abbrechen nicht erst auszuwählen, wenn Sie die Tastatur benutzen. Sie sind fast immer der <EINGABETASTE> (OK) und der <ESC-TASTE> (Abbrechen) zugeordnet. Probieren Sie diese Art der Bedienung im Dialogfeld "Windows beenden" einmal aus! Diese Tastenfunktionen sind übrigens bei vielen der älteren Microsoft-Programme in ähnlicher Form vorhanden.
Der letzte Befehl **Wechseln zu** erlaubt es Ihnen, in ein anderes laufendes Programm überzuwechseln. Diesen Punkt sehen wir uns im Abschnitt 6.1 noch genauer an. Die **Auslassungspunkte** (...) hinter **Wechseln zu** bedeuten, daß nach Auswahl des Befehls ein Dialogfeld erscheint, in dem weitere Angaben zur Ausführung des Befehls gemacht werden müssen.

1.4.2 Andere Menüs

Von der Bedienung her unterscheiden sich die anderen Menüs nicht vom Systemmenü.
Beispiele dafür finden Sie in den folgenden beiden Abbildungen. Wählen Sie noch keinen der Befehle aus. Wir besprechen sie im folgenden Kapitel über den PROGRAMM-MANAGER.

MENÜS 35

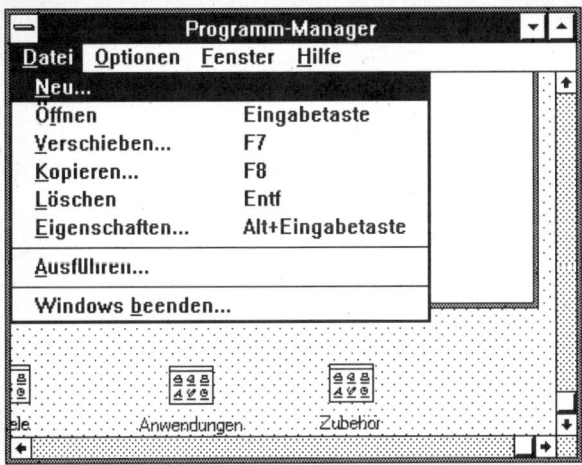

Wenn Sie ein Menü geöffnet haben, können Sie mit <NACH LINKS> und <NACH RECHTS> alle anderen Menüs der Reihe nach öffnen. Wenn Sie es mehrmals ausprobiert haben, drücken Sie <ESC>,<ESC>, um auch das zuletzt geöffnete Menü wieder zu schließen.

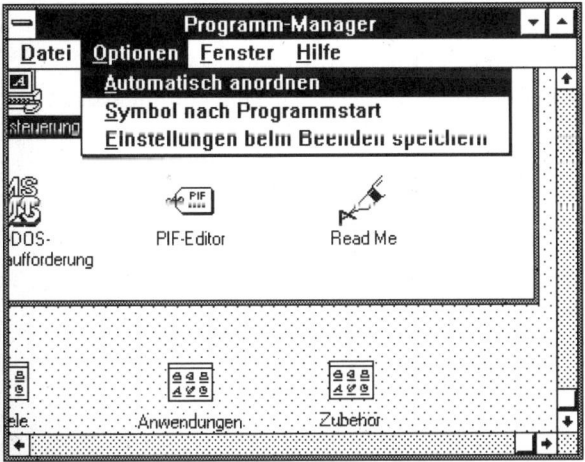

1.4.3 Übungen 4–7

4) Bringen Sie den Desktop wieder in die Form, die er direkt nach dem Start von WINDOWS hatte (keine Bildlaufleisten, Fenster ungefähr in der Mitte des Bildschirms).
5) Öffnen Sie das Menü **Hilfe**. Mit welchen Tasten können Sie jetzt alle anderen Menüs durchblättern? Schließen Sie die Menüs wieder, ohne einen Befehl auszuwählen.
6) Verkleinern Sie das Fenster des PROGRAMM-MANAGERS so weit, daß rechts und unten die Bildlaufleisten erscheinen. Wie kann man den Bildschirmausschnitt kontinuierlich bewegen? Stellen Sie zum Schluß den Originalzustand wieder her!
7) Welche vier Alternativen gibt es, um ein Fenster zu schließen?

Wenn Sie dieses Kapitel gründlich durchgearbeitet haben, sind Sie gerüstet für die Arbeit mit WINDOWS.

1.5 WINDOWS-Lernprogramm und Hilfe

Wenn Sie das Menü **Hilfe** des PROGRAMM-MANAGERS öffnen, können Sie drei verschiedene Komponenten der **Online-Hilfe** aufrufen. Das ist ein Programm, das gespeicherte Erläuterungen zu den Befehlen und Dialogfeldern besonders schnell auffinden und auf dem Bildschirm anzeigen kann. Fachleute sprechen hier auch von **kontextsensitiver Hilfe**.

Zusätzlich zur Hilfe bietet dieses Menü auch die Möglichkeit, mit dem **Windows-Lernprogramm** den Umgang mit der Maus zu üben.

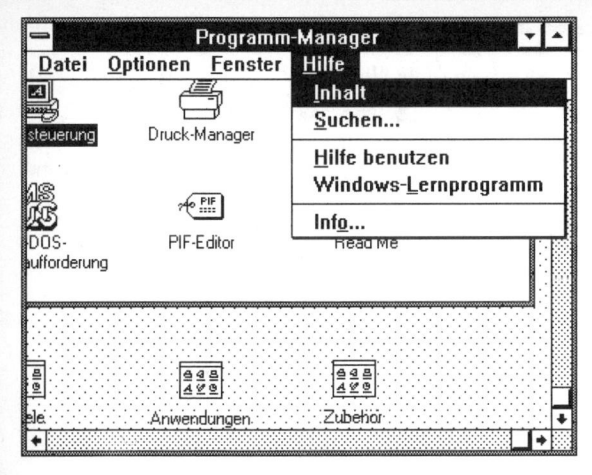

1.5.1 Die WINDOWS-Hilfe

Die Befehle **Inhalt** und **Hilfe benutzen** starten das gleiche Hilfe-Programm, wobei jedoch unterschiedliche Informationen von diesem angezeigt werden. In anderen WINDOWS-Programmen heißen diese Befehle auch manchmal **Index** bzw. **Gebrauchsanweisung**. Das folgende Bild zeigt das Fenster der Online-Hilfe nach dem Befehl **Inhalt**.

Hilfe zum Programm-Manager

Datei Bearbeiten Lesezeichen ?

[Inhalt] [Suchen] [Zurück] [Bisher] [Glossar]

Inhaltsübersicht zur Programm-Manager-Hilfe

Mit dem Programm-Manager können Sie Ihre Anwendungsprogramme einfach starten und Ihre Anwendungsprogramme und Dateien in logische Gruppen einteilen.

Um die Benutzung der Online-Hilfe zu erlernen, drücken Sie die F1-TASTE.

Hilfe-Themen
  Anwendungsprogramm starten
  Anwendungsprogramme und Dokumente verwalten
  Fenster und Symbole anordnen
  Programm-Manager beenden
  Symbol wechseln
  Zwischen Anwendungsprogrammen wechseln

Befehle
  Befehle im Menü Datei
  Befehle im Menü Fenster
  Befehle im Menü Optionen

Tastatur
  Bearbeitungstasten
  Cursortasten
  Hilfetasten
  Menütasten

Die WINDOWS-Hilfe benutzt neben der Menüleiste und den Schaltflächen zusätzliche Bedienungselemente, sogenannte **sensitive Flächen**. Diese können grafische Symbole oder unterstrichene Texte sein. Immer, wenn der Cursor auf eine solche Stelle zeigt, verändert er sich in eine Hand mit ausgestrecktem Zeigefinger.

Ein Text mit einer **einfachen Unterstreichungslinie** stellt einen **Querverweis** dar. Durch Anklicken wird das entsprechende Thema der Online-Hilfe aufgeschlagen.

Unterbrochene Unterstreichungslinien kennzeichnen Begriffe, zu denen eine **Definition** gespeichert ist. Wenn sie angeklickt werden, erscheint der Definitionstext in einem kleinen Fenster, das durch einen beliebigen Tastendruck oder Mausklick wieder geschlossen wird. Wir wollen an dieser Stelle nicht detailliert auf die Befehle der Menüs der Online-Hilfe eingehen, da sie nur für spezielle Aufgaben und fortgeschrittene Arbeitstechniken benötigt werden. Im folgenden stellen wir die Menüs mit ihren Befehlen nur kurz vor.

Das Menü **Datei** erlaubt durch den Befehl **Öffnen** den Wechsel zu Online-Hilfen anderer WINDOWS-Programme. Mit **Thema drukken** wird das gerade aufgeschlagene Thema gedruckt. **Drucker einrichten** erlaubt die Auswahl aus den angeschlossenen Druckern und deren Einstellung. **Beenden** schließt das Hilfe-Fenster.

Über das Menü **Bearbeiten** können Sie mit Hilfe des Befehls **Kopieren** den gesamten Text des Themas oder Auszüge daraus in die ZWISCHENABLAGE übernehmen, um ihn anschließend in andere Dokumente einzufügen. Der Befehl **Anmerken** erlaubt es Ihnen, eigene Kommentare einem Thema hinzuzufügen. Eine **Büroklammer** links neben einer Titelzeile weist auf einen solchen Kommentar hin. Durch Anklicken der Büroklammer kann dieser Zusatztext gelesen und bearbeitet werden. Das folgende Bild weist auf einen Zusatztext zur Inhaltsübersicht hin.

⌘ Inhaltsübersicht zur Programm-Manager-Hilfe

Unter **Lesezeichen** können Sie mit dem Befehl **Definieren** zum gerade aufgeschlagenen Thema einen Namen angeben, der dann wie ein Lesezeichen funktioniert und im Menü als zusätzlicher Befehl angezeigt wird. Er schlägt dann jederzeit sofort dieses Thema wieder auf.

Das Menü **?** enthält einen nützlichen Befehl: **Immer im Vordergrund**. Nach Anklicken dieses Befehls können Sie gleichzeitig mit dem PROGRAMM MANAGER arbeiten und die Hilfe-Themen lesen. Dies funktioniert in gleicher Weise bei anderen WINDOWS-Programmen. Der Befehl **Hilfe benutzen** schlägt, wie auch der namensgleiche Befehl aus dem Menü **Hilfe** des PROGRAMM-MANAGERS, die Bedienungshinweise zur Online-Hilfe auf. Über den Befehl **Info** erhalten Sie von WINDOWS Lizenz- und Versionshinweise sowie Angaben zur Speicherauslastung Ihres Computers.

Die Schaltfläche **Inhalt** hat die gleiche Funktion wie der Befehl **Inhalt** aus dem Menü **Hilfe** des PROGRAMM-MANAGERS. Dadurch kann man von jedem Thema aus zum Inhaltsverzeichnis der Online-Hilfe gelangen.

Wenn man **Suchen** anklickt, wird ein Fenster geöffnet, das die Eingabe eines Stichwortes oder die Auswahl aus dem Stichwortverzeichnis erlaubt.

Das folgende Bild zeigt dieses Fenster.

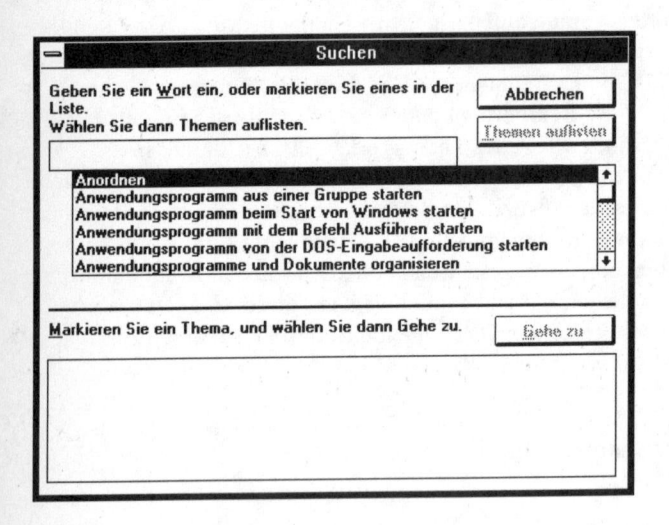

Sobald man ein Stichwort gewählt hat, erhält man durch Anklicken der Taste **Themen auflisten** im unteren Teil des Fensters eine Themenübersicht zu diesem Begriff. Um ein Thema aus dieser Liste dann aufzuschlagen, klicken Sie zuerst auf das gewünschte Thema und danach auf die Schaltfläche **Gehe zu**. Ein Doppelklick auf ein Thema bewirkt das gleiche.

Die **Zurück**-Schaltfläche der Online-Hilfe blättert zu dem Thema zurück, das Sie sich jeweils gerade vorher angesehen haben. Direkt nach dem Aufruf der Online-Hilfe ist diese Taste **kontrastarm** dargestellt und reagiert nicht auf Anklicken. Sie ist **inaktiv**, denn es wird ja das erste Thema angezeigt.

Ein Mausklick auf **Bisher** öffnet ein Fenster, in dem eine Liste aller bisher eingesehenen Themen, inklusive des gerade angezeigten Themas, in umgekehrter Reihenfolge erscheint. Das zuerst aufgeschlagene Thema erscheint also an letzter Stelle.

Die **Glossar**-Schaltfläche öffnet ein Fenster mit einer alphabetischen Liste von Begriffen, zu denen Kurzdefinitionen gespeichert sind.

Das folgende Bild zeigt zwei weitere Schaltflächen, die angezeigt werden, wenn Sie die Hilfe über das Menü **Hilfe** und den Befehl **Hilfe benutzen** aufrufen.

Datei	Bearbeiten	Lesezeichen	?		
Inhalt	Suchen	Zurück	Bisher	<<	>>

Diese beiden Schaltflächen werden aktiviert, wenn ein angezeigtes Thema aus mehreren Kapiteln besteht. Sie erlauben dann ein Vorwärts- (>>) und Rückwärtsblättern (<<) durch die einzelnen Kapitel.

Hinweis:
Sie erhalten mit der Taste <F1> jederzeit Hilfeinformationen zum gerade aktiven Fenster, Dialogfeld oder ausgewählten Befehl. Wenn sich in Dialogfeldern eine Schaltfläche **Hilfe** befindet, so erhalten Sie durch Anklicken dieser Taste ebenfalls Erläuterungen zu den möglichen Eingaben.

1.5.2 Das WINDOWS-Lernprogramm

WINDOWS enthält neben der Online-Hilfe auch ein Programm, mit dem Sie den Umgang mit der Maus und die Bedienung von WINDOWS trainieren können. Es wird durch den Befehl **Windows-Lernprogramm** des Menüs **Hilfe** gestartet. Das folgende Bild zeigt das Lernprogramm nach dem Start.

Dieses Lernprogramm hat zwei Lektionen.

- Wenn Sie die Verwendung der Maus lernen oder vorhandene Kenntnisse auffrischen wollen, geben Sie **M** ein, um mit der Maus-Lektion zu beginnen.

- Wenn Sie bereits ein erfahrener Mausbenutzer sind, geben Sie **W** ein, um mit der Lektion Windows-Grundlagen zu beginnen.

Wenn Sie das Lernprogramm zu einem anderen Zeitpunkt ausführen wollen:

- Drücken Sie die **Esc-Taste**, um das Lernprogramm zu beenden.

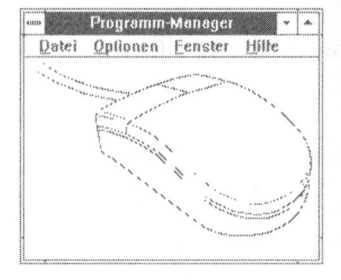

Drücken Sie die Esc-Taste, um das Lernprogramm zu beenden.

Mit der **<ESC-TASTE>** können Sie das Lernprogramm jederzeit beenden und zu WINDOWS zurückkehren.

2 PROGRAMM-MANAGER

Wie Sie bereits wissen, ist der PROGRAMM-MANAGER das zentrale Programm von WINDOWS. Von hier aus starten Sie andere Programme, passen WINDOWS Ihren persönlichen Vorstellungen an oder stellen sich Gruppen von Programmen zusammen. Der PROGRAMM-MANAGER dient also dazu, Ihre Arbeit zu organisieren.

2.1 Gruppen

Gruppe ist der wichtigste Begriff im PROGRAMM-MANAGER. Alle Programme werden zu solchen Gruppen zusammengefaßt. Sie können sich Gruppen als Ordner vorstellen, in denen man bis zu 40 Programme ablegen kann. Für jedes Programm kann ein eigenes Arbeitsverzeichnis für die zu speichernden Daten und eine Tastenkombination für den schnellen Programmaufruf oder -wechsel festgelegt werden. Zusätzlich ist es möglich, jedem dieser Programme eine Datei zuzuordnen, die beim Start automatisch geladen wird. So ist es zum Beispiel sinnvoll, einen Text, den Sie über eine gewisse Zeit hinweg bearbeiten wollen, einer Textverarbeitung zuzuordnen. Bei jedem Start des Textprogramms lädt dieses automatisch den entsprechenden Text.

Für Gruppen (Ordner) sind eigene Symbole vorgesehen, wie Sie am Beispiel der Gruppen **Hauptgruppe**, **Spiele, Autostart** und **Zubehör** im folgenden Bild sehen können.

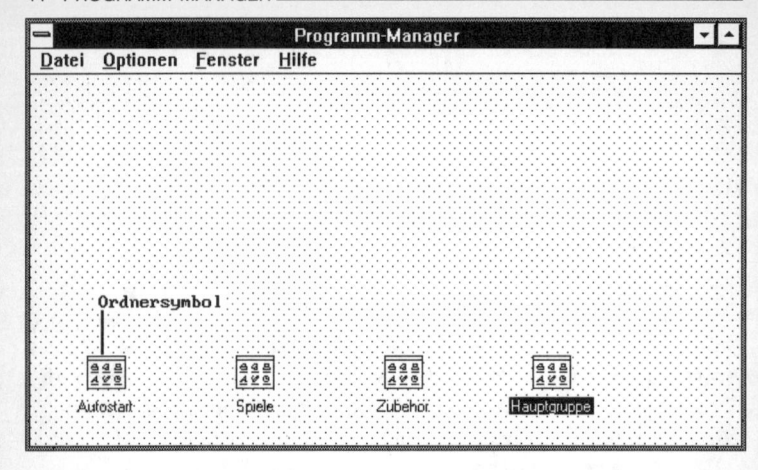

Beim ersten Start von WINDOWS ist im PROGRAMM-MANAGER ein Ordner geöffnet, die **Hauptgruppe**:

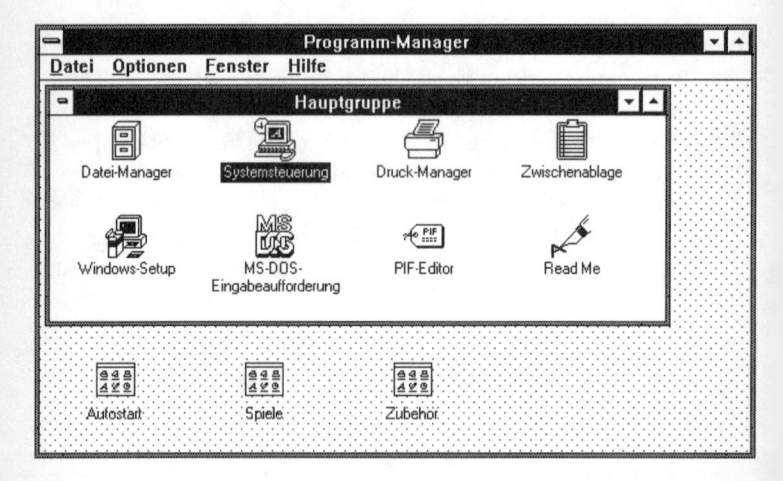

Sie gehört zu den vier bis fünf Gruppen, die bei der Installation – je nach den Vorgaben – von WINDOWS automatisch angelegt werden. Die geöffneten Ordner werden im PROGRAMM-MANAGER als Fenster dargestellt. Diese Fenster unterscheiden sich in einigen Punk-

ten von den normalen **Anwendungsfenstern,** mit denen Sie bisher gearbeitet haben. Sie werden als **Dokumentfenster** bezeichnet. In diesen Fenstern werden die Programme durch unterschiedliche **Programmsymbole** dargestellt und mit einem zusätzlichen Text bezeichnet.
Die augenfälligsten Unterschiede zu einem Anwendungsfenster sind das Fehlen der Menüleiste und der kurze Balken im Systemmenüfeld. Außerdem können diese Fenster nicht aus dem sie umgebenden Fenster des Anwendungsprogramms herausgezogen werden.
Verschieben Sie jetzt das Hauptgruppenfenster, und versuchen Sie, es aus dem PROGRAMM-MANAGER herauszuziehen! Wie Sie sehen, ist es nicht möglich, weiter als bis zum Fensterrahmen des Managers zu ziehen. Bringen Sie das Fenster wieder an seinen ursprünglichen Platz zurück.
Die Symbole, die in diesen Gruppenfenstern zu sehen sind, stehen für Programme, die durch Doppelklicken gestartet werden können. Damit man ein bestimmtes Programm mit der Maus starten kann, muß das zugehörige Gruppenfenster geöffnet sein.

2.1.1 Gruppenfenster öffnen und schließen

Gruppenfenster werden geöffnet, indem man das Gruppensymbol doppelklickt. Geschlossen werden sie, indem man das Feld **Symbol** anklickt. Das funktioniert genauso wie bei den Anwendungsfenstern. Öffnen Sie jetzt die Ordner für **Spiele**, **Autostart** und **Zubehör**. Schließen Sie alle vier Gruppenfenster wieder, und verschieben Sie die Symbole im Fenster des PROGRAMM-MANAGERS. Zum Verschieben zeigen Sie auf das Symbol und ziehen es an die neue Position. Öffnen Sie zum Schluß wieder alle vier Gruppenfenster.

2.1.2 Gruppenfenster anordnen

Je nachdem, wie Sie die Symbole oder das Hauptgruppenfenster verschoben haben, wirkt die Oberfläche des PROGRAMM-MANAGERS etwas ungeordnet. Um die Dokumentfenster übersichtlich zu gestalten, könnten Sie versuchen, den Platz durch Verschieben und Größenänderung möglichst optimal auszunutzen. Da sich die Zusammenstellung der Dokumentfenster jedoch häufig ändert, wäre das eine recht lästige Arbeit. Daher bietet der PROGRAMM-MANA-

46 PROGRAMM-MANAGER

GER Ihnen einen Menüpunkt mit speziellen Befehlen zur Anordnung der Fenster. Die Optionen des Menüs **Fenster** sehen Sie unten.

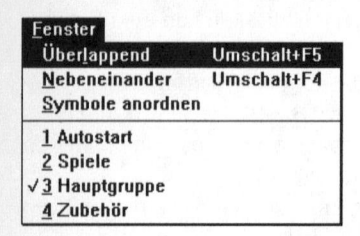

```
Fenster
  Überlappend       Umschalt+F5
  Nebeneinander     Umschalt+F4
  Symbole anordnen
  ─────────────────────────────
  1 Autostart
  2 Spiele
√ 3 Hauptgruppe
  4 Zubehör
```

Das Häkchen markiert die zuletzt geöffnete und somit aktive Gruppe, hier die Hauptgruppe.
Wählen Sie jetzt aus dem Menü **Fenster** den Befehl **Überlappend**. Nach Ausführung des Befehls sollte der PROGRAMM-MANAGER wie im folgenden Bild aussehen:

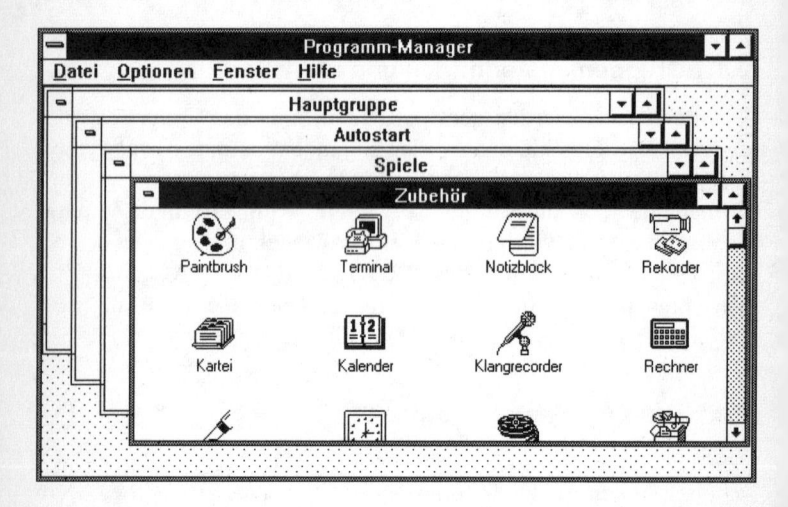

Die vier geöffneten Fenster sind jetzt leicht versetzt angeordnet und nehmen fast den gesamten Platz im Anwendungsfenster ein. Auf Ihrem Bildschirm kann die Reihenfolge der Fenster anders sein. Das hängt davon ab, in welcher Reihenfolge Sie die Symbole auf Fenstergröße gebracht haben. Für die weiteren Übungen ist das nicht von Belang.

Diese Form der Anordnung hat den Vorteil, daß innerhalb der Gruppenfenster viel Raum für die Programmsymbole ist. Er reicht häufig aus, alle Programme darzustellen, ohne mit Bildlaufleisten arbeiten zu müssen. Nachteilig ist, daß immer nur aus dem obersten Fenster ausgewählt werden kann. Dennoch kann man die anderen Dokumentfenster auf einfache Weise nach vorn holen. Klicken Sie dazu irgendeine Stelle des Fensters an, das nach vorn kommen soll. Bringen Sie alle Fenster nacheinander nach vorn. Versuchen Sie anschließend, die ursprüngliche Reihenfolge wiederherzustellen.

Der zweite Befehl aus dem Menü **Fenster** lautet **Nebeneinander**. Wählen Sie ihn aus. Das Ergebnis des Befehls sehen Sie im folgenden Bild:

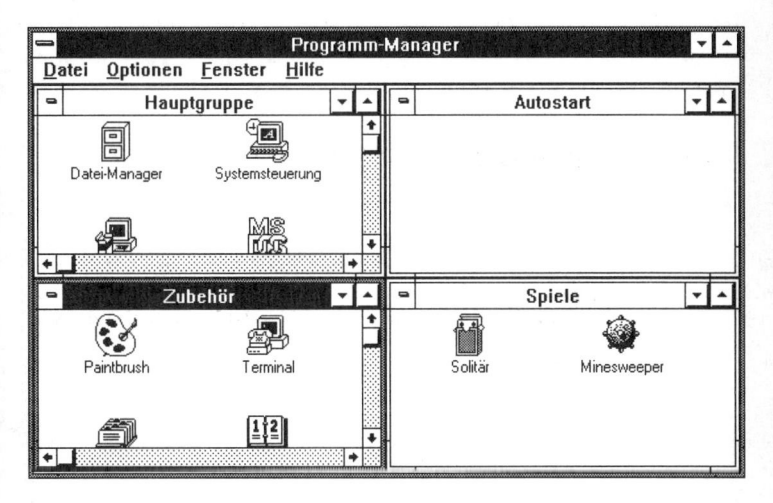

WINDOWS hat die gesamte zur Verfügung stehende Fläche des PROGRAMM-MANAGERS benutzt, um die geöffneten Fenster gleichmäßig darauf unterzubringen. Vorteilhaft ist diese Art der Aufteilung, wenn Sie dauernd aus mehreren Gruppen Programme benötigen. So haben Sie sie immer im Blickfeld. Der Nachteil ist, daß die Fläche der Dokumentenfenster relativ klein wird und nicht alle Programmsymbole sichtbar sind. Man erkennt das an den Bildlaufleisten, die in einigen Fenstern eingeblendet sind.

2.1.3 Symbole anordnen

Wie Sie vielleicht bemerkt haben, ändert sich die Position der Programmsymbole in den Gruppenfenstern nicht, wenn die Fenster anders angeordnet oder in ihrer Größe geändert werden. Auch hier könnten Sie die Symbole wieder manuell verschieben. Das ist jedoch zeitraubend und umständlich. Daher werden wir für diese Aufgabe den Befehl **Symbole anordnen** aus dem Menü **Fenster** benutzen. Damit WINDOWS weiß, in welchem Fenster die Symbole geordnet werden sollen, muß das dazugehörige Fenster **aktiv** sein. Ein Fenster wird aktiviert, indem man an beliebiger Stelle im Fenster klickt.

Aktivieren Sie jetzt das Fenster **Hauptgruppe**, falls das noch nicht geschehen ist. Wie Sie bemerken, ändert sich das Aussehen des Fensters geringfügig: Die Titelleiste ändert ihre Farbe. Da WINDOWS bei der Installation die für Ihren Bildschirmtyp optimalen Farben bestimmt, kann es sein, daß sich auch die Farbe des Fensterrahmens ändert. Diese Farbänderung findet in jedem aktivierten Fenster statt. Wählen Sie jetzt **Symbole anordnen** aus dem Menü **Fenster**. Aktivieren Sie die anderen Fenster der Reihe nach, und ordnen Sie auch in ihnen die Symbole neu an. Das Ergebnis sollte dem folgenden Bild entsprechen:

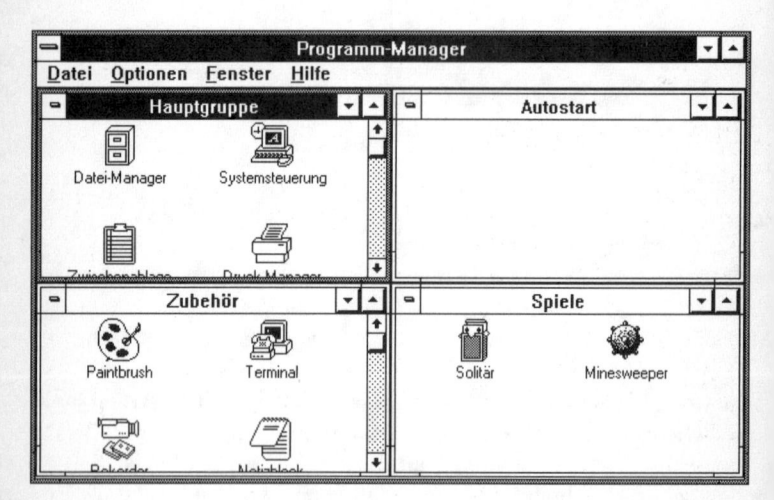

Die Fenster **Hauptgruppe** und **Zubehör** enthalten nach dem Anordnen der Symbole keine waagerechten Bildlaufleisten mehr, da WINDOWS die Symbole in zwei Rubriken übereinander angeordnet hat.

2.1.4 Übungen 8-9

8) Schließen Sie das Fenster **Spiele,** und ordnen Sie die restlichen Fenster nebeneinander an. Ordnen Sie die Symbole in diesen Fenstern ebenfalls neu an.
9) Öffnen Sie die Gruppe **Spiele** erneut. Verkleinern Sie das Fenster, wie in der Abbildung gezeigt, und verschieben Sie es in die rechte untere Ecke.

Wenn Sie es besonders eilig haben, können Sie die Kapitel 2.1.5 bis 2.1.8 vorläufig überschlagen und zum Kapitel 2.2 vorblättern.

2.1.5 Bezeichnung und Zuordnung ändern

Die Zusammenstellung und Bezeichnung der Gruppen ist nichts Unveränderliches, sondern kann sehr einfach Ihren Wünschen angepaßt werden.
Als erstes wollen wir der **Systemsteuerung** aus der **Hauptgruppe** einen neuen Namen geben. Dazu müssen die folgenden Schritte gemacht werden:
1) Wählen Sie durch kurzes Klicken die **Systemsteuerung** aus.
2) Öffnen Sie das Menü **Datei,** und wählen Sie den Befehl **Eigenschaften**.

Programmeigenschaften

Beschreibung:	Systemsteuerung
Befehls**z**eile:	CONTROL.EXE
Arbeitsverzeichnis:	
Tastenkombination:	Keine

☐ Als S**y**mbol

OK
Abbrechen
Durchsuchen...
Anderes **S**ymbol...
Hilfe

Im Feld **Beschreibung** geben Sie das Wort

System

ein und klicken die Schaltfläche OK an. Kurz darauf hat sich der Name der Systemsteuerung auch auf dem Bildschirm in System geändert. Sollte der Textcursor nicht im Feld **Beschreibung** stehen, können Sie ihn jederzeit durch Klicken mit der Maus an die richtige Stelle bringen.

Die anderen Felder erläutern wir Ihnen in den nächsten beiden Abschnitten.

Der Menüpunkt **Eigenschaften** dient nicht nur dem Umbenennen von Programmsymbolen, Sie können damit auch die Namen der Ordner ändern. Damit das funktioniert, müssen Sie einen kleinen Trick anwenden. Verkleinern Sie die Gruppe, die Sie umbenennen wollen, zu einem Symbol, bevor Sie sie auswählen.

Programmgruppeneigenschaften

Beschreibung:	Spiele
Gruppendatei:	C:\WINDOWS\SPIELE.GRP

OK
Abbrechen
Hilfe

Der Titel des Dialogfeldes lautet jetzt nicht mehr Programmeigenschaften, sondern **Programmgruppeneigenschaften**. Auch hat sich die Anzahl der Schaltflächen verringert.

Zur Übung vergrößern Sie das Spielefenster etwas und benennen es anschließend in **Spielchen** um.

Wenn beide Namensgebungen problemlos funktioniert haben, machen Sie sie wieder rückgängig.
Neben dem Benennen von Programmen und Gruppen, kann auch der Inhalt eines Ordners einfach verändert werden. Öffnen Sie die Ordner **Spiele** und **Hauptgruppe**, und ordnen Sie sie nebeneinander an. Jetzt können Sie durch einfaches Ziehen mit der Maus ein Programm von einem Ordner in den anderen bringen. Diese Technik trägt die englische Fachbezeichnung **Drag and Drop** (siehe Abschnitt 17.3.4). Stellen Sie auch hier den ursprünglichen Zustand wieder her, nachdem Sie genug experimentiert haben.

2.1.6 Gruppen erstellen und löschen

Eine der wichtigsten Eigenschaften, die der PROGRAMM-MANAGER bietet, ist seine Fähigkeit, neue Ordner anzulegen. Wenn WINDOWS neu installiert ist, sind während der Installation zwischen vier und fünf Ordner angelegt worden, in denen sich die wichtigsten Programme befinden.
Der Grund, warum Sie noch weitere Ordner anlegen sollten, ist recht einfach. Auf diese Weise können Sie alle Programme zusammenfassen, die Sie für die Lösung einer bestimmten Aufgabe benötigen.

Programmgruppe anlegen
Um eine neue Gruppe anzulegen, öffnen Sie wieder das Menü **Datei** und wählen diesmal den Befehl **Neu** aus. Es erscheint das folgende Dialogfeld:

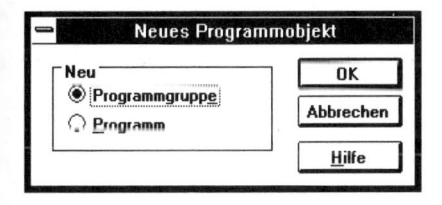

Dieses Fenster beinhaltet ein für Sie neues Element von WINDOWS, die sogenannten **Optionsschaltflächen**. Diese runden "Knöpfe" dienen der Auswahl von Optionen, wobei jeweils nur eine auswählbar ist, da sich die Alternativen gegenseitig ausschließen.

Mit der Maus wählen Sie die Option **Programmgruppe** aus und bestätigen auf der Schaltfläche OK. Daraufhin geht ein weiteres Dialogfeld auf, in dem Sie den Namen dieser Gruppe im Feld **Beschreibung** eingeben. Das Feld **Gruppendatei** lassen Sie frei; es wird von WINDOWS selbständig ausgefüllt. Als Beschreibung geben Sie

Projekt1

ein und klicken den OK-Knopf an. WINDOWS öffnet daraufhin einen leeren Ordner mit dem Namen Projekt1.

Programme in Ordner einfügen
Was uns noch fehlt, sind die Programme in diesem Ordner. Zu diesem Zweck öffnen Sie wieder das Menü **Datei** und wählen den Befehl **Neu**. In dem folgenden Dialogfeld brauchen Sie nur den OK-Knopf zu drücken, da WINDOWS automatisch die Option **Programm** ausgewählt hat. Es erscheint das Dialogfeld Programmeigenschaften (siehe Abschnitt 2.1.5).

Hinweis:
Dieses Dialogfeld wird sofort geöffnet, wenn Sie die <ALT>-Taste gedrückt halten und im Gruppenfenster auf einen freien Platz doppelklicken.

Klicken Sie für die folgenden Eingaben das entsprechende Feld mit der Maus an, oder blättern Sie alle Felder mit der <TABULATORTASTE> durch. Im Feld **Beschreibung** geben Sie den Text ein, der unter dem Programmsymbol erscheinen soll. Bei **Befehlszeile** tragen Sie den Namen des Programms ein, das gestartet werden soll. Diese Programmnamen sind nicht eingedeutscht; Sie müssen daher die englischen Originalnamen eingeben. Um beispielsweise die Uhr in den Ordner aufzunehmen, müssen Sie CLOCK.EXE eintragen. Korrekterweise sollte der komplette Pfadname angegeben werden.

Beispiel:
C:\WINDOWS\CLOCK.EXE

Programme suchen
Auch hier hilft WINDOWS Ihnen, wenn Sie den Dateinamen nicht kennen oder zu bequem sind, die Dateinamen einzugeben. Betätigen

Sie das Schaltfeld **Durchsuchen**! In dem nun erscheinenden Fenster können Sie allein mit der Maus die ganze Festplatte durchsuchen und das gewünschte Programm in den Ordner aufnehmen.

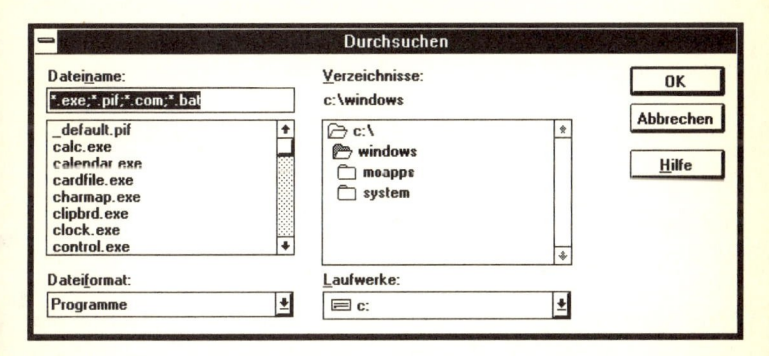

```
┌─────────────────────────── Durchsuchen ───────────────────────────┐
│ Dateiname:              Verzeichnisse:              ┌────────┐    │
│ [*.exe;*.pif;*.com;*.bat]  c:\windows                │   OK   │    │
│ _default.pif        ↑   📁 c:\              ↑        ├────────┤    │
│ calc.exe                📂 windows                   │Abbrechen│   │
│ calendar.exe            📁 moapps                    ├────────┤    │
│ cardfile.exe            📁 system                    │  Hilfe │    │
│ charmap.exe                                          └────────┘    │
│ clipbrd.exe                                                        │
│ clock.exe                                                          │
│ control.exe         ↓                       ↓                     │
│                                                                    │
│ Dateiformat:            Laufwerke:                                 │
│ [Programme         ▼]   [📼 c:              ▼]                     │
└────────────────────────────────────────────────────────────────────┘
```

In diesem Dialogfeld erkennen Sie unterhalb der Begriffe **Dateiformat** und **Laufwerke** jeweils ein neues Element, ein sogenanntes **Dropdown-Listenfeld**. Solche Listenfelder erkennen Sie immer an folgender Schaltfläche:

[▼]

Dropdown-Listenfelder werden geöffnet, indem Sie auf die zugehörige Schaltfläche klicken.
Wenn nicht alle Einträge im geöffneten Listenfeld angezeigt werden können, so wird von WINDOWS eine Bildlaufleiste hinzugefügt. Durch Anklicken des gewünschten Eintrages wird dieser ausgewählt und das Listenfeld wieder geschlossen.
So können Sie unter **Dateiformat** wählen, ob nur Programme oder alle Dateien des aktuellen Verzeichnisses im darüberliegenden Listenfeld angezeigt werden sollen. Direkt unterhalb des Begriffs **Dateiname** erscheinen die zugehörigen Namensmuster für die anzuzeigenden Dateien. Nach Anklicken dieses Feldes können Sie diese Angaben zusätzlich bearbeiten.

Unter **Laufwerke** können Sie aus allen Laufwerken Ihres PC dasjenige auswählen, das Sie durchsuchen wollen. Im darüberliegenden Listenfeld wird der Pfad zum aktuellen Verzeichnis dargestellt. Dieser Pfad wird unterhalb des Begriffes **Verzeichnisse** nochmals aufgeführt.

Für die Verzeichnisse werden folgende Symbole benutzt:

```
🗁     Verzeichnis auf dem Pfad (geöffnet)
🗂     Aktuelles Verzeichnis (geöffnet)
🗀     Unterverzeichnis (geschlossen)
```

Unter dem Begriff **Verzeichnisse** können Sie das Verzeichnis, das durchsucht werden soll, durch Doppelklicken auswählen. Unter **Dateien** sehen Sie dann immer alle Dateien des ausgewählten Formats, die sich im gerade gewählten Verzeichnis befinden. Sind mehr Programme vorhanden, als angezeigt werden können, dann benutzen Sie die Bildlaufleiste.

Sind Sie endlich fündig geworden, dann übernehmen Sie das Programm durch Doppelklick. Jetzt sind wir so weit, daß wir in den Ordner **Projekt1** drei neue Programme aufnehmen können. Dazu schließen Sie alle Dialogfelder, die noch geöffnet sind. Aktivieren Sie den Ordner **Projekt1**, falls er nicht aktiv ist, und wählen Sie aus dem Menü **Datei** den Befehl **Neu**. Klicken Sie auf **Programm** und anschließend auf den Schalter **Durchsuchen**.

WINVER.EXE einfügen

Im WINDOWS-Verzeichnis finden Sie ein Programm namens WINVER.EXE. Dieses Programm zeigt die Versionsnummer und die aktuelle Betriebsart von WINDOWS an. Doppelklicken Sie den Namen, und betätigen Sie den OK-Knopf im Fenster **Programmeigenschaften**. Eine Bezeichnung für das Programm können Sie eingeben, müssen dies aber nicht tun, da WINDOWS in diesem Fall von sich aus einen Namen auswählt.

SYSEDIT.EXE einfügen

Machen Sie nun die gleichen Handgriffe noch einmal, und wählen Sie diesmal das Programm SYSEDIT.EXE aus dem Verzeichnis SY-

STEM. Dieses Programm erlaubt ihnen, schnell und einfach die Konfigurationsdateien CONFIG.SYS, AUTOEXEC.BAT, WIN.INI und SYSTEM.INI anzusehen und zu ändern.

Programm aus anderem Ordner kopieren
Als letztes Programm soll der **Editor** in den neuen Ordner eingefügt werden. Sie könnten ihn, genau wie die beiden ersten Programme, über den Befehl **Neu** aufnehmen. Es geht aber auch einfacher. Wie Sie bereits wissen, können Sie ein Symbol von einem in den anderen Ordner ziehen. Dabei wird das Programm allerdings aus dem ersten Ordner entfernt. Halten Sie jedoch während des Ziehens die <STRG-TASTE> gedrückt, holen Sie nur eine **Kopie** des Programms in den neuen Ordner. Im alten Ordner verbleibt das Programm.

Der neue Ordner, den Sie angelegt und mit drei Programmen gefüllt haben, sollte ungefähr aussehen, wie auf der obigen Abbildung dargestellt.

Anderes Icon wählen
Wenn Programme in einen Ordner aufgenommen werden, braucht man sich keine Sorgen um die Symbole zu machen, mit denen sie dargestellt werden. Zu jedem WINDOWS-Programm gehören ein oder mehrere Symbole, die zur Darstellung dieses Programms benutzt werden können.
Möchten Sie jedoch für ein Programm ein anderes Symbol benutzen, dann wählen Sie im Dialogfeld **Programmeigenschaften** die Schaltfläche **Anderes Symbol**. Daraufhin öffnet sich das folgende Dialogfeld:

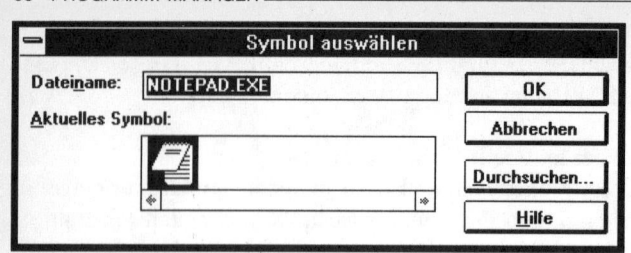

Alle Symbole werden angezeigt, die im Programm zur Verfügung stehen; gegebenenfalls benutzen Sie die Bildlaufleisten. Das aktuelle Symbol ist farblich hinterlegt.

Wir wollen versuchen, dem Editor im Ordner Projekt1 das Symbol zuzuweisen, das in der folgenden Abbildung zu sehen ist. Dazu wählen wir als erstes das Symbol für den Editor aus (nicht doppelklicken) und wählen den Befehl **Eigenschaften** aus dem Menü **Datei**. Hier wird die Schaltfläche **Anderes Symbol** betätigt. Im Dialogfeld **Symbol auswählen** klicken wir auf die Schaltfläche **Durchsuchen** und erhalten das Dialogfeld **Durchsuchen**, in dem wir die Laufwerke und Verzeichnisse nach allen Dateien absuchen können, die Symbole enthalten können. Wählen Sie durch Doppelklicken die Datei PROGMAN.EXE.

Haben Sie das richtige Symbol gefunden, so müssen Sie nur noch zweimal auf OK drücken, und der Editor wird mit einem neuen Symbol dargestellt. Auf diese Weise können Sie Programmen Symbole zuweisen, die Ihrem Geschmack entsprechen. Wir möchten Sie ermuntern, auf die Suche zu gehen, ob nicht doch noch irgendwo einige andere Symbole zu finden sind. Sehen Sie doch einmal in der Symboldatei MORICONS.DLL nach!

Hinweis:
Auf der Diskette, die zu diesem Buch erhältlich ist (siehe Vorwort), finden Sie Programme mit weiteren Symbolen für die verschiedensten Zwecke.

Arbeitsverzeichnis festlegen
Normalerweise speichern Programme ihre Dateien in ihrem eigenen Verzeichnis. Oft ist es jedoch praktischer, wenn alle Dateien eines Programms getrennt von anderen in einem speziellen Verzeichnis oder auf einer anderen Festplatte gespeichert werden. Sie sind so leichter wiederzufinden und können zum Beispiel auch gemeinsam kopiert werden. Sie erreichen dies, indem Sie im Dialogfeld **Programmeigenschaften** unter **Arbeitsverzeichnis** den kompletten Pfad zu dem Verzeichnis eintragen, in dem das Programm nach bestehenden Dateien suchen und in dem es neue Dateien speichern soll.

Beispiel:
Wenn das Programm mit Dateien aus dem Verzeichnis **Daten** der Festplatte D arbeiten soll, so tragen Sie als Arbeitsverzeichnis den folgenden Pfad ein:

   D:\DATEN

Die beiden restlichen Optionen des Dialogfeldes **Programmeigenschaften**, **Tastenkombination** und **Als Symbol,** hängen mit dem Programmstart bzw. -wechsel zusammen. Wir erläutern diese im Abschnitt 2.2.

Löschen
Das Löschen von Programmen und Ordnern müßten Sie nun eigenständig bewältigen können. Die dabei erforderlichen Einzelschritte sind in der folgenden Zusammenfassung angegeben.

Zusammenfassung

Neuen Ordner anlegen
1) Befehl **Neu** aus dem Menü **Datei** wählen
2) Option **Programmgruppe** wählen
3) Namen der Gruppe unter **Beschreibung** eingeben

Programme in Ordner bringen
1) Befehl **Neu** aus dem Menü **Datei** wählen
2) Option **Programm** wählen
3) Text, der im PROGRAMM-MANAGER erscheinen soll, unter **Beschreibung** eingeben. Name des Programms mit Pfadangabe unter **Befehlszeile** eingeben.

Programme aus Ordner löschen
1) Zu löschendes Programm auswählen
2) Befehl **Löschen** aus dem Menü **Datei** wählen. Beachten Sie, daß die Programme nur aus dem Ordner entfernt und nicht von der Platte gelöscht werden.

Ganzen Ordner entfernen
1) Ordner auf **Symbolgröße** verkleinern und auswählen.
2) Befehl **Löschen** aus Menü **Datei**.

Programme kopieren
<STRG-TASTE> beim Ziehen eines Symbols von einem Ordner in den anderen festhalten.

Symbol benennen
1) Befehl **Eigenschaften** aus dem Menü **Datei** wählen.
2) Neuen Namen in das Feld **Beschreibung** eingeben.

Anderes Symbol wählen
1) Befehl **Eigenschaften** aus dem Menü **Datei** wählen.
2) Schaltfläche **Anderes Symbol** wählen.
3) Dateinamen eintragen und OK-Knopf drücken oder **Durchsuchen** benutzen und Programmnamen doppelklicken.
4) Symbol mittels Bildlaufleisten auswählen.
5) Zweimal OK-Knopf drücken.

2.1.7 Weitere Befehle zur Gruppenverwaltung

Das Menü **Datei** enthält ferner die folgenden Befehle:

Öffnen
Startet das ausgewählte Programm.

Verschieben
Bewegt ein Symbol von einem Ordner in den anderen. Dies hat die gleiche Wirkung wie das Ziehen eines Symbols von einem in den anderen Ordner.

Kopieren
Bringt die Kopie eines Programms in einen neuen Ordner. Das alte Programm bleibt an seinem ursprünglichen Platz. Die gleiche Wirkung erzielen Sie, wenn Sie während des Ziehens eines Symbols die <STRG-TASTE> gedrückt halten.

Löschen
Löscht einzelne Programme oder ganze Programmgruppen. Um eine Programmgruppe zu löschen, bringen Sie sie zuerst auf Symbolgröße oder wählen das entsprechende Symbol aus und verwenden dann den Befehl **Löschen**. Wenn Sie Programme löschen, werden sie nur aus dem Ordner entfernt; auf der Festplatte bleiben sie natürlich erhalten.

Ausführen
Starten von beliebigen Programmen durch Eingabe des Programmnamens.

Im Menü **Optionen** befinden sich drei Befehle:

Automatisch anordnen
Bei jeder Veränderung der Fenstergröße werden die Symbole umgeordnet.

Symbol nach Programmstart
Sobald ein Programm gestartet wird, verkleinert sich der PROGRAMM-MANAGER auf Symbolgröße.

Einstellungen beim Beenden speichern
Beim nächsten Start von WINDOWS sieht der PROGRAMM-MANAGER genauso aus wie beim Beenden.

Mit diesen Informationen sind Sie in der Lage, alle täglich anfallenden Aufgaben mit dem PROGRAMM-MANAGER zu bewältigen.

2.2 Programme starten

Der PROGRAMM-MANAGER bietet verschiedene Möglichkeiten, ein Programm zu starten. Dabei können Sie zwischen den drei Verfahren
- Manuell mittels Mausdoppelklick
- Manuell mittels Tastenkombination
- Automatisch beim Start von WINDOWS

wählen und jeweils festlegen, ob Sie
- nur ein Programm starten wollen oder
- ein Programm veranlassen wollen, beim Start sofort ein spezielles Dokument zu öffnen, oder
- ein Dokument öffnen wollen, wobei WINDOWS das zugehörige Programm bestimmt.

2.2.1 Starten mit der Maus

Zum Starten eines Programms öffnen Sie als erstes das Gruppenfenster, in das Sie diese Anwendung eingeordnet haben. Doppelklicken Sie das entsprechende Symbol! Das Anwendungsfenster öffnet sich, und Sie können mit der Arbeit beginnen.

2.2.2 Starten mit Tastenkombination

Damit Sie ein Programm durch eine Tastenkombination aufrufen können, müssen Sie zunächst eine solche **Tastenkombination definieren**.
Wir wollen für die UHR einen solchen Tastaturaufruf festlegen, um während der Arbeit zwischendurch schnell nach der Uhrzeit sehen zu können.
1) Öffnen Sie die Gruppe **Zubehör**, falls sie als Symbol dargestellt wird.
2) Wählen Sie dann die UHR durch kurzes Anklicken an.
3) Nun öffnen Sie das Dialogfeld **Programmeigenschaften** durch Anklicken des Menüs **Datei** und des Befehls **Eigenschaften**.
4) Klicken Sie auf das Eingabefeld **Tastenkombination**. Drücken Sie auf der Tastatur den Buchstaben "U". Sie sehen, es erscheint die Anzeige STRG+ALT+U.
5) Klicken Sie auf OK.

Schließen Sie nun die Gruppe **Zubehör**. Drücken Sie <STRG-TASTE>+<ALT>+<U>. Sie sehen, jetzt wird das Programm auch bei geschlossenem Gruppenfenster gestartet.

Achtung:
Der **Programmstart** mittels Tastenkombination funktioniert **nur bei aktivem PROGRAMM-MANAGER**. Ist das Programm jedoch einmal gestartet, so können Sie sein Fenster **mit Hilfe dieser Tastenkombination** jederzeit in den Vordergrund holen und führen so **einen sehr schnellen Programmwechsel** durch.

Als Tastenkombination können Sie jede Kombination aus einer Buchstaben-, Ziffern- oder Sonderzeichentaste mit mindestens zwei der Tasten <UMSCHALTTASTE>, <ALT> und <STRG-TASTE> benutzen, wobei jedoch von Kombinationen der Art UM-SCHALT+ALT+Taste abzuraten ist, da sie eventuell bereits von WINDOWS benutzt wird. Sie löschen die Kombination durch Drücken einer der Tasten <RÜCKTASTE>, <STRG-TASTE> oder <UMSCHALTTASTE>.
Der PROGRAMM-MANAGER fügt automatisch die Kombination STRG+ALT hinzu, wenn Sie nur eine Taste betätigen. Falls Sie eine andere Kombination wünschen, so müssen Sie die entsprechenden Tasten gedrückt halten, wenn Sie die Zeichentaste eintippen.

2.2.3 Automatisch starten

Alle Programme, die Sie zur Gruppe **Autostart** hinzufügen, werden automatisch beim Start von WINDOWS gestartet.
Damit nach dem Startvorgang die geöffneten Anwendungsfenster dieser Gruppe nicht den Bildschirm ausfüllen, enthält das Dialogfeld **Programmeigenschaften** die Option **Als Symbol**. Hierbei handelt es sich um ein neues Element, das **Kontrollfeld** genannt wird. Klicken Sie das rechteckige Kästchen mehrmals an. Jedesmal wenn ein X erscheint, heißt dies, daß diese Option ausgewählt wurde. Programme, bei denen dieses Kontrollfeld aktiviert wurde, werden nur als Symbol gestartet. Um damit zu arbeiten, müssen Sie das jeweilige Symbol vorher auf Fenstergröße oder Vollbild bringen (siehe Abschnitte 1.3.4 und 1.3.5).

2.2.4 Programm und Dokument verbinden

In den Ordnern, die bei der Installation erzeugt werden, sind Programme enthalten, die man durch Anklicken starten kann. Innerhalb dieser Programme werden dann Dateien geöffnet und bearbeitet. Wollen Sie beispielsweise einen Brief mit WRITE schreiben, starten Sie als erstes WRITE und benutzen dann einen Befehl von WRITE, um diesen Brief zu laden.

Arbeiten Sie über eine bestimmte Zeit häufig mit demselben Dokument, dann bietet es sich an, das Dokument mit dem Programm zu verbinden.

Die dazu notwendigen Schritte sind recht einfach. Sie wählen den Befehl **Eigenschaften** aus dem Menü **Datei**. Hinter dem Programmnamen in der **Befehlszeile** tragen Sie den Pfad und Namen des Dokuments ein, das beim Programmstart automatisch geladen werden soll. Sie erinnern sich, daß Sie mit der Maus diese Zeile anklicken können, um dann mit den Cursortasten an das Ende der Zeile zu fahren.

Wenn Sie ein Dokument fest mit einem Programm verbunden haben, sollten Sie auch die Bezeichnung unter dem Symbol ändern, um darauf hinzuweisen, daß hier nicht nur das Programm gestartet wird.

Für viele Dateien kennt WINDOWS bereits das Programm, das Sie zur Bearbeitung benutzen müssen. Diese Angaben stehen in der Konfigurationsdatei WIN.INI. Es reicht aus, wenn Sie im Dialogfeld **Programmeigenschaften** in der **Befehlszeile** nur den Pfad und Namen einer WRITE-Datei angeben. Schauen Sie sich einmal die Programmeigenschaften des Symbols **Read Me** in der Hauptgruppe an! In Kapitel 7 werden wir mit Hilfe des DATEI-MANAGERS zusätzliche Verknüpfungen erzeugen.

2.2.5 Übungen 10–11

10) Richten Sie die UHR so ein, daß Sie automatisch als Symbol gestartet wird.
11) Zur Übung verknüpfen Sie bitte den Text BOOTLOG.TXT mit dem EDITOR im Ordner Projekt1.

2.3 PROGRAMM-MANAGER beenden

Wie Sie wissen, bedeutet ein Beenden des PROGRAMM-MANA-GERS auch gleichzeitig das Beenden von WINDOWS. Sie haben vier Alternativen, den PROGRAMM-MANAGER zu beenden:
1) Sie wählen aus dem **Systemmenü** den Befehl **Schließen**.
2) Sie wählen aus dem Menü **Datei** den Befehl **Windows beenden**.
3) Sie doppelklicken das Systemmenüfeld.
4) Sie drücken die Tastenkombination <ALT>+<F4>.

In jedem Fall erscheint ein kleines **Dialogfeld**. Hier müssen Sie bestätigen, daß Sie das Programm wirklich beenden möchten.
Haben Sie den Befehl zum Fensterschließen aus Versehen gewählt, betätigen Sie die Schaltfläche **Abbrechen**. Anderenfalls klicken Sie auf **OK**. Damit schließen Sie den PROGRAMM-MANAGER und beenden WINDOWS.
Wenn Sie die Anordnung des PROGRAMM-MANAGERS und seiner Dokumentfenster beim nächsten Start von WINDOWS genau so wiederhaben möchten, wie sie momentan ist, dann aktivieren Sie aus dem Menü **Optionen** den Befehl **Einstellungen beim Beenden speichern**. Dieser Befehl ist ein sogenannter Schalterbefehl. Solange sich neben ihm ein Häkchen befindet, merkt WINDOWS sich die Positionen und Größen des PROGRAMM-MANAGERS und der darin enthaltenen Dokumentfenster. Wollen Sie die Änderungen nicht speichern, dann löschen Sie das Häkchen, indem Sie den Befehl einmal auswählen. Wenn Sie diesen Befehl ein weiteres Mal anklicken, so wird er wieder aktiviert, und das Häkchen erscheint.

Hinweis:
WINDOWS merkt sich beim Beenden auf jeden Fall, ob dieser Befehl aktiviert ist oder nicht.

Nach diesen beiden einführenden Kapiteln beherrschen Sie WINDOWS so gut, daß Sie sich an umfangreichere Aufgaben heranwagen können. Doch zunächst können Sie sich ein wenig entspannen.

3 SPIELE

Natürlich kann man nicht immer nur arbeiten. Daher enthält WINDOWS eine Gruppe SPIELE, zu der zwei einigermaßen populäre Vertreter gehören. Dabei handelt es sich einerseits um ein Kartenspiel, das man allein bzw. gegen die Zeit spielt, und andererseits um ein Strategiespiel.

3.1 SOLITÄR

Das Spiel SOLITÄR wird durch ein Icon in der SPIELE-Gruppe symbolisiert, das ein Kartenspiel darstellt.

3.1.1 Spielregeln

Starten Sie SOLITÄR. Ein Fenster erscheint, in dem Sie ein nach einem speziellen System ausgelegtes Kartenspiel erkennen. Es kann durchaus sein, daß die Rückseiten Ihrer Karten anders aussehen als in der Abbildung. Sie können nämlich in diesem Spiel selbst Ihr Kartenspiel wählen. SOLITÄR wird dann so lange mit diesen Karten arbeiten, bis Sie neue wählen.

Das folgende Bild zeigt eine Ausgangssituation:

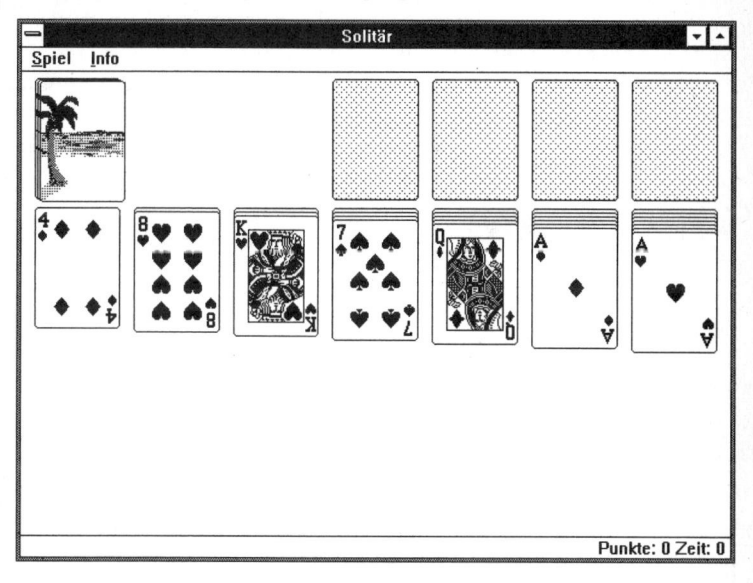

Was ist nun das Spielziel? Im rechten oberen Fensterteil sehen Sie vier leere Fächer für Karten, und zwar je eines für Kreuz, Pik, Herz und Karo. Hier sollen alle Karten abgelegt werden, wobei zuerst das As, dann die Zwei, Drei, Vier, Fünf, Sechs, Sieben, Acht, Neun, Zehn, der Bube, die Dame und der König abzulegen sind. Dabei dürfen nur Karten der gleichen Farbe aufeinander, also Pik auf Pik, Karo auf Karo usw. gelegt werden.

Im unteren Fensterteil sehen Sie sieben Reihen nebeneinander liegen, wobei die erste Reihe aus einer Karte besteht, die zweite aus zwei, ... bis zur siebten Reihe, die aus sieben Karten besteht. Diese Karten sind alle bis auf die oberste verdeckt. An diese oberste Karte dürfen Sie andere Karten anlegen, entweder vom Talon, das ist der Stapel links oben, oder eine der unverdeckten Karten aus den anderen Reihen. Die Regeln zum Anlegen an diese Reihen sind jedoch andere. Hier dürfen Sie die Karten nur in der umgekehrten Reihenfolge anlegen, wobei sich immer eine rote und eine schwarze Karte abwechseln müssen. Beispielsweise dürfen Sie auf eine Kreuz 5 also nicht eine Pik 4 legen, denn beide sind schwarz; wohl aber eine Karo 4.

Wenn Sie keine der sichtbaren Karten mehr anlegen können, so ziehen Sie neue Karten aus dem Talon und versuchen, diese anzulegen, entweder auf die Fächer oder an eine Reihe.

Eine besondere Situation liegt vor, wenn Sie einen König aus dem Talon ziehen. Da dieses die ranghöchste Karte ist, muß sie in den Reihen zuunterst liegen. Daher kann ein König nur auf einen durch Anlegen **freigewordenen Reihenplatz** gelegt werden!

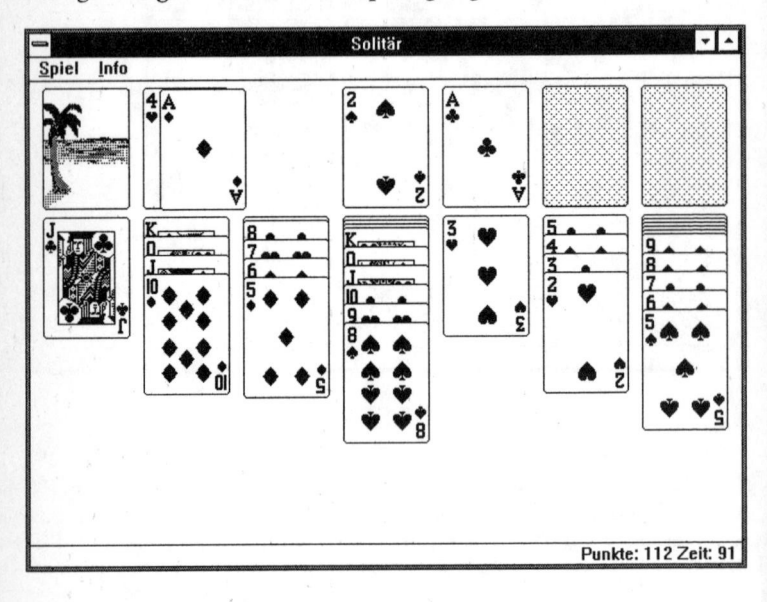

Wie kommen Sie aber an die Karten, die verdeckt in den Reihen zuunterst liegen? Wenn Sie alle darüberliegenden sichtbaren Karten woanders anlegen konnten, so daß in der Reihe nur noch verdeckte Karten liegen, so dürfen Sie die oberste umdrehen. Innerhalb dieser Reihen dürfen Sie nicht nur eine Karte, sondern beliebig viele an eine andere Reihe anlegen.

3.1.2 Spieloptionen

SOLITÄR bietet verschiedene Spielvarianten, die sich einerseits auf die Darstellung und andererseits auf die Spielweise und Punktewertung beziehen.
Zunächst wollen wir ein anderes Kartenspiel wählen, das uns von der Optik besser zusagt. Wählen Sie **Spiel** und **Deckblatt**. Es erscheint ein Dialogfeld, das alle vorhandenen Kartenspiele anbietet.

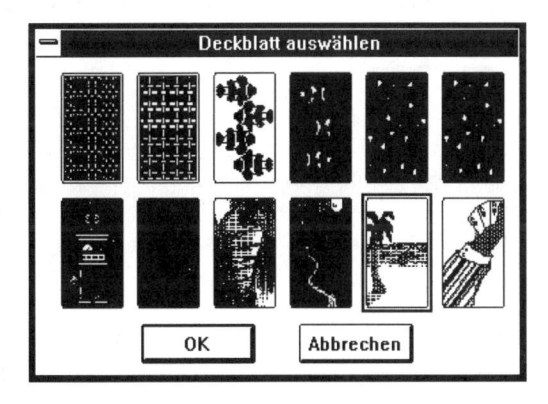

Sie wählen daraus Ihr spezielles Kartenspiel, indem Sie das gewünschte und danach das OK-Schaltfeld anklicken. Experimentieren Sie, denn je nach Grafikkarte und Monitor Ihres Computers kommen die einzelnen Bilder unterschiedlich zur Geltung.
Wenn Sie die Spielweise oder die Spielwertung ändern wollen, so wählen Sie **Spiel** und **Optionen**. Das folgende Bild zeigt Ihnen das Dialogfeld mit seinen Möglichkeiten:

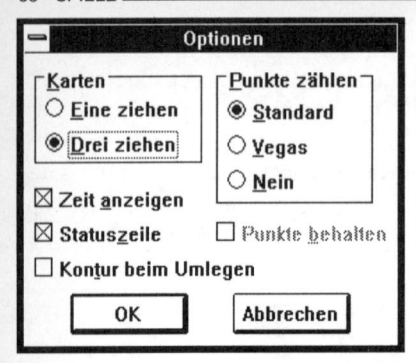

Sie erkennen zwei Gruppen von Optionsschaltflächen und vier Kontrollfelder.

Unter **Karten** können Sie festlegen, ob bei jedem Ziehen eine einzige Karte oder drei Karten aufgedeckt werden. Sie können von diesen jedoch nur die oberste zum Anlegen verwenden. Wird dadurch die darunter liegende frei, so können Sie natürlich diese als nächste verwenden.

Bei **Punkte zählen** legen Sie die Spielwertung fest. Hier können Sie festlegen, ob **keine** Punkte oder nach **Standard**-Methode bewertet, also Punkte gezählt werden sollen. Wenn Sie wie in **Vegas** spielen wollen, geht es um Geld. Ihr Einsatz wird als negativer Betrag angezeigt, die Anzeige entspricht also quasi Ihrem Kontostand.

Das Kontrollfeld **Zeit anzeigen** bestimmt, ob in der Statuszeile, in der ggf. auch Ihr Konto- bzw. Punktestand angezeigt wird, die verstrichene Spielzeit erscheint. Ob diese Zeile tatsächlich angezeigt wird, bestimmen Sie mit dem Kontrollfeld **Statuszeile**. Mit **Kontur beim Umlegen** werden Karten während des Verschiebens nur als Rahmen angezeigt, während sie bei nicht markiertem Kontrollfeld vollständig grafisch dargestellt werden. Über **Punkte behalten** können Sie bei der Spielart **Punkte zählen Vegas** bestimmen, ob Ihr Konto jedesmal neutralisiert (keine Markierung) oder für jedes Spiel übernommen werden soll (markiertes Kontrollfeld).

Achtung:
Wenn Sie eine dieser Optionen während eines Spiels ändern, so werden die **Karten neu gegeben**. Eine Ausnahme bilden nur die Kontrollfelder **Statuszeile** und **Kontur beim Umlegen**.

3.1.3 Karten umlegen

Nun wollen Sie sicher noch wissen, wie Sie mit der Maus eine Karte umlegen. Ganz einfach, benutzen Sie die Maus wie Ihren Finger! Zeigen Sie auf die Karte, die bewegt werden soll, halten Sie die Maustaste gedrückt, und bewegen Sie den Mauszeiger auf den neuen Platz. Hier lassen Sie die Taste los. Sie ziehen also die Karte auf ihren Bestimmungsplatz. Verstoßen Sie dabei gegen Spielregeln, so wandert die Karte, wie von Geisterhand bewegt, auf ihren alten Platz zurück.
Vom Talon nehmen Sie Karten, indem Sie ihn einfach anklicken.
In die "Fächer" legen Sie schneller ab, wenn Sie die entsprechende Karte doppelklicken. Das war's schon. Und nun viel Spaß!

3.1.4 Tips

Für diejenigen von Ihnen, die noch etwas Geduld haben, hier noch einige hilfreiche Tips:

- Legen Sie nicht zu früh in die "Fächer" ab. Sie blockieren sonst Ihre Reihen und können keine Karten mehr anlegen.
- Wenn Sie die Wahl haben, nehmen Sie zum Anlegen die Karte aus der längeren Reihe. In den langen Reihen liegen nämlich unter Umständen verdeckt Karten, die später Ihr Spiel blockieren. Stellen Sie sich vor, dort würden alle vier Buben verdeckt liegen!
- Schaffen Sie möglichst früh Platz, damit Sie einen König anlegen können.
- Und last but not least: wechseln Sie in Vegas manchmal die Karten!

Und nun nochmals viel Spaß. Wenn Sie einmal alle Spielkarten korrekt abgelegt haben, präsentiert SOLITÄR dem Gewinner etwas Besonderes, daß wir hier nicht vorweg nehmen möchten.
Und noch etwas: Achten Sie auf die Kartenrückseite der Talonkarten! Hier wird manchmal falsch gespielt, oder Sie werden aus-/angelacht. Mehr verraten wir nicht.

3.2 MINESWEEPER

MINESWEEPER, das zweite Spiel aus dieser Gruppe, gehört zu den Strategiespielen und wird durch folgendes Symbol dargestellt:

3.2.1 Spielregeln

Nach dem Starten dieses Spiels erscheint ein Fenster mit dem nachfolgend gezeigten Spielfeld. Die verdeckten Felder im unteren Teil des Fensters stellen ein Minenfeld dar. Ziel des Spiels ist es, in möglichst kurzer Zeit **alle** Quadrate aufzudecken, unter denen sich **keine** Mine befindet.

Aufgedeckt wird ein Quadrat durch Anklicken mit der Maus. Es sind dann drei verschiedene Ergebnisse möglich:

Mine getroffen:	Pech gehabt; das Spiel ist beendet.
Minen in Nachbarfeldern:	Ein "Detektor" wird aktiv und zählt die direkt angrenzenden Minen. Sein Anzeigefeld wird im aufgedeckten Quadrat eingeblendet.
Minenfreie Nachbarfelder:	Der "Detektor" sucht automatisch in allen acht Richtungen weiter, bis er Nachbarfelder mit Minen entdeckt. Alle dazwischenliegenden Quadrate werden aufgedeckt und die Minenanzahl angezeigt.

Wenn Sie glauben, daß sich unter einem Deckel eine Mine befindet, so können Sie ihn markieren. Benutzen Sie hierzu die **rechte** Maustaste. Es erscheint eine Markierungsfahne und ein versehentliches "Betreten" ist so lange nicht möglich, bis Sie die Fahne wieder entfernen. Dies geschieht durch erneutes Anklicken mit der rechten Taste. Immer wenn Sie eine Markierungsfahne setzen, wird im linken Anzeigefeld eine Mine abgezogen, unabhängig davon, ob unter dem Deckel eine liegt oder nicht.

Die rechte Maustaste kann ein weiteres Markierungssymbol erzeugen, das Sie benutzen können, um Felder zu kennzeichnen, bei denen Sie noch nicht ganz sicher sind, ob dort eine Mine liegt. Dies ist möglich, nachdem Sie aus dem Menü **Spiel** den Befehl **Merker (?)** gewählt haben. Solange diese Option aktiv ist, angezeigt durch ein Häkchen neben dem Befehl, erscheint nach einmaligem Drücken der rechten Maustaste eine Fahne, nach zweimaligem Drücken ein Fragezeichen und nach dem dritten Mal wieder ein freier Deckel. Das folgende Bild zeigt die Spielfläche mit den möglichen Elementen während des Spielverlaufs.

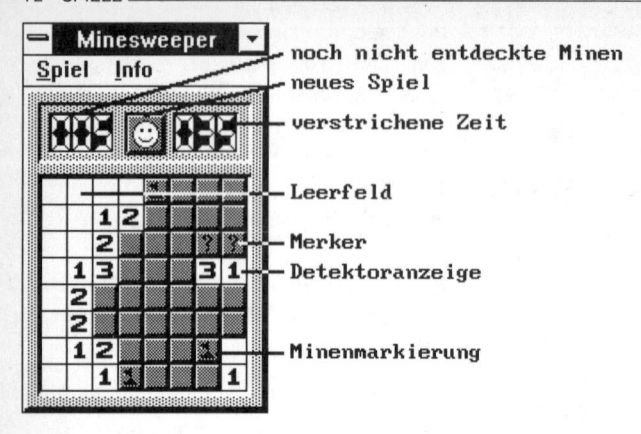

72 SPIELE

- noch nicht entdeckte Minen
- neues Spiel
- verstrichene Zeit
- Leerfeld
- Merker
- Detektoranzeige
- Minenmarkierung

Achtung:
Ein mit einer Fahne markiertes Feld kann nicht betreten werden, ein mit einem Fragezeichen markiertes jedoch wohl!

Wenn Sie ein Minenfeld betreten, so ist das Spiel beendet, und alle Minen werden aufgedeckt. Das Spielfeld kann dann folgendermaßen aussehen:

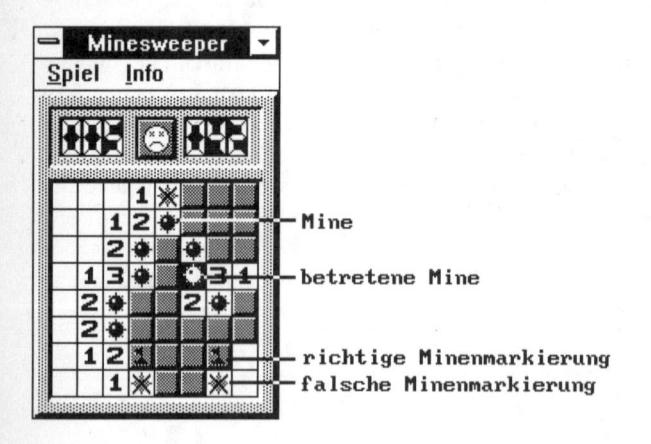

- Mine
- betretene Mine
- richtige Minenmarkierung
- falsche Minenmarkierung

3.2.2 Spieloptionen

Das Menü **Spiel** bietet folgende Befehle:

```
─ Minesweeper  ▼
 Spiel  Info
  Neu              F2
 √ Anfänger
   Fortgeschrittene
   Profis
   Selbstdefiniert...
 √ Merker (?)
   Farbe
   Bestzeiten...
   Beenden
```

Es erlaubt die Auswahl aus **vier Schwierigkeitsgraden**, wobei der vierte individuelle Einstellungen ermöglicht, natürlich auch leichtere. Sie erhalten bei den ersten drei folgende Spielfelder:

Anfänger   8 x 8 Felder mit 10 Minen,
Fortgeschrittene 16 x 16 Felder mit 40 Minen,
Profis   16 x 30 Felder mit 99 Minen,
Selbstdefiniert... bis zu 24 x 30 Feldern mit maximal 667 Minen.

Mit **Neu** oder durch Anklicken des "Mondgesichts" starten Sie ein neues Spiel mit dem eingestellten Schwierigkeitsgrad.
Mit **Merker (?)** wird das zweite Markierungssymbol aktiviert, um Sie beim Ausprobieren der möglichen Minenlagen zu unterstützen.
Farbe schaltet die Farbversion des Spielfeldes ein.
Unter **Bestzeiten...** kann man sich die Zeiten des bis dato besten Spielers in jeder der drei vorgegebenen Klassen anschauen. Diese "Highscore"-Liste kann mittels einer Schaltfläche des zugehörigen Dialogfeldes auch zurückgesetzt werden.

3.2.3 Tips

Versuchen Sie nicht, durch Raten das Spiel zu gewinnen!
Eckdetektorfelder mit einer 1 lassen nur eine Möglichkeit für eine Mine zu. Kennzeichnen Sie diese!
Oft bleibt dann bei Detektorfeldern mit einer 2 nur eine weitere Möglichkeit für die zweite Mine usw.!
Decken Sie Nachbarfelder von Detektorfeldern auf, deren umliegende Minenlagen bereits genau feststehen!
Sie können die Bestzeitenliste übrigens auch türken. Schauen Sie einmal in der Datei WINMINE.INI nach!
Unsere Aufgabe lautet diesmal: Spielen und **gewinnen** Sie!
In den folgenden Kapiteln wollen wir Ihnen die weiteren Bestandteile von WINDOWS vorstellen und vor allem die Möglichkeiten aufzeigen, die im Zusammenspiel der einzelnen Programme stecken.
Ein erstes Ergebnis dieser Bemühungen sehen Sie in der folgenden Abbildung.

Müller & Söhne
Bauunternehmung

Unser Motto:
Nichts ist unmöglich

5000 KÖLN
Schloßallee 123
Fernruf: 0221/1234567

Herr
Peter Schmitz
Mühlenstieg 123

5000 Köln 4

Sehr geehrter Herr Schmitz,

wir erlauben uns, Ihnen folgende Positionen in Rechnung zu stellen.

Pos_Nr.	Artikel	Menge	Einzelpreis DM	Gesamtpreis DM
1	20x30 cm Fliesen	26,0 m^2	26,95	700,70
2	Klebmörtel	4,0 Geb.	23,50	94,00
3	Zement PZ 35 F	10,0 Sack	6,95	69,50
4	Fugenweiß 5 KG	4,0 Geb.	15,95	63,80
		Warenwert		928,00
		MwSt-Betrag		129,92
		Rechnungsbetrag		1057,92

Bitte überweisen Sie den Rechnungsbetrag innerhalb von 14 Tagen abzüglich 2% Skonto.
Innerhalb von 30 Tagen ohne Abzug.
Die Ware bleibt bis zur vollen Bezahlung unser Eigentum.

Bankverbindung
Sparbank Köln (BLZ 123 456 789) 98/654

Um dieses Dokument zu erstellen, werden wir in der Hauptsache zwei Programme verwenden, die zum Lieferumfang von WINDOWS gehören. Das erste ist das Malprogramm PAINTBRUSH und das zweite die Textverarbeitung WRITE. Die beiden nächsten Kapitel werden sich ausführlich mit diesen Programmen beschäftigen.

4 PAINTBRUSH

PAINTBRUSH ist ein Malprogramm, mit dem Sie beliebige Bilder erstellen können. Es gehört zur Zubehörgruppe. Um dieses Programm zu starten, öffnen Sie – falls nötig – den Ordner **Zubehör**. Sollte in dem nun erscheinenden Dokumentfenster das Symbol für PAINTBRUSH nicht zu sehen sein, können Sie den Fensterinhalt durch Betätigen der Pfeile an den Bildlaufleisten verschieben. Sobald PAINTBRUSH sichtbar wird, können Sie es durch Doppelklick starten.

Mit PAINTBRUSH können Sie farbige Bilder erstellen. Diese Farbfähigkeit können Sie natürlich nur dann benutzen, wenn Ihr Rechner eine Farbgrafikkarte und einen entsprechenden Monitor besitzt. Ist Ihr Computer mit einer Monochromkarte ausgerüstet, werden die Farben als unterschiedliche Muster dargestellt. Wenn wir im folgenden also von Farben sprechen, entspricht das den Mustern bei einer Monochromkarte.

Hinweis:
Wenn Sie Ihre Bilder auf einem Schwarz-weiß-Drucker ausgeben wollen, dann sollten Sie auf die Farboption verzichten. Das gilt insbesondere dann, wenn Sie auch Grautöne benutzen wollen. Wie man die Farboption ab- und bei Bedarf wieder einschaltet, ist im Abschnitt 4.13.3 beschrieben.

Im Gegensatz zu den meisten anderen WINDOWS-Programmen verwendet PAINTBRUSH beide Tasten der Maus. Wenn nichts anderes gesagt wird, beziehen sich unsere Angaben auf die linke Maustaste. Neben der rechten Maustaste wird für einige Funktionen auch noch die Tastatur benötigt.

4.1 Fenster-Darstellung

Nach dem Start von PAINTBRUSH erscheint das folgende Fenster.

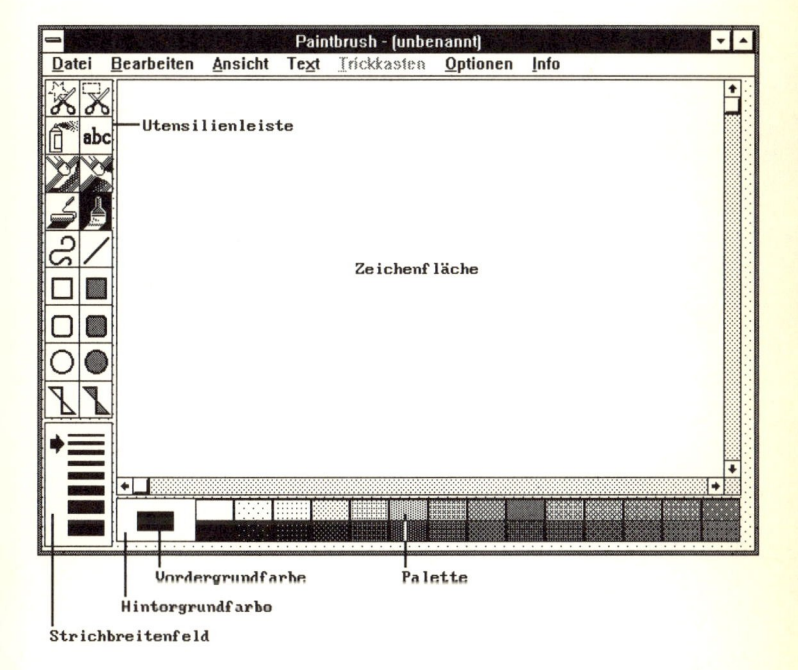

Damit Sie für die folgende Arbeit eine möglichst große Zeichenfläche zur Verfügung haben, sollten Sie als erstes das Fenster auf **Vollbild** vergrößern. Wie Sie wissen, müssen Sie dazu den kleinen, nach oben weisenden Pfeil in der rechten oberen Ecke anklicken.
Wenden wir uns jetzt den einzelnen Elementen von PAINTBRUSH zu.

Die Utensilienleiste
Die Utensilienleiste erlaubt es Ihnen, Werkzeuge auszuwählen, mit denen Sie Ihre Zeichnung gestalten wollen. So können Sie zum Beispiel Teile eines Bildes ausschneiden, eine Fläche mit Farbe besprühen oder Rechtecke und Kreise zeichnen. Das folgende Bild zeigt die einzelnen Werkzeuge:

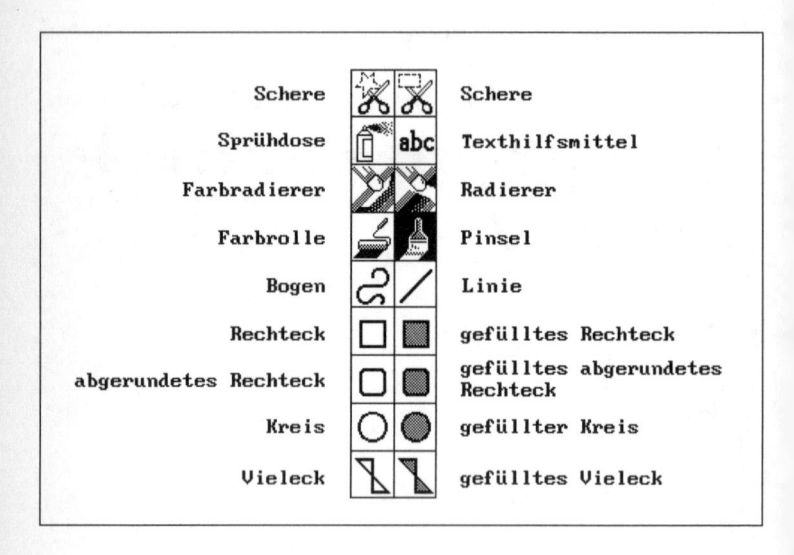

Schere	Schere
Sprühdose	Texthilfsmittel
Farbradierer	Radierer
Farbrolle	Pinsel
Bogen	Linie
Rechteck	gefülltes Rechteck
abgerundetes Rechteck	gefülltes abgerundetes Rechteck
Kreis	gefüllter Kreis
Vieleck	gefülltes Vieleck

Die Zeichenfläche
Auf der Zeichenfläche erstellen Sie Ihre Bilder. Die mögliche Größe dieser Fläche hängt davon ab, wieviel Hauptspeicher Ihr Rechner hat.

Der Cursor
Der Cursor markiert die Stelle, an der eine Linie oder ein anderes Objekt erscheinen soll. Je nachdem, welches Werkzeug Sie ausgewählt haben, ändert sich die Form dieses Cursors, sobald Sie auf die Zeichenfläche fahren. Außerhalb der Zeichenfläche erscheint der Cursor in Form eines Pfeiles.

Die Palette
Die Palette erlaubt es Ihnen, verschiedene Farben für die Zeichnung auszuwählen. Wenn Sie eine Monochromkarte haben, werden statt

der Farben unterschiedliche Muster angeboten. Aus der Palette wählen Sie Vordergrund- und Hintergrundfarbe.

Vordergrundfarbe
Sie legt fest, mit welcher Farbe Sie zeichnen. Zur Auswahl bewegen Sie den Cursor auf die Palette und klicken mit der **linken** Maustaste die gewünschte Farbe an. Die Vordergrundfarbe läßt sich jederzeit während der Arbeit mit PAINTBRUSH ändern.

Hintergrundfarbe
Diese wählen Sie, indem Sie die **rechte** Maustaste betätigen. Die Hintergrundfarbe, die während des Zeichnens verwendet werden soll, kann nur zu Beginn der Arbeit festgelegt werden. Wählen Sie hierzu die gewünschte Farbe und anschließend den Befehl **Neu** aus dem Menü **Datei**. Während des Zeichnens können Sie den Hintergrund nur ändern, um beispielsweise Schattierungen für eine Beschriftung zu erzeugen.

Das Strichbreitenfeld
Mit dem Strichbreitenfeld stellen Sie ein, mit welcher Strichbreite Linien gezeichnet werden sollen.

Hinweis:
Je nach Fenstergröße kann es vorkommen, daß die kleinste Strichbreite im Strichbreitenfeld nicht sichtbar ist. Sie können sie dennoch auswählen und auch ansonsten ohne Einschränkung verwenden.

4.2 Ein erstes Bild gestalten

Die ersten Einstellungen, die Sie zu Beginn Ihrer Arbeit mit PAINTBRUSH machen, sind die Auswahl der Vordergrund- und Hintergrundfarbe sowie der Strichbreite.
Wenn Sie PAINTBRUSH starten, ist zu Beginn immer der Pinsel ausgewählt. Ein ausgewähltes Werkzeug erkennen Sie daran, daß das entsprechende Symbol invertiert dargestellt ist. In der Fensterdarstellung in Kapitel 4.1 ist zum Beispiel der Pinsel als Werkzeug ausgewählt worden.
Zur Erstellung der folgenden kleinen Zeichnung werden wir die Werkzeuge Rechteck, Linie, Radierer, Farbrolle und Sprühdose benutzen.

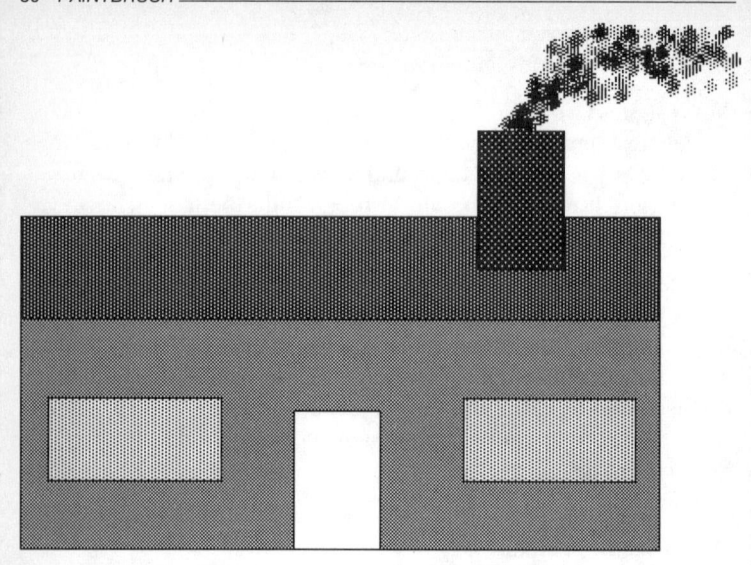

Rechteck zeichnen

Mit diesem Werkzeug können Sie Rechtecke in beliebiger Größe und Strichstärke zeichnen. Bei unserem Bild wollen wir damit den Umriß des Hauses, die Fenster, die Tür und den Kamin zeichnen.

Falls noch nicht geschehen, klicken Sie die kleinste Strichstärke im Strichbreitenfeld und das Werkzeug **Rechteck** an. Wie Sie feststellen, verwandelt sich der Cursor jetzt auf der Zeichenfläche in ein Fadenkreuz. Achten Sie außerdem darauf, daß als Vordergrundfarbe Schwarz und als Hintergrundfarbe Weiß ausgewählt ist.

Beim Zeichnen eines Rechtecks kann man an einer beliebigen Ecke beginnen. Dort drückt man die Maustaste, hält sie fest, zieht das Rechteck zur gegenüberliegenden Ecke und läßt wieder los.

Zeichnen Sie nun alle Elemente des Hauses, die mit dem Rechteck erstellt werden können!

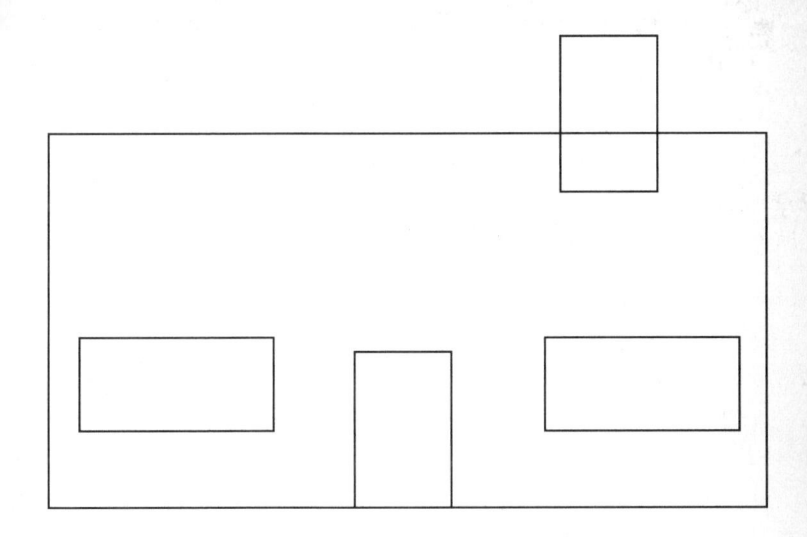

Linie zeichnen

Dieses Werkzeug dient der Konstruktion von Linien beliebiger Dikke und Länge. In unserer Zeichnung soll damit die Trennlinie zwischen Dach und Mauerwerk erstellt werden.

Klicken Sie das Werkzeug **Linie** an, und bewegen Sie den Mauszeiger auf die Zeichenfläche. Der Mauszeiger wird zu einem Fadenkreuz. Dieses Kreuz bewegen Sie an den Anfangspunkt der Linie. Drücken Sie die Maustaste, und ziehen Sie bis zum Endpunkt der Linie. Dort lassen Sie die Maustaste wieder los. Während des Ziehens bewegt sich die Linie mit, so daß Sie ihre Richtung kontrollieren können.

Um die Trennlinie zu zeichnen, bewegen Sie das Kreuz genau auf die linke Seite des Rechtecks, drücken die Maustaste und ziehen die Linie bis zur gegenüberliegenden Seite. Die exakt richtige Position ist dann erreicht, wenn der senkrechte Strich des Kreuzes genau auf der senkrechten Linie des Rechtecks liegt und dabei unsichtbar wird. Achten Sie auch darauf, daß die Linie waagerecht wird, also keine Stufen hat.

Radieren

Der Radierer ermöglicht es Ihnen, ungewollte Änderungen an Ihrem Bild rückgängig zu machen. Wir wollen ihn benutzen, um die Linie, die durch den Kamin verläuft, zu entfernen.

Klicken Sie dazu den rechten Radierer an. Der Mauszeiger wird innerhalb der Zeichenfläche zu einem Rechteck. Bewegen Sie es auf die Stelle, die Sie entfernen wollen, und drücken Sie auf die Maustaste. Alle Punkte innerhalb des Rechtecks, einschließlich des Rahmens, sind gelöscht. Genaugenommen sind sie nicht gelöscht, sondern in die aktuelle Hintergrundfarbe umgewandelt, was hier aber auf das gleiche hinausläuft.

Noch ein kleiner Tip: Die Größe des Radierers hängt von der Strichstärke ab. Sollten Sie mit Ihrem Bild absolut nicht zufrieden sein, dann wählen Sie die größte Strichstärke, klicken den Radierer an und radieren den ganzen Bildschirm mit wenigen Handbewegungen aus.

Entfernen Sie jetzt vorsichtig die Linie aus dem Kamin.

Flächen mit Farbe füllen

Mit der Farbrolle können Sie beliebige Flächen mit Farbe ausfüllen. Wir benutzen dieses Werkzeug, um bei unserem Haus Mauerwerk, Dachziegel usw. anzudeuten.

Wählen Sie die Farbe aus, mit der Sie eine Fläche füllen wollen. Dann klicken Sie die Farbrolle an. Auf der Zeichenfläche wird der Cursor zu einer Farbrolle. An der linken unteren Ecke läuft sie spitz zu. Dies ist der "hot spot" des Symbols, das heißt, diese Stelle muß in der Fläche liegen, die ausgefüllt werden soll.

Vorsicht:
Klicken Sie außerhalb der umrahmten Fläche oder hat die Umrahmung ein Loch, dann "läuft die Farbe durch dieses Loch aus", und der ganze Bildschirm wird damit gefüllt.

Vervollständigen Sie die Zeichnung, indem Sie für jede Fläche eine andere Farbe wählen.

Farbe aufsprühen

Den krönenden Abschluß des Meisterwerks soll die Rauchfahne über dem Kamin bilden. Als Werkzeug ist dafür die Sprühdose geeignet.

Der Rauch soll mit der Farbe Schwarz gesprüht werden. Bewegen Sie die Sprühdose über den Kamin, halten Sie die Maustaste fest, und ziehen Sie sie nach rechts weg. Je langsamer Sie ziehen, desto mehr Farbe wird aufgetragen. Bei schneller Bewegung erscheinen nur einige Punkte. Sprühen Sie so lange, bis Ihnen die Rauchfahne gefällt.

Damit ist Ihr erstes Bild mit PAINTBRUSH fertig.
Wenn Ihr Ergebnis auf Anhieb dem obigen Bild entspricht, dürfen Sie sich glücklich schätzen. Den meisten Künstlern wird während des Zeichnens das eine oder andere Mißgeschick unterlaufen. Wie man solche unerwünschten Ergebnisse wieder rückgängig macht, wollen wir Ihnen im übernächsten Kapitel zeigen.

4.3 Speichern und Laden

Wenn Ihre Zeichnung so gut gelungen ist, daß Sie sie der Nachwelt erhalten wollen, muß sie natürlich gespeichert werden. Wie in allen WINDOWS-Programmen verbergen sich die Befehle zum Speichern und Laden unter dem Menüpunkt **Datei**.

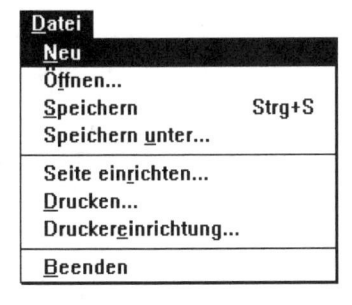

Datei	
Neu	
Öffnen...	
Speichern	Strg+S
Speichern unter...	
Seite einrichten...	
Drucken...	
Druckereinrichtung...	
Beenden	

Speichern
Wie Sie sehen, gibt es zwei Befehle zum Speichern. Einmal den Befehl **Speichern** und zum anderen den Befehl **Speichern unter...**. **Speichern unter...** verwenden Sie, wenn Sie Ihr Bild zum erstenmal sichern oder es unter einem anderen Namen speichern wollen.
Jedes Bild, das neu erstellt wird, hat so lange keinen Namen, bis es zum erstenmal gesichert wird. Zu erkennen ist das am Programmtitel **Paintbrush – (unbenannt)**. Wenn Sie jetzt **Speichern unter...** wählen, erscheint folgendes Dialogfeld:

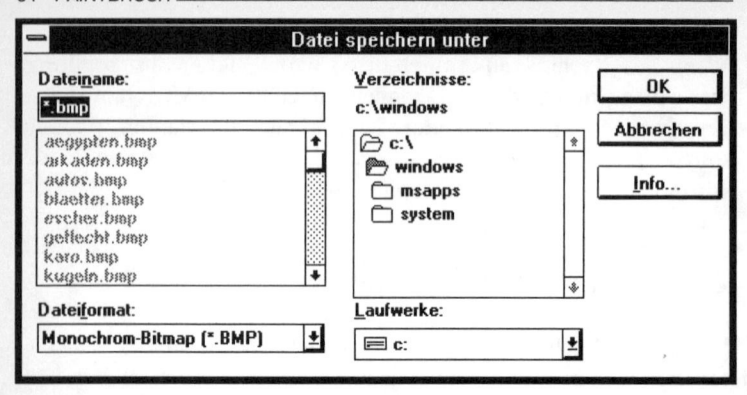

Datei speichern unter		
Dateiname: `*.bmp` aegypten.bmp askaden.bmp autos.bmp blaetter.bmp escher.bmp geflecht.bmp karo.bmp kugeln.bmp **Dateiformat:** Monochrom-Bitmap (*.BMP)	**Verzeichnisse:** c:\windows 📂 c:\ 📂 windows 📁 msapps 📁 system **Laufwerke:** 💾 c:	OK Abbrechen Info...

Geben Sie jetzt beispielsweise BILD01 ein, und drücken Sie die <EINGABETASTE>. Haben Sie sich bei der Eingabe des Namens vertippt, können Sie mit der <RÜCKTASTE> das falsche Zeichen löschen. Die Zeichnung wird nun unter dem Namen BILD01.BMP gespeichert. Die Endung **.BMP** ist die Standardvorgabe für PAINTBRUSH-Bilder. Sie sollten sie vorläufig nicht ändern. Unter dem gleichen Namen kann das Bild zu einem späteren Zeitpunkt auch wieder geladen werden. Beachten Sie, daß die Verzeichnisse auf Ihrem Rechner andere Namen haben können.

Nach dem ersten Speichern steht der von Ihnen gewählte Dateiname an Stelle von **(unbenannt)** in der Titelleiste.

Der Befehl **Speichern** wird dann benutzt, wenn Sie während der Arbeit an einem Bild den Zwischenstand speichern wollen. Sie sollten es sich zur Gewohnheit machen, bei allen Programmen in regelmäßigen Abständen Sicherungen durchzuführen, damit bei einem eventuellen Stromausfall oder einer ähnlichen Katastrophe nicht das gesamte Dokument verloren ist. Soll Ihre Zeichnung nicht im Standardformat von PAINTBRUSH gespeichert werden, betätigen Sie die Schaltfläche neben der Dropdown-Liste **Dateiformat** und wählen ein anderes Format. PAINTBRUSH fügt als Endung je nach Format PCX oder BMP an den Namen an.

Hinweis:
Wählen Sie aus den angebotenen BMP-Formaten stets dasjenige, das gerade so viele Farben wie Ihre Zeichnung enthält. Sie sparen so erheblich Speicherplatz!

Laden

Wenn Sie zu einem späteren Zeitpunkt dieses Bild wieder laden wollen, wählen Sie den Befehl **Öffnen...**. Bei älteren WINDOWS-Anwendungen finden Sie statt dieses Begriffs auch schon mal den Befehl **Laden...**, der die gleiche Funktion hat.
Dieser Befehl läßt folgendes Dialogfeld erscheinen:

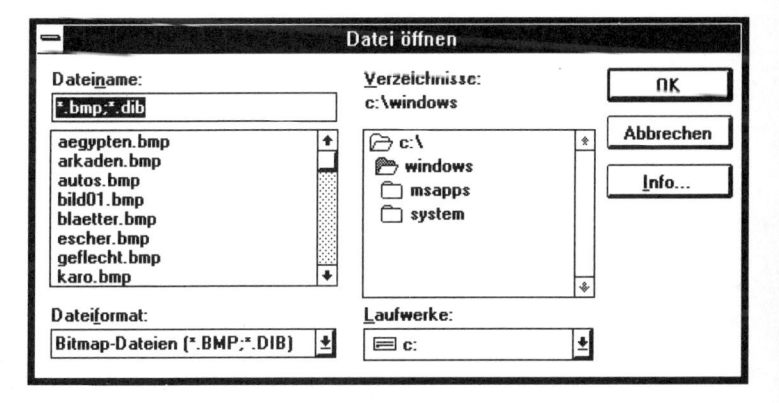

Sie müssen nur noch den Namen BILD01.BMP eintippen und die <EINGABETASTE> drücken. Kurz darauf ist die Zeichnung geladen und kann weiter bearbeitet werden. Beachten Sie auch hier, daß bei Ihnen der Inhalt der Fenster **Dateien** und **Verzeichnisse** wahrscheinlich anders aussieht.

Die Dropdown-Liste **Dateiformat** erlaubt die Auswahl der beiden PAINTBRUSH-Formate **Bitmap** und **PCX** sowie des **MSP**-Formates. MSP wird von dem Malprogramm Paint benutzt, das zu den Vorgängerversionen von WINDOWS 3.0 geliefert wurde. Diese Dateien werden beim Einlesen ins PAINTBRUSH-Format umgewandelt. Daher können Sie problemlos alte Bilder in die neue WINDOWS-Version übernehmen.

Möchten Sie Ihre Bilder an einer bestimmten Stelle der Verzeichnisstruktur speichern oder von dort laden, müssen Sie ein paar Handgriffe mehr erledigen, die in den folgenden Absätzen beschrieben sind.

Bedienung der Dialogfelder
Die Dialogfelder zum Speichern und Laden können fast ausschließ-

lich mit der Maus bedient werden. Die einzige Ausnahme bildet die Eingabe eines Dateinamens beim Speichern.

In allen WINDOWS-Komponenten sind diese beiden Dialogfelder gleich aufgebaut. Es sind nur bei Bedarf noch einige anwendungsspezifische Dateiformate vorhanden.

Als erstes ist immer das Eingabefeld vorhanden, in dem beim Speichern oder Laden ein **Dateiname** eingegeben werden kann. Dieses Feld ist immer vorbelegt. Entweder mit einem vollständigen Namen oder einer Endung für den Namen. Bei PAINTBRUSH lautet die Vorbelegung beim Speichern beispielsweise *.BMP. Dieses Feld ist bei jedem Erscheinen des Dialogfensters invers unterlegt. Das bedeutet folgendes: Wenn Sie einen Buchstaben oder eine Ziffer eintippen, geht WINDOWS davon aus, daß Sie einen völlig neuen Namen eingeben wollen, und löscht die Vorgabe. Dieses Verhalten ist in den meisten Fällen unerwünscht, da man häufig nur wenige Zeichen im vorgeschlagenen Namen ändern möchte. In diesem Fall muß man als erstes entweder eine der Cursortasten drücken oder den Mauszeiger an die gewünschte Stelle im Namen bewegen. Wie Sie sehen, ändert sich die Form des Cursors von einem Pfeil in einen senkrechten Strich. Wird jetzt die Maustaste gedrückt, kann an dieser Stelle Text eingefügt oder gelöscht werden.

Ein weiteres Fenster innerhalb des Dialogfeldes zeigt den Pfad zum aktuellen Verzeichnis sowie die Unterverzeichnisse Ihres Rechners an. Sind mehr **Verzeichnisse** anzuzeigen, als Platz in diesem Fenster ist, wird die Bildlaufleiste aktiviert.

Die Verzeichnisse werden zusätzlich mit Ordnersymbolen dargestellt. Ein geöffneter Ordner wird für das aktuelle und alle übergeordneten Verzeichnisse benutzt. Geschlossene Ordner weisen auf Unterverzeichnisse hin.

Wenn Sie in ein beliebiges Verzeichnis wechseln wollen, so geht das denkbar einfach: Sie doppelklicken den entsprechenden Namen. Auf diese Art können Sie sehr schnell und bequem durch die gesamte Verzeichnisstruktur wandern. Wo Sie sich gerade befinden, wird direkt über dem Listenfeld angezeigt.

Wenn Sie zu einem anderen Laufwerk wechseln wollen, so öffnen Sie die Dropdown-Liste **Laufwerke** durch Anklicken des Pfeilsymbols und wählen das Laufwerk aus der Liste aus. Benutzen Sie gegebenenfalls die Bildlaufleisten.

Das Listenfeld unterhalb **Dateiname** ist nur beim **Öffnen** einer Datei aktiv, beim **Speichern** werden die Namen kontrastarm dargestellt. Es werden alle Dateien angezeigt, die im aktuellen Verzeichnis gespeichert sind und dem Namensmuster des **Dateiformates** entsprechen. Steht beispielsweise das Muster *.BMP im Feld **Dateiname**, dann werden nur diejenigen Dateien angezeigt, die diesem Kriterium entsprechen. Sie können mit der Maus einen Dateinamen aus einem beliebigen Verzeichnis wählen. Beim Öffnen wird diese Datei geladen, beim Speichern kann sie nach einer Warnung überschrieben werden. Durch Anklicken eines Dateinamens wird dieser in das Feld **Dateiname** übernommen, danach müssen Sie auf den Schalter OK klicken. Für ganz Eilige gibt es die Möglichkeit, den Namen doppelzuklicken. Danach wird die Datei sofort geladen bzw. gespeichert.

Achtung:
Das **Dateiformat** beschreibt nur die Endungen der Dateinamen. Wenn Sie also Ihre Zeichnung zum Beispiel BILD.01 genannt haben, müssen Sie zum Öffnen das **Dateiformat Alle Dateien (*.*)** wählen, damit sie im Listenfeld angezeigt wird. Beim Öffnen erkennt ein WINDOWS-Programm selbsttätig das wahre Format!

4.4 Fehler korrigieren

Bei der Erstellung von Zeichnungen ist die Maus nicht unbedingt das beste Hilfsmittel, da sie für viele Anwendungen nicht genau genug zu positionieren ist. Die Wahrscheinlichkeit, daß unerwünschte Resultate auftreten, ist somit recht groß. Daher bietet PAINTBRUSH eine ganze Reihe Funktionen, um Veränderungen am Bild rückgängig zu machen.

4.4.1 Radieren

Das wichtigste Werkzeug zur Fehlerkorrektur, den Radierer, haben Sie bereits kennengelernt. Der Radierer steht als
1) Radierer (rechts)
2) Farbradierer (links)
zur Verfügung.
Der **Radierer** erfüllt zwei Funktionen:

1) Er ändert die Farbe aller Objekte, die er berührt, in die Hintergrundfarbe. Er funktioniert somit genauso wie ein richtiger Radiergummi, der die Bleistiftstriche von einem Blatt Papier entfernt.
2) Er kann die gesamte Zeichenfläche löschen und sie für ein neues Bild vorbereiten. Dies erreichen Sie durch Doppelklicken des Radierers.

Der **Farbradierer** hat ebenfalls zwei Aufgaben:
1) Er kann automatisch jedes Vorkommen einer Farbe in der gesamten Zeichnung in eine andere Farbe ändern. Wählen Sie dazu die zu ändernde Farbe als Vordergrund und die neue Farbe als Hintergrund. Wenn Sie den Farbradierer jetzt doppelklicken, werden die Farben automatisch geändert.
2) Er kann die aktuelle Vordergrundfarbe in die aktuelle Hintergrundfarbe ändern. Somit können Sie gezielt nur bestimmte Farben entfernen, ohne andere Farben in diesem Bereich zu zerstören. Wenn Sie für die Umrisse des Hauses Schwarz gewählt haben und diese Linien jetzt entfernen wollen, wählen Sie Schwarz als Vordergrund und beispielsweise Weiß als Hintergrund und klikken den Farbradierer an. Wenn Sie jetzt über das Bild fahren und dabei die Maustaste gedrückt halten, werden nur die schwarzen Striche ausradiert; die andersfarbigen Flächen bleiben unverändert.

Hinweis:
Wenn Sie ohne Farben arbeiten, verhält sich der Farbradierer genauso wie der Radierer.

Tips:
1) Die Größe des Radierers hängt von der ausgewählten Strichstärke ab. Wenn Sie also großflächig radieren wollen, wählen Sie zweckmäßigerweise eine breite Strichstärke aus, für feine Details den dünnsten Strich.
2) Wenn Sie exakt waagerechte oder senkrechte Bereiche radieren wollen, halten sie die <UMSCHALTTASTE> während des Radierens gedrückt.

4.4.2 Widerrufen

Die zweite Möglichkeit, Fehler in einer Zeichnung zu korrigieren, ermöglicht der Befehl **Widerrufen** aus dem Menü **Bearbeiten**.
Zur Erklärung der Funktionsweise dieses Befehls müssen wir etwas weiter ausholen.
Es gibt grundsätzlich zwei Möglichkeiten, Zeichnungen zu speichern und auf dem Bildschirm anzuzeigen. Die eine Form speichert jeden einzelnen Bildschirmpunkt und bringt jeden dieser Punkte auch wieder auf den Bildschirm. Wenn Sie bedenken, daß eine VGA-Grafikkarte u. a. 640 x 480 = 307200 Bildschirmpunkte darstellen kann, können Sie sich vorstellen, wieviel Platz ein einzelnes Bild auf der Festplatte benötigt. Die Größe der Datei wächst übrigens noch mit jeder Farbe, die zusätzlich dargestellt werden soll. Eine solche Grafik nennt sich pixel-orientiert. Pixel bedeutet so viel wie Bildschirmpunkt.
Die andere Methode nennt sich vektor-orientiert. Hierbei werden für einen Kreis nur die Koordinaten des Mittelpunktes und der Radius als Informationen benötigt. Die zu speichernde Informationsmenge ist daher wesentlich geringer. Außerdem wird die gesamte Zeichnung so verwaltet, daß jedes einzelne Element (Linie, Bogen, Fläche usw.) ansprechbar ist. Es kann in seiner Größe nachträglich geändert, verschoben oder gelöscht werden. So etwas ist bei Pixelgrafiken grundsätzlich nicht möglich, da eben keine Kreise oder Linien, sondern nur Bildschirmpunkte verwaltet werden.
Man kann jedoch nicht sagen, daß die eine Methode grundsätzlich besser ist als die andere; es kommt auf den jeweiligen Anwendungsfall an. Ein Programm zur Erstellung technischer Zeichnungen wird vorzugsweise vektor-orientiert arbeiten, da alle Einzelheiten durch Vektoren zu beschreiben sind. Ein Malprogramm setzt normalerweise Pixelgrafik ein, da Sie beispielsweise eine Landschaft oder ein Gesicht kaum allein mit Linien und Kreisen konstruieren können.
PAINTBRUSH, als Malprogramm, verwendet daher Pixelgrafik.
Aus den oben angeführten Gründen bereitet es solchen Programmen, im Gegensatz zu vektor-orientierten, Schwierigkeiten, Zeichnungsteile zu entfernen.
Dennoch stellt PAINTBRUSH die Möglichkeit zur Verfügung, ungewollte Änderungen zurückzunehmen. Der Befehl **Widerrufen** kann nämlich alles rückgängig machen, was seit dem Auswählen des letz-

ten Werkzeugs gemalt wurde. Sollten Sie beim Ausfüllen einer Fläche außerhalb der zu füllenden Fläche die Maustaste gedrückt haben, wird der gesamte Bildschirm mit der entsprechenden Farbe/Muster gefüllt. Das passiert übrigens auch dann, wenn die zu füllende Fläche an irgendeiner Stelle ein Loch hat. Mit **Widerrufen** kann dieses Mißgeschick rückgängig gemacht werden. Das funktioniert allerdings nur so lange, wie das Objekt noch nicht in der Zeichnung "befestigt" ist. Befestigt wird das Objekt durch eine der folgenden Aktionen:
1) Auswahl eines anderen Werkzeuges
2) Betätigen der Bildlaufleiste
3) Verändern der Fenstergröße.

Wenn Ihnen also ein Fehler unterläuft, dann machen Sie ihn umgehend rückgängig, ansonsten wird der Fehler fixiert und ist unter Umständen nur schwer zu beheben.

4.4.3 Rücktaste einsetzen

Die dritte Art, Fehler in einer Zeichnung zu korrigieren, bietet die <RÜCKTASTE>. Wenn Sie beispielsweise beim Arbeiten mit der Sprühdose feststellen, daß zu viel aufgesprüht wurde, müssen Sie nicht den gesamten gesprühten Teil durch den Befehl **Widerrufen** entfernen. In einem solchen Fall bietet sich die Verwendung der <RÜCKTASTE> an. Der Druck auf die <RÜCKTASTE> bewirkt folgendes: Der Cursor ändert seine Form in ein durchgestrichenes Rechteck. Wenn Sie jetzt die Maustaste festhalten, können Sie radieren; allerdings mit dem Unterschied zum normalen Radieren, daß jetzt nur die Bildelemente radiert werden, die seit der letzten Werkzeugauswahl neu hinzugekommen sind. Wenn Sie in unserem Beispiel also die Rauchfahne aus Versehen über das Haus gesprüht haben, kann sie mit Hilfe der <RÜCKTASTE> ausradiert werden, ohne andere Teile des Bildes zu beschädigen.
Die <RÜCKTASTE> funktioniert bei allen Werkzeugen gleich; die einzige Ausnahme sind die Radierer. Hier ist die Wirkung genau umgekehrt. Alles, was radiert wurde, kann jetzt zurückgeholt werden. Haben Sie aus Versehen zuviel radiert, können Sie diese Teile mit der <RÜCKTASTE> gezielt wiederherstellen.

4.4.4 Bildausschnitt vergrößern

Obwohl dieser Befehl nicht hauptsächlich dem Korrigieren dient, wird er häufig zur Bearbeitung fehlerhafter Details eingesetzt. Sie erreichen diesen Befehl, indem Sie **Vergrößern** aus dem Menü **Ansicht** auswählen. Das nun erscheinende Rechteck bewegen Sie auf die Stelle des Bildes, die vergrößert werden soll. Die <EINGABE-TASTE> vergrößert dieses kleine Rechteck nun auf Bildschirmgröße. Jetzt kann jeder einzelne Bildschirmpunkt gezielt bearbeitet werden. In der linken oberen Ecke des Bildschirms sehen Sie, wie sich die Änderungen auf die Zeichnung in Originalgröße auswirken. Zur Bearbeitung des Bildausschnittes wählen Sie den **Pinsel** aus.

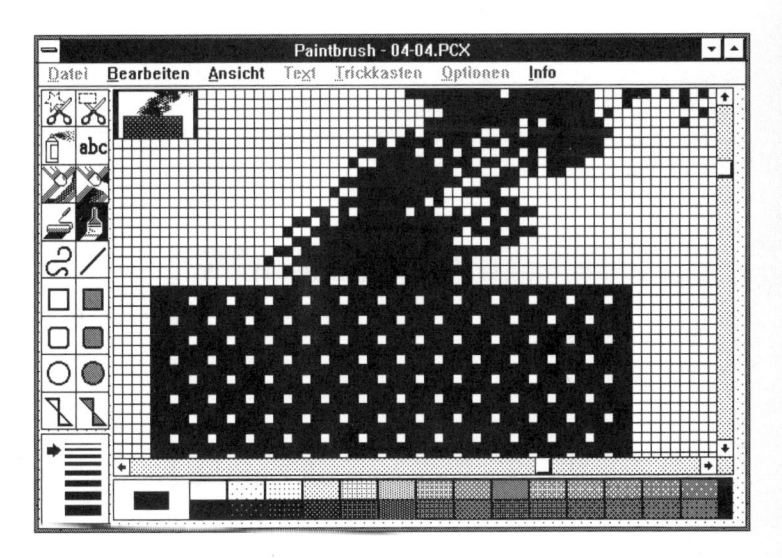

Um einen einzelnen Bildschirmpunkt zu setzen, drücken Sie die linke Maustaste, und um ihn zu löschen, die rechte. Genaugenommen bewirkt die linke Maustaste, daß ein Punkt mit der Vordergrundfarbe gesetzt wird, und die rechte, daß ein Punkt mit der Hintergrundfarbe erscheint.

Wenn Sie mit dem Ergebnis Ihrer Arbeit zufrieden sind, wählen Sie den Befehl **Verkleinern** aus dem Menü **Ansicht**. Dadurch wird das Bild wieder auf die ursprüngliche Größe gebracht.

4.4.5 Zusammenfassung

PAINTBRUSH bietet vier Alternativen, Fehler in einer Zeichnung rückgängig zu machen.

1) Die Radierer erlauben das Ändern und Entfernen beliebiger Zeichnungsteile.
2) Der Befehl **Widerrufen** macht alle Änderungen rückgängig, die seit der letzten Werkzeugauswahl durchgeführt wurden.
3) Mit der <RÜCKTASTE> werden nur die Teile der Zeichnung radiert, die seit dem letzten Werkzeugwechsel erstellt wurden.
4) Der Befehl **Vergrößern** erlaubt das punktgenaue Bearbeiten eines Zeichnungsdetails.

Damit das Ganze nicht zu theoretisch wird, sollten Sie jetzt die folgenden Aufgaben bearbeiten. Falls Sie Ihre Zeichnung noch auf dem Bildschirm haben, doppelklicken Sie den Radierer.
Sollten Sie nach dem Speichern nochmals Änderungen vorgenommen haben, so erscheint folgendes Dialogfeld, um Sie vor Datenverlust zu warnen.

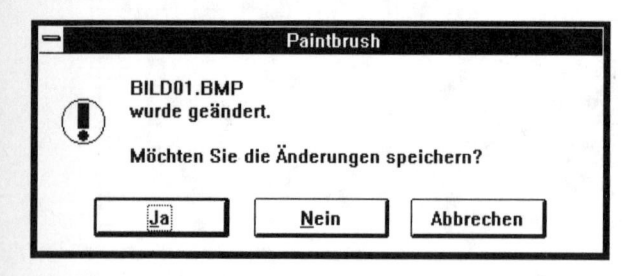

Die Schaltfläche Ja veranlaßt PAINTBRUSH, Ihr Bild nochmals zu speichern, während Nein dies unterläßt und die Zeichenfläche löscht. Abbrechen unterbricht den Radiervorgang.

4.5 Übungen 12–14

12) Zeichnen Sie drei ineinander geschachtelte Rechtecke, und füllen Sie die Zwischenräume jeweils mit einer anderen Farbe/Muster. Entfernen Sie die Farben/Muster mit einem einzigen Befehl. Radieren Sie anschließend das gesamte Bild aus.
13) Wählen Sie wieder Schwarz als Vordergrund- und Weiß als Hintergrundfarbe. Füllen Sie die Zwischenräume wieder mit verschiedenen Farben. Entfernen Sie anschließend die schwarzen Rechtecke, ohne die farbigen Flächen zu verändern. Radieren Sie anschließend das gesamte Bild aus.

Hinweis:
Diese Aufgabe können Sie nur bearbeiten, wenn Ihr Rechner eine Farbgrafikkarte besitzt.

14) Wählen Sie den Pinsel, und zeichnen Sie eine waagerechte Linie. Benutzen Sie den Befehl **Vergrößern**, um daraus eine gestrichelte Linie zu machen. Radieren Sie anschließend das gesamte Bild aus.

4.6 Schere, Pinsel, Linie und Rechteck

Die **Scheren** gehören zu den wichtigsten Werkzeugen, mit denen Sie Ihre Zeichnungen bearbeiten können. Die linke der beiden Scheren erlaubt es, unregelmäßig geformte Bildschirmausschnitte zu erzeugen, die andere, rechteckige Bereiche zu markieren. Mit dem **Pinsel** können Freihandlinien unterschiedlicher Dicke und Form gemalt werden. Die **Linie** dient zum Zeichnen gerader Linien. Mit dem **Rechteck** können Quadrate und beliebige Rechtecke gezeichnet werden.

4.6.1 Wir zeichnen ein Fenster

Die folgende Abbildung ist mit Hilfe dieser vier Werkzeuge erstellt worden:

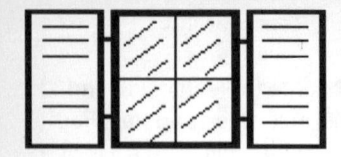

Dazu muß im einzelnen folgendes gemacht werden:

Fensterrahmen zeichnen
1) Wählen Sie die vierte Strichstärke von oben und die Vordergrundfarbe Schwarz.
2) Klicken Sie das leere Rechteck an, und zeichnen Sie den Fensterrahmen.

Fensterkreuz zeichnen
1) Wählen Sie den Pinsel und die dünnste Strichstärke aus. Der Pinsel dient eigentlich zum Zeichnen von Freihandlinien; mit einem kleinen Trick kann man jedoch auch gerade Linien ziehen.
2) Zum Zeichnen der waagerechten Linie bewegen Sie den Cursor auf die Mitte der linken Seite des Fensterrahmens. Halten Sie jetzt die <UMSCHALTTASTE> gedrückt, und ziehen Sie die Linie zur gegenüberliegenden Seite.
3) Verfahren Sie ebenso für die senkrechte Linie des Fensterkreuzes.

Diagonale Linien einzeichnen
1) Wählen Sie die Linie und die kleinste Strichstärke aus.
2) Um eine exakte Diagonale zu zeichnen, wenden Sie folgenden Trick an. Fahren Sie mit dem Cursor auf die obere linke Scheibe an den Startpunkt der ersten Diagonale. Halten Sie die <UMSCHALTTASTE> fest, und ziehen Sie die Linie schräg nach rechts oben. Wie Sie sehen, wird die Linie mit gleichbleibender Neigung gezeichnet, selbst wenn der Cursor leicht von dieser Ideallinie abweicht.
3) Verfahren Sie für die nächsten beiden Linien genauso.

Linien kopieren
1) Die so konstruierten Diagonalen kopieren Sie in die drei anderen Scheiben. Wählen Sie die Rechteckschere aus! Mit Hilfe dieses Werkzeuges soll ein Rechteck um die schrägen Linien gelegt werden.

2) Fahren Sie auf die obere linke Ecke dieses gedachten Rechtecks. Wenn Sie den Cursor jetzt zur unteren rechten Ecke ziehen, wird der gewählte Bereich mit einem gestrichelten Rechteck umrandet. Hierbei dürfen Sie nicht die <UMSCHALTTASTE> drücken, sonst entsteht ein Quadrat. Sobald Sie mit dem Cursor auf einen Punkt innerhalb des gestrichelten Rechtecks zeigen, können Sie den markierten Teil an eine andere Position ziehen. Dabei wird der umrahmte Teil ausgeschnitten und an der neuen Stelle eingefügt.
3) Beim Ziehen müssen Sie auch hier wieder die <STRG-TASTE> benutzen. Anderenfalls wird der markierte Bereich nicht kopiert, sondern verschoben. Die <STRG-TASTE> bewirkt, daß der ursprüngliche Bildschirminhalt erhalten bleibt.
Bewegen Sie also den Cursor in das markierte Rechteck, halten die <STRG-TASTE> fest und ziehen den Bildschirmausschnitt auf die nächste Scheibe.
4) Verfahren Sie mit den restlichen Scheiben ebenso.

Hinweis:
Wenn Sie die Maustaste loslassen, verwandelt sich der Cursor von einem Pfeil wieder in ein Kreuz. Bewegen Sie die Maus, so werden Sie feststellen, daß sich die Form des Cursors ändert, sobald er innerhalb des markierten Bereichs ist.

Damit ist das Fenster bereits fertig, was jetzt noch fehlt sind die Fensterläden.

Fensterläden anbringen
1) Wählen Sie die dritte Strichstärke von oben und das Werkzeug Rechteck.
2) Zeichnen Sie die Umrisse eines Fensterladens möglichst dicht neben das Fenster.
3) Wählen Sie eine geringere Linienstärke und das Werkzeug Pinsel oder Linie, und zeichnen Sie die oberen drei waagerechten Striche. Denken Sie daran, daß Sie auch hier mit der <UMSCHALT-TASTE> exakt horizontale Linien ziehen können. Wenn die Länge der Linien nicht übereinstimmt, können Sie den Befehl **Vergrößern** aus dem Menü **Anzeige** verwenden, um ihre Länge zu korrigieren.

4) Kopieren Sie diese drei Linien nach unten. Dazu wählen Sie wieder die Rechteckschere aus und legen eine Markierung um die drei Linien. Dann bewegen Sie den Cursor in den markierten Bereich, halten die <STRG-TASTE> fest und ziehen den Bereich nach unten.
5) Markieren Sie jetzt den gesamten Fensterladen, und verschieben Sie ihn (ohne die <STRG-TASTE>) an die richtige Position.
6) Sofort anschließend drücken Sie wieder die <STRG-TASTE> und kopieren den kompletten Fensterladen auf die andere Seite.
7) Wenn Sie noch die Verbindungen zum Fenster mit dem Pinsel oder der Linie herstellen, ist das Bild fertig.

4.6.2 Zusammenfassung

Zusammen mit Pinsel und Linie dient die <UMSCHALTTASTE> dazu, waagerechte und senkrechte Linien zu zeichnen. Bei der Linie können außerdem noch Diagonale erzeugt werden.

Auch beim Rechteck hat die <UMSCHALTTASTE> eine besondere Bedeutung. Wird sie gedrückt, während der Cursor gezogen wird, zeichnet PAINTBRUSH ein exaktes Quadrat.

Die Scheren dienen dazu, Teile der Zeichnung zu verschieben oder mit Hilfe der <STRG-TASTE> zu kopieren.

Zusammen mit den Scheren können Sie noch eine weitere Taste verwenden, die im obigen Beispiel nicht erwähnt wurde. Die <UMSCHALTTASTE> bewirkt, daß der ausgewählte Bildschirmausschnitt während des Verschiebens eine Spur hinter sich herzieht. Diese Technik läßt sich beispielsweise anwenden, wenn in einem Bild Bewegung angedeutet werden soll.

Und noch ein letzter Punkt zu den Scheren. Bisher haben Sie alle Bildteile, die an einer neuen Stelle eingefügt wurden, "durchsichtig" eingefügt. Was nichts anderes heißt, als daß der alte Bildschirminhalt erhalten blieb und der neue darübergelegt wurde. Wenn der ausgeschnittene Bildschirmteil den neuen Bereich überlagern soll, dann verwenden Sie beim Verschieben statt der linken die rechte Maustaste.

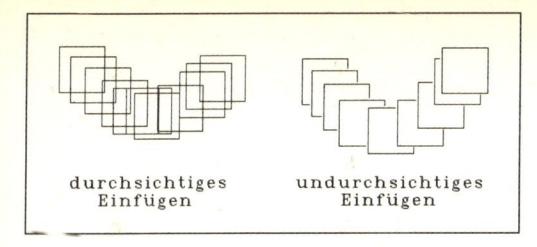

durchsichtiges Einfügen   undurchsichtiges Einfügen

Für das durchsichtige Einfügen wurde die linke Maustaste benutzt und für das undurchsichtige die rechte.

Mit der <STRG-TASTE> ergeben sich somit sechs Kombinationen, die mit den Scheren benutzt werden können. Die folgende Tabelle gibt eine Übersicht über die Wirkung der einzelnen Kombinationen:

	linke Maustaste	rechte Maustaste
ohne zusätzliche Taste	durchsichtig verschieben	undurchsichtig verschieben
<STRG-TASTE>	durchsichtig kopieren	undurchsichtig kopieren
<UMSCHALTTASTE>	durchsichtige Spur	undurchsichtige Spur

4.7 Cursorposition anzeigen

Oft reicht es nicht mehr aus, eine Zeichnung nach Augenmaß zu erstellen. Wählen Sie dann den Befehl **Cursorposition** aus dem Menü **Ansicht**. Daraufhin erscheint ein kleines Fenster am oberen rechten Rand, in dem die aktuelle Cursorposition in Bildschirmpunkten angezeigt wird. Die erste Zahl gibt den x-Wert und die zweite den y-Wert an. Die Zählung beginnt oben links bei den Koordinaten 0,0. Der maximale Wert hängt von der Grafikkarte Ihres Computers ab. Wenn Sie jetzt den Cursor bewegen, sehen Sie, wie sich die angezeigten Werte kontinuierlich ändern. Damit haben Sie die Möglichkeit, Zeichnungen auf den Punkt genau zu erstellen.

4.8 Einen Lageplan zeichnen

Im folgenden zeichnen wir einen Lageplan mit bestimmten vorgegebenen Abmessungen.

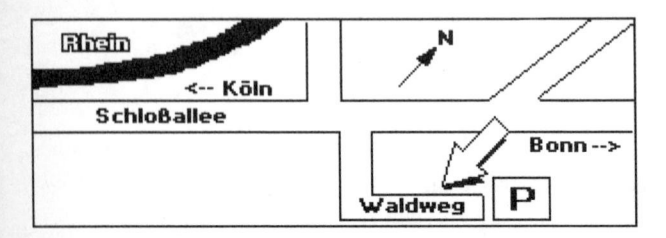

Er soll später in das Programm **Kartei** übernommen werden. Die Skizze soll daher 300 Punkte in der Waagerechten und 100 Punkte in der Senkrechten nicht überschreiten. Diesen Zeichenbereich wollen wir durch ein Rechteck mit diesen Abmessungen markieren. Wählen Sie als erstes die dünnste Strichbreite aus und anschließend das Werkzeug **Rechteck**. Schalten Sie jetzt die Anzeige der **Cursorposition** ein. Bewegen Sie den Cursor jetzt auf die Position 100,100. Sie werden feststellen, daß das gar nicht so einfach ist. Drücken Sie die Maustaste. Ziehen Sie das Rechteck auf die Koordinaten 400,200, und lassen Sie die Maustaste wieder los.

Wenn Sie die Anzeige der Cursorposition wieder abschalten wollen, wählen Sie den gleichen Menüpunkt, den Sie zum Einschalten gewählt haben, nochmals an.

Vervollständigen Sie die Skizze. Benutzen Sie dafür Pinsel, Linie, Farbrolle und Rechteck. Fügen Sie die Beschriftung noch nicht ein, das erledigen wir im nächsten Absatz.

4.9 Das Texthilfsmittel benutzen

Viele Einsatzgebiete eines Malprogramms erfordern, daß auch Texte eingefügt werden können. Daher ist in der Menüleiste ein Menüpunkt zu finden, der ausschließlich der Gestaltung von Schrift dient. In der folgenden Abbildung sehen Sie den Inhalt des Menüs **Text**. Ein Häkchen neben einem Menüpunkt bedeutet, daß er ausgewählt ist.

```
Text
√ Standard
  Fett          Strg+F
  Kursiv        Strg+K
  Unterstrichen Strg+U
  Konturschrift
  Schattiert
  Schriftart...
```

Das Menü zeigt, welche zusätzlichen Auszeichnungen für den Text möglich sind.
Der Befehl **Schriftart** zeigt in einem Dialogfeld, welche Schriftarten zur Verfügung stehen. Die Anzahl hängt u. a. davon ab, welchen Drucker Sie installiert haben. Die Reihenfolge der Schriften kann auf Ihrem Rechner anders sein. Das nächste Bild zeigt dieses Dialogfeld. Es gehört, wie die Dialogfelder zum Speichern und Laden einer Datei, zu den zentralen Dialogfeldern von WINDOWS. Es wird von allen WINDOWS-Komponenten benutzt, die mit Texten arbeiten.

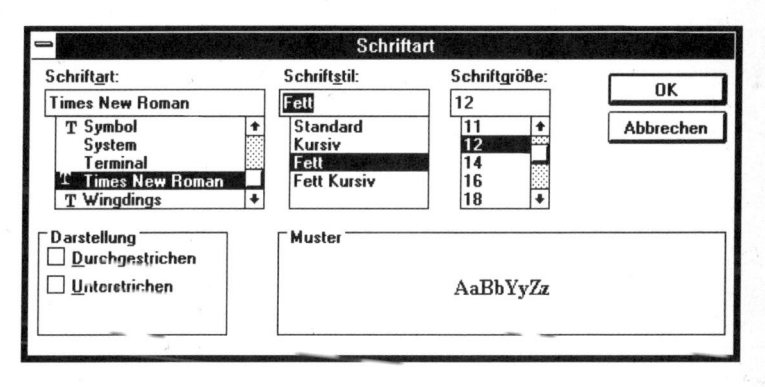

```
                              Schriftart
Schriftart:            Schriftstil:       Schriftgröße:
Times New Roman        Fett               12           [   OK      ]
  T Symbol         ↑   Standard           11    ↑      [ Abbrechen ]
    System             Kursiv             12
    Terminal           Fett               14
  ✔ Times New Roman    Fett Kursiv        16
  T Wingdings      ↓                      18    ↓

┌─Darstellung──────┐  ┌─Muster──────────────────────┐
│ ☐ Durchgestrichen│  │                             │
│ ☐ Unterstrichen  │  │        AaBbYyZz             │
└──────────────────┘  └─────────────────────────────┘
```

Sie können in diesem Dialogfeld zusätzlich zur gewählten Schriftart die **Darstellung** und den **Schriftstil** bestimmen. Die möglichen Darstellungsformen sind unabhängig von der Schriftart. Im Listenfeld **Schriftstil** werden jedoch immer nur die zur jeweiligen Schriftart verfügbaren Auszeichnungen angeboten.
Als letztes finden Sie im Listenfeld **Schriftgröße** die möglichen Größe, mit der Sie eine Schrift darstellen können. Schriftgrößen werden

in Punkt gemessen, wobei ein Punkt ¹/₇₂ Zoll (ca. 0,4 mm) entspricht.

Unter **Muster** können Sie kontrollieren, ob die Schrift Ihren Vorstellungen entspricht, bevor Sie OK anklicken.

Eine eindeutige Regel, nach der Schriftart, Stil und Schriftgröße ausgewählt werden sollten, kann man nicht geben. Das beste ist, Sie experimentieren selbst mit verschiedenen Kombinationen und sehen sich das Ergebnis auf Ihrem Drucker an. Als Faustregel mag Ihnen dienen, daß mehr als drei Schriftarten, vielleicht noch mit verschiedenen Auszeichnungen, Ihr Dokument sehr unruhig wirken lassen.

Um unseren Plan zu vervollständigen, müssen wir noch die Texte einfügen. Wählen Sie das Werkzeug **Texthilfsmittel** aus, und bewegen Sie den Cursor an eine beliebige Stelle außerhalb des Rechtecks. Drücken Sie auf die Maustaste. An dieser Stelle erscheint der **Text-Cursor** in Form eines blinkenden Strichs. Alles, was Sie eintippen, erscheint rechts dieser Markierung. Schreiben Sie das Wort Schloßallee. Wenn Sie sich vertippen, können Sie, wie in allen WINDOWS-Programmen, den Fehler mit der <RÜCKTASTE> korrigieren.

Nachdem Sie den letzten Buchstaben geschrieben haben, öffnen Sie direkt das Menü **Text** und wählen den Befehl **Schriftart**. Da der Text noch nicht bleibend in der Zeichnung verankert ist, kann er noch geändert werden. (Sie erinnern sich, daß die Auswahl eines anderen Werkzeugs oder die Betätigung der Bildlaufleiste eine Befestigung bewirken. Danach sind keine Manipulationen am Text mehr möglich.) Wählen Sie der Reihe nach die verschiedenen Schriftarten aus. Die Änderungen werden nicht sofort auf dem Bildschirm sichtbar. Sie können jedoch unter **Muster** das zu erwartende Erscheinungsbild sehen. Für die Beschriftung ist in der Skizze die Schriftart **MS Sans Serif** ausgewählt worden.

Als nächstes wählen Sie den **Schriftstil**. Die angebotenen Textauszeichnungen **Kursiv**, **Fett** und **Fett Kursiv** können einzeln oder in Kombination mit den Darstellungsformen **Durchgestrichen** und **Unterstrichen** ausgewählt werden. Wollen Sie die Stil-Optionen gleichzeitig wieder zurücksetzen, klicken Sie den Befehl **Standard** des Menüs **Text** an. Bis auf die eventuell gewählte Darstellungsform **Durchgestrichen** werden alle Optionen abgeschaltet. Der **Schriftstil Standard** behält im Gegensatz zum **Befehl Standard** beide Darstellungsformen bei. Für unsere Beschriftung haben wir nur die Textauszeichnung **Fett** gewählt.

Das letzte Gestaltungsmittel ist die Veränderung des **Schriftgrades**. Wählen Sie auch hier unterschiedliche Größen aus, um deren Wirkung auf dem Bildschirm zu sehen. Für das Beispiel ist Schriftgrad 10 gewählt worden. Steht dieser Schriftgrad bei Ihnen nicht zur Verfügung, dann nehmen Sie beispielsweise 12.

Haben Sie vorläufig genug experimentiert, stellen Sie sicher, daß die Einstellungen MS Sans Serif, Fett und 10 im Dialogfeld **Schriftart** gültig sind. Drücken Sie jetzt die <EINGABETASTE>. Der Cursor springt in die nächste Zeile. Geben Sie die Worte Waldweg, Köln, Bonn und den Buchstaben N ein. Sollte unten kein Platz mehr sein, positionieren Sie den Text-Cursor mit der Maus an eine freie Stelle auf dem Bildschirm. Beachten Sie, daß der bis dahin geschriebene Text durch diese Operation befestigt wird. Eine Änderung von Schriftart, Schriftstil und Schriftgröße hat auf diesen Text danach keinen Einfluß mehr. Das P hat die Schriftgröße 18. Steht diese Größe bei Ihnen nicht zur Verfügung, dann suchen Sie eine aus, die der Vorgabe ungefähr entspricht.

Bis auf das Wort Rhein ist der gesamte Text nun geschrieben, und Sie können ihn Wort für Wort mit der **Schere** ausschneiden und an den richtigen Platz bewegen.

Schreiben das Wort Rhein an eine beliebige Stelle. Wählen Sie aus dem Menü **Text** den Befehl **Konturschrift**. Wie Sie feststellen, hat sich dadurch anscheinend nichts geändert. Damit die Wirkung dieses Befehls sichtbar wird, müssen andere Farben für den Vorder- und den Hintergrund gewählt werden. Den besten Effekt erzielt man, indem man Vordergrund- und Hintergrundfarbe vertauscht. Dazu wählen Sie mit der linken Maustaste beispielsweise Weiß und mit der rechten Taste Schwarz aus der Palette. Auf diese Weise müssen Sie auch dann vorgehen, wenn Sie den Befehl **Schattiert** auswählen.

Verschieben Sie das fertig bearbeitete Wort an seinen Platz, und speichern Sie die Skizze unter dem Namen PLAN.

4.10 Kreis und Bogen benutzen

Mit dem Werkzeug **Kreis** können Ellipsen und exakte Kreise gezeichnet werden. Mit dem **Bogen** lassen sich geschwungene Linien erzeugen.

Das folgende Gesicht ist fast ausschließlich mit den Werkzeugen **Bogen** und **Kreis** erstellt worden. Mit den Fähigkeiten, die Sie bis jetzt erworben haben, dürfte es für Sie auch kein Problem sein, diesen Clown zu zeichnen.

Dennoch wollen wir Ihnen einige Tricks zeigen, mit denen man schneller und einfacher zum Ziel kommt.

Kreis
Wählen Sie das Werkzeug Kreis aus. Bewegen Sie den Cursor an die linke obere Ecke, an der der Kreis beginnen soll. Ziehen Sie ihn so lange, bis er Ihren Vorstellungen entspricht. Um einen exakten Kreis zu bekommen, halten Sie während des Ziehens die <UMSCHALT-TASTE> gedrückt. Die Augen des Clowns sind auf diese Weise genau rund geworden.

Bogen
Die Fliege des Clowns ist mit dem Bogen konstruiert worden. Der Bogen funktioniert folgendermaßen: Sie wählen das Werkzeug aus. Nun können Sie zuerst eine gerade Linie zeichnen. Diese Linie kann dann in den nächsten zwei Schritten in eine beliebige Bogenform ge-

zogen werden. Dazu bewegen Sie den Cursor in die Nähe der Linie und ziehen sie dann in eine Richtung. Sie sehen, wie sich die Form der Linie ändert. Das gleiche können Sie noch ein zweites Mal machen, danach ist der Bogen fertig.

- Wenn Sie mit dem Ergebnis nicht zufrieden sind, können Sie die rechte Maustaste drücken, um noch einmal von vorn zu beginnen; das geht aber nur, solange Sie die linke Maustaste noch nicht zweimal gedrückt haben.
- Wenn Sie den Bogen nur in eine Richtung biegen wollen, dann klicken Sie den Endpunkt der Linie an.

4.11 Mit dem Trickkasten arbeiten

Sie haben mit Sicherheit schon bemerkt, daß der Menüpunkt **Trickkasten** meistens kontrastarm dargestellt und damit nicht auswählbar ist. Erst wenn ein Bereich des Bildes mit der **Schere** markiert wurde, kann auch der Trickkasten geöffnet werden. Das folgende Bild zeigt die Menüpunkte, die dann zur Auswahl stehen.

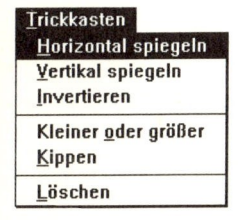

Trickkasten
Horizontal spiegeln
Vertikal spiegeln
Invertieren
Kleiner oder größer
Kippen
Löschen

Horizontal spiegeln arbeitet so, als ob Sie einen Spiegel senkrecht neben den markierten Bereich stellen würden.
Vertikal spiegeln arbeitet so, als ob Sie einen Spiegel waagerecht unter oder über den markierten Bereich stellen würden.

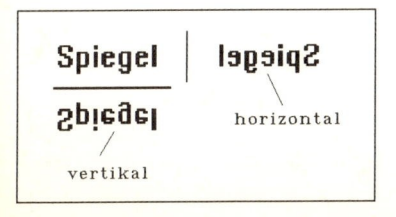

Invertieren wandelt alle Farben in ihr Gegenteil um. Aus Schwarz wird Weiß, aus Blau wird Gelb usw.

Kleiner und größer kann den markierten Bereich in seinen Dimensionen ändern. Markieren Sie den Teil der Zeichnung, den Sie vergrößern bzw. verkleinern wollen, und wählen Sie den Befehl **Kleiner und größer**. Bewegen Sie den Cursor an eine freie Stelle des Bildschirms, und ziehen Sie einen Rahmen. In diesem Rahmen erscheint der markierte Bereich vergrößert oder verkleinert, je nachdem, wie groß Sie den Rahmen gezeichnet haben. Auf diese Weise können Sie nicht nur die Größe, sondern auch das Seitenverhältnis ändern. Da das jedoch häufig unerwünscht ist, kann man mit der <UMSCHALT-TASTE> dafür sorgen, daß das Seitenverhältnis gleich bleibt.

Kippen dient zum Verzerren von Bildteilen in einem bestimmten Winkel. Markieren Sie den Bereich, den Sie kippen wollen, und wählen den Befehl **Kippen** aus. Bewegen Sie den Cursor an eine freie Stelle auf dem Bildschirm, und ziehen Sie den Cursor nach links oder rechts. Eine gestrichelte Linie zeigt Ihnen an, wie stark die Neigung sein wird.

Der Befehl **Löschen** wird zusammen mit den Befehlen **Kleiner und größer** und **Kippen** benutzt. Ist dieser Befehl aktiv, hat er an der Seite also ein Häkchen, dann wird der ursprünglich markierte Bildschirmbereich nach dem Vergrößern, Verkleinern oder Kippen automatisch gelöscht.

Diese zusätzlichen Befehle können Ihnen beim Zeichnen des Clowns einige Arbeiten erleichtern. So reicht es beispielsweise, ein Auge zu konstruieren. Sie verdoppeln es mit der Schere und spiegeln es anschließend horizontal. Auch reicht es, wenn für die Fliege ein einziger Bogen konstruiert wird, den Rest erzeugt man durch mehrfaches Kopieren und Spiegeln.

4.12 Drucken

Inzwischen haben Sie bereits einige Kunstwerke geschaffen. Sie können diese speichern und wieder laden. Was nun noch fehlt, ist die Fähigkeit, sie zu drucken.

Bei praktisch allen WINDOWS-Programmen befinden sich die Befehle zum Drucken in dem Menü **Datei**. Neben dem eigentlichen Befehl **Drucken** ist häufig noch der Befehl **Druckereinrichtung** zu finden. Dieser Befehl dient u. a. dazu, aus verschiedenen Druckern oder der Option, ob waagerecht oder senkrecht gedruckt werden soll, auszuwählen. Wollen Sie zu diesem Punkt Genaueres wissen, sehen Sie bitte im Kapitel 6 nach. Wir beschränken uns hier auf die Befehle **Drucken** und **Seite einrichten**.

4.12.1 Eine Zeichnung drucken

Nach Anwahl des Befehls **Drucken** erscheint das folgende Dialogfeld:

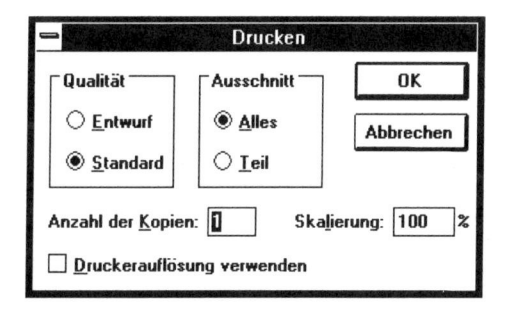

Die Auswahl der Option **Qualität Entwurf** sorgt dafür, daß das Bild schneller, aber auch mit geringerer Qualität zu Papier gebracht wird, während **Standard** die optimale Leistung aus dem Drucker herausholt. Beachten Sie bitte, daß es bei einigen Druckern nicht möglich ist, den Druck schneller oder langsamer ablaufen zu lassen. Bei diesen Druckern sind Entwurfs- und Standardqualität gleich.
Soll nur ein Teil des Bildes gedruckt werden, dann wählen Sie die Option **Teil** aus. Das hat zur Folge, daß vor Druckbeginn das gesamte Bild auf dem Monitor angezeigt wird. Jetzt kann mit der Maus durch Klicken und Ziehen der Bereich markiert werden, der gedruckt werden soll.
Mit **Anzahl der Kopien** legen Sie fest, wie oft das Bild gedruckt werden soll.
Die **Skalierung** gibt die Vergrößerung/Verkleinerung an, die beim Druck benutzt werden soll. Bei 100% verändert sich die Größe nicht.
Mit **Druckerauflösung verwenden** wird Ihre Zeichnung kleiner, detaillierter und genauer gedruckt. Nachteilig ist, daß das Bild je nach verwendetem Drucker mitunter sehr klein ausfällt. Das kommt fol-

gendermaßen zustande: Sie haben beispielsweise eine Zeichnung auf einem Bildschirm erstellt, der eine Auflösung von 640 x 480 Bildschirmpunkten bietet. Mehr als diese Punktanzahl ist als Information auch nicht vorhanden. Daher werden normale Zeichnungen beim Drucken gedehnt, um ihnen die entsprechende Größe zu geben. Wenn Sie diese Dehnung nun unterbinden, werden die Bilder sehr klein, wenn auch sehr detailliert. Auf einem Laserdrucker mit einer Auflösung von 300 x 300 Punkten pro Zoll erscheint auf dem Papier ein Bild, das ca. 5 x 3 cm groß ist. Wenn Sie die Zeichenfläche von PAINTBRUSH vergrößern und Ihr Computer genügend Speicherplatz hat, können Sie sehr detailreiche Zeichnungen erstellen.

4.12.2 Layout festlegen

Der Befehl **Seite einrichten** dient dazu, die Position Ihres Bildes auf dem Blatt sowie gegebenenfalls Kopf- und Fußzeilen festzulegen.
Nach dem Aufruf steht der Cursor auf dem Feld **Oben**. Ab hier können die Werte für die Ränder eingeben werden. Möchten Sie die einzelnen Felder direkt ansprechen, so können Sie sie mit der Maus anklicken. Statt dessen können Sie die <TABULATORTASTE> benutzen, um die Felder der Reihe nach auszuwählen.
In den Feldern **Kopfzeile** und **Fußzeile** tragen Sie die Texte ein, die oben und unten auf dem Blatt erscheinen sollen. Ist der Text länger als die Eingabefelder, wird der Textanfang nach links verschoben.

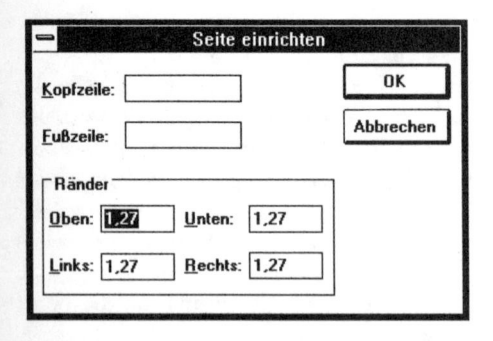

Innerhalb von Kopf- und Fußzeile können Sie einige besondere Codes verwenden, die in der folgenden Tabelle aufgelistet sind:

&d	Druckt das aktuelle Datum
&s	Druckt die Seitennummer
&n	Druckt den aktuellen Dateinamen
&l	Richtet die Kopf- oder Fußzeile am linken Rand aus
&r	Richtet die Kopf- oder Fußzeile am rechten Rand aus
&z	Zentriert die Kopf- oder Fußzeile
&u	Druckt die aktuelle Uhrzeit

Möchten Sie, daß der Dateiname mitgedruckt wird, tragen Sie den Code **&n** in das Feld Kopf- oder Fußzeile ein. In einer solchen Zeile können natürlich auch mehrere Codes und noch beliebiger anderer Text stehen.

4.13 Weitere Werkzeuge und Befehle

In den bisherigen Kapiteln haben wir einen Großteil der Befehle, Funktionen und Werkzeuge von PAINTBRUSH kennengelernt. Dennoch sind einige Punkte unerwähnt geblieben. In diesem Kapitel wollen wir das Versäumte in einem schnellen Überblick nachholen.

4.13.1 Das Vieleck

Als einziges Werkzeug haben wir Ihnen das **Vieleck** noch vorenthalten. Es dient dazu, geschlossene Konturen zu erzeugen. Wählen Sie das Werkzeug aus, und bewegen Sie den Cursor auf die Zeichenfläche. Die Bedienung erfolgt ähnlich wie beim Werkzeug **Linie**. Sie ziehen einen Strich vom Anfangs- zum Endpunkt. Das besondere am Vieleck ist, daß der Anfangspunkt jeder folgenden Linie der Endpunkt der vorhergehenden ist. Auf diese Weise erzeugen Sie schnell geschlossene Konturen. Sind Sie so weit mit dem Vieleck fertig, daß nur noch die Verbindung vom Endpunkt der aktuellen Linie zum Anfang der Kontur fehlt, können Sie doppelklicken. Das fehlende Stück wird dann von PAINTBRUSH eingefügt. Die Linien müssen nicht gezogen werden, es reicht, wenn Sie die Eckpunkte der jeweiligen Linie anfahren und dann klicken.

4.13.2 Die gefüllten Werkzeuge

Die Werkzeuge Rechteck, Kreis und Vieleck stehen noch in einer zweiten Variante zur Verfügung: mit ausgefüllter Fläche. Bei diesen Werkzeugen wird die erzeugte Kontur nach dem Loslassen der Maus automatisch mit der Vordergrundfarbe ausgefüllt. Die Kontur selbst wird mit der Hintergrundfarbe gemalt. Wollen Sie eine vollständig einfarbige Figur zeichnen, dann wählen Sie für Vorder- und Hintergrund die gleiche Farbe aus. Benutzt werden diese Werkzeuge recht selten, da ein ähnlicher Effekt auch durch die Farbrolle zu erzielen ist.

4.13.3 Bildattribute festlegen

Beim ersten Start von PAINTBRUSH ist automatisch eine bestimmte Maximalgröße für Ihre Zeichnung festgelegt. Möchten Sie Zeichnungen erstellen, die größer oder kleiner als diese Vorgabe sind, dann wählen Sie aus dem Menü **Optionen** den Befehl **Bildattribute** aus. Die Angaben in diesem Dialogfeld haben folgende Bedeutung:

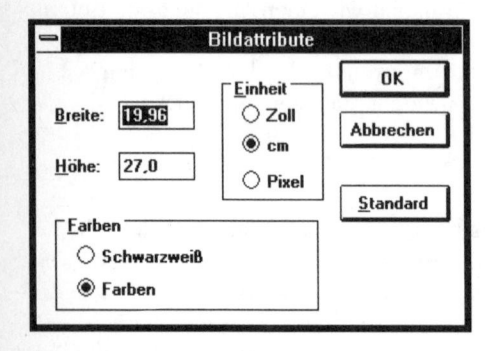

Breite	Veränderung der maximalen Breite der Zeichnung.
Höhe	Veränderung der maximalen Höhe der Zeichnung. *Hinweis:* Die Angaben für Höhe und Breite haben direkten Einfluß auf die benötigte Hauptspeicherkapazität Ihres Computers. Gehen Sie daher mit diesen Angaben nicht zu verschwenderisch um!

WEITERE WERKZEUGE UND BEFEHLE 109

Einheit Hier geben Sie an, ob die Angaben unter Breite und Höhe in Zoll oder in Zentimeter oder in Bildschirmpunkten (Pixel) gemacht worden sind.

Farben Hier bestimmen Sie, ob Sie in Schwarz-Weiß oder in Farbe arbeiten möchten. Beachten Sie, daß beim Arbeiten mit Farbe der Speicherplatz für Ihre Bilder auf der Festplatte stark ansteigt. Wenn Sie also nur Schwarz-Weiß-Skizzen erstellen wollen, stellen Sie sicher, daß das richtige Bildattribut gewählt wurde.

Standard Hiermit setzen Sie alle Angaben auf die Standardwerte zurück.

Achtung:
Wenn Sie die oben beschriebenen Einstellungen ändern, während Sie ein Bild bearbeiten, so erscheint ein Dialogfenster mit einer Warnung, daß Ihre Zeichenfläche gelöscht wird. Sie können dann die Attributumstellung unterbrechen oder vorher noch Ihre Zeichnung speichern.

Neben dem Befehl **Bildattribute** kann die Zeichenfläche noch durch zwei andere Befehle vergrößert werden. Im Menü **Ansicht** befinden sich die Befehle **Utensilien und Strichbreite** und **Palette**. Beide Befehle sind als eingeschaltet gekennzeichnet.

Durch Anwählen können Sie diese beiden Befehle ausschalten und dadurch dafür sorgen, daß diese beiden PAINTBRUSH-Elemente nicht mehr auf dem Bildschirm angezeigt werden. Die Zeichenfläche wird entsprechend größer. Die eigentliche Blattgröße hat sich zwar nicht verändert. Man kann aber mehr von der Zeichnung sehen.

4.13.4 Formen und Farben bestimmen

Unter dem Menüpunkt **Optionen** befinden sich ebenfalls die Befehle **Pinselformen** und **Farben bearbeiten**. Die Auswahl an verschiedenen Pinselformen sehen Sie im nächsten Bild.

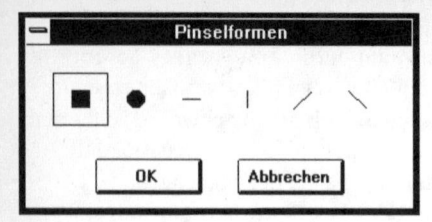

Von den sechs Formen ist standardmäßig das Quadrat ausgewählt, zu erkennen an dem Rahmen. Durch Anklicken wird eine andere Form aktiv.

Müssen Sie während des Zeichnens häufig die Pinselform wechseln, können Sie dieses Dialogfeld schnell durch Doppelklicken des Pinsels in der Utensilienleiste aufrufen. Um die Wirkung eines anderen Pinsels zu testen, wählen Sie eine der beiden letzten Formen (die Diagonalen), nehmen eine mittlere Strichstärke und versuchen, Ihren Namen zu schreiben.

Weitaus mehr Auswahlmöglichkeit als bei den Pinselformen haben Sie bei den Farben. Das geht so weit, daß Sie beliebige Farben mischen können. Das Dialogfeld erreichen Sie entweder über das Menü **Optionen** und den Befehl **Farben bearbeiten** oder durch Doppelklikken der zu bearbeitenden Farbe in der Palette.

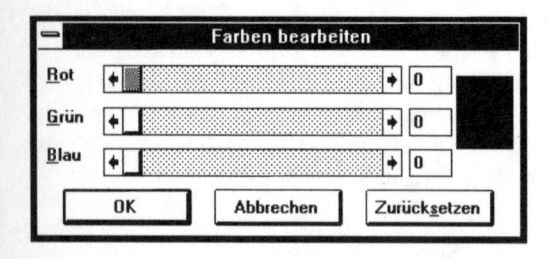

Sie können für jede der Grundfarben separat die Menge (0-255) bestimmen, mit der sie in der neuen Mischfarbe vertreten sein soll. Das Beispiel zeigt die Einstellung für die Farbe Schwarz. In diesem Fall sind die Werte aller Grundfarben auf dem Minimalwert von 0. Die Farbe Weiß würde durch den Maximalwert bei allen drei Grundfarben definiert. Damit die mühselige Einstellung der Farbpalette nicht jedesmal neu vorgenommen werden muß, können Sie eine fertige Palettendefinition unter dem Menüpunkt **Optionen** mit **Palette speichern** für zukünftige Anwendungen aufheben und mit **Palette laden** jederzeit einsetzen.

4.13.5 Teile von Zeichnungen laden und speichern

Beim Speichern sind Sie nicht gezwungen, das gesamte Bild zu sichern, Sie können auch nur einen Teil auf die Platte schreiben. Dazu markieren Sie zuerst mit einer der Scheren den gewünschten Bereich. Dann wählen Sie aus dem Menü **Bearbeiten** den Befehl **Kopieren nach...**. Geben Sie für diesen Bildausschnitt einen Namen an, und speichern Sie.

Bearbeiten	
Rückgängig	Strg+Z
Ausschneiden	Strg+X
Kopieren	Strg+C
Einfügen	Strg+V
Kopieren nach...	
Einfügen aus...	

Neben dem Speichern können Bildausschnitte natürlich auch wieder geladen werden. Diese Technik ist dann sehr nützlich, wenn fertige Bildelemente in eine Zeichnung auf dem Bildschirm integriert werden sollen. So ist es eine gute Idee, sich im Lauf der Zeit eine Symbolbibliothek anzulegen, in der Gesichter, Pfeile oder Symbole aus verschiedenen technischen Bereichen abgelegt sind. Solche **Bildgalerien** können auch separat erworben werden.
Wählen Sie zum Laden den Befehl **Einfügen aus** aus dem Menü **Bearbeiten**. Nach dem Laden erscheint das Bild in der oberen linken Ecke und kann an die richtige Stelle verschoben werden. Haben Sie bereits einen größeren Fundus an kleineren Bildern, können Sie auf diese Art sehr schnell neue Bilder zusammenstellen.

4.13.6 Bildformat ignorieren

Wenn Sie Bilder, die mit PAINTBRUSH erstellt worden sind, über die ZWISCHENABLAGE in Dokumente, beispielsweise einer

Textverarbeitung, übernehmen (siehe Kapitel 5.12), so werden diese von PAINTBRUSH in verschiedenen Formaten zur Verfügung gestellt. Das sogenannte **Bildformat** liefert normalerweise die besten Ergebnisse und hat daher standardmäßig Vorrang. Die folgende Abbildung zeigt die Formate, die PAINTBRUSH bereitstellt; es handelt sich dabei um das Menü **Ansicht** aus der ZWISCHENABLAGE.

Sollte die Bildqualität im Textdokument jedoch schlecht sein, so aktivieren Sie aus dem Menü **Optionen** den Befehl **Bildformat ignorieren**. In der ZWISCHENABLAGE fehlt dann das unterste Format der Abbildung. Obendrein sparen Sie auch noch Speicherplatz.

4.14 Der Briefkopf

Zum Ende des vorherigen Kapitels haben wir davon gesprochen, daß wir einen kompletten Brief inklusive Briefkopf mit WINDOWS-Programmen erstellen wollen. Die Vorlage für diesen Briefkopf finden Sie unten.

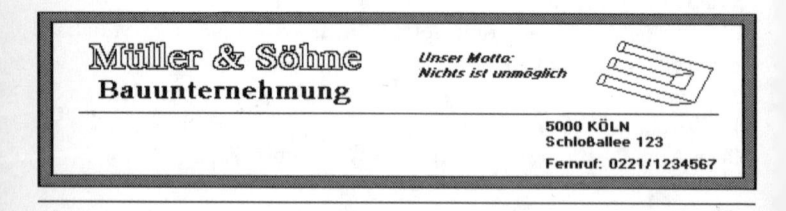

Mit den Techniken, die Sie bisher gelernt haben, dürfte es für Sie keine Schwierigkeit sein, diese Zeichnung zu erstellen. Beachten Sie dabei folgendes:

- Wählen Sie Schwarzweiß als Zeichenfarbe.
- Nutzen Sie die gesamte Breite der sichtbaren Zeichenfläche aus.
- Ihre Zeichnung muß nicht hundertprozentig mit der Vorlage übereinstimmen. Wenn Ihnen eine andere Schriftart besser gefällt oder die Form des Rahmens nicht zusagt, dann verwirklichen Sie Ihre eigenen Ideen.
- Speichern Sie das fertige Bild unter dem Namen BKOPF.BMP.

4.15 Alle Werkzeuge im Überblick

Den Abschluß unseres Kapitels über PAINTBRUSH bildet eine Zusammenstellung der Werkzeuge und der damit verwendbaren Sondertasten.

	<UMSCHALT-TASTE>	<STRG-TASTE>	<RÜCK-TASTE>	Doppelklick
Schere		X	X	
Rechteckschere	X	X	X	X
Sprühdose	X		X	
Texthilfsmittel	o		X	
Farbradierer	X		X	X
Radierer	X		X	X
Farbrolle			X	
Pinsel	X		X	X
Bögen			X	
Linie	X		X	
Rechteck	X		X	
Abgerundetes Rechteck	X		X	
Kreis	X		X	
Vieleck	X		X	

Der obigen Tabelle können Sie entnehmen, welcher Tasten- oder Mausdruck mit welchem Werkzeug eine **Zusatzfunktion** ergibt. Als Faustregeln können Sie sich merken:

- Die <UMSCHALTTASTE> dient der Erzeugung gerader Linien, exakt runder Kreise und von Quadraten statt beliebiger Rechtecke. Beim Radieren wird nur entlang gedachter Geraden gelöscht. Bei den Scheren dient sie dem Spurenziehen.
- Die <STRG-TASTE> dient bei den Scheren dem Kopieren.
- Die <RÜCKTASTE> dient zum Radieren ausschließlich der Bildelemente, die mit dem zuletzt gewählten und noch aktuellen Werkzeug erstellt wurden. Ausnahme: Zusammen mit den Radierern dient die Taste zum Wiederherstellen der zuletzt radierten Teile.

Das **Doppelklicken** bewirkt folgendes:
- Auf der **Rechteckschere**: die Zeichnung wird auf Bildschirmgröße gebracht.
- Auf dem **Farbradierer** ändert es in der gesamten Zeichnung alles, was in der Vordergrundfarbe gezeichnet ist, in die Hintergrundfarbe um.
- Auf dem **Radierer** löscht es die aktuelle Zeichnung, wobei Ihnen in einem Dialog die Möglichkeit gegeben ist, den Befehl abzubrechen oder die Zeichnung gleichzeitig zu speichern. Der Doppelklick hat die gleiche Wirkung wie der Befehl **Neu** aus dem Menü **Datei**.
- Auf dem **Pinsel** ruft es das Dialogfeld für Pinselformen auf.

An dieser Stelle noch ein Tip: Wenn Sie eine Farbe aus der Palette doppelklicken, können Sie sofort diese Farbe mit dem Dialogfeld **Farben bearbeiten** Ihren Wünschen anpassen (siehe Abschnitt 4.13.4).

Mit dem Wissen, das Sie sich in diesem Kapitel über das Malprogramm PAINTBRUSH angeeignet haben, können Sie auch komplexere Aufgaben lösen. Dank der vielen Funktionen, die dieses Programm bietet, werden diese Arbeiten auch schnell von der Hand gehen.

5 WRITE

WRITE ist ein Textverarbeitungsprogramm, das besonderes Gewicht auf die gute Darstellung von Texten und Grafiken auf dem Bildschirm legt. Was Sie auf dem Bildschirm sehen, erscheint beim Ausdrucken fast genauso auf dem Papier. Neben dieser Eigenschaft erlaubt der überschaubare Funktionsumfang auch dem Anfänger ein schnelles Einarbeiten.

Bevor mit der Arbeit begonnen wird, sollten Sie einige **Grundregeln** kennenlernen, die bei der Texterstellung zu beachten sind und prinzipiell für alle Textverarbeitungen gelten:

- Die <EINGABETASTE> wird nur am Absatzende gedrückt. Innerhalb eines Absatzes wird kontinuierlich weitergeschrieben, denn den Zeilenumbruch besorgt das Programm.
- Wenn längere Texte erstellt werden, ist es ratsam, in regelmäßigen Abständen das bisher Geschriebene zu sichern. Einige Programme bieten die Möglichkeit, in bestimmten Zeitabständen automatisch zu sichern. Besteht diese Option nicht, sollte man spätestens nach einer halben Stunde manuell sichern.
- Die Feinarbeit am Layout, wie Seitenumbrüche, Silbentrennung usw., erledigt man normalerweise erst dann, wenn der Text inhaltlich steht.

5.1 WRITE starten

Sie starten das Programm, indem Sie den Ordner ZUBEHÖR öffnen und das Symbol für WRITE doppelklicken.

Nach dem Laden erscheint die leere Arbeitsfläche, und die Einfügemarke steht in der linken oberen Ecke.

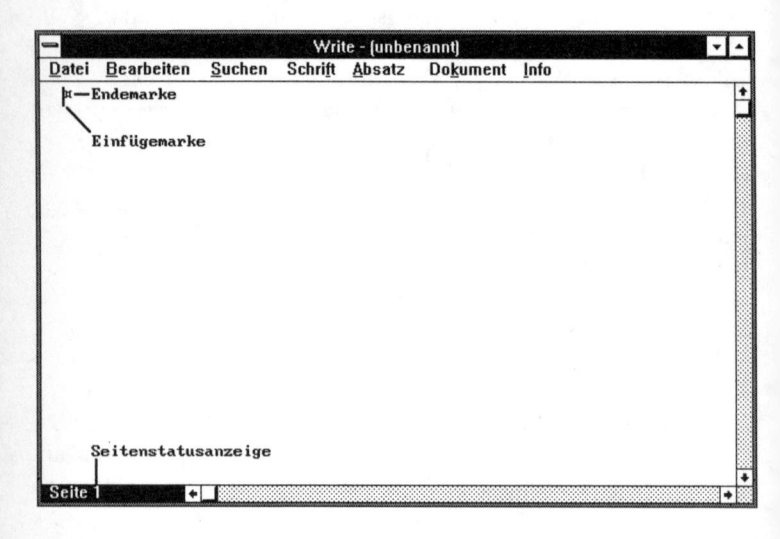

Die Endemarke zeigt das Ende des Textes an. Der von Ihnen eingegebene Text erscheint an der Einfügemarke. Sie können sofort mit dem Schreiben beginnen.

5.2 Schnellübersicht

Dieses Kapitel ist für Benutzer gedacht, die ein Dokument möglichst schnell zu Papier bringen wollen.

Text eingeben
Der Text wird fortlaufend eingegeben, erst am Ende des Absatzes betätigen Sie die <EINGABETASTE>. Für eine Leerzeile betätigen Sie ebenfalls die <EINGABETASTE>.

Im Text bewegen
Um sich im Text zu bewegen, benutzen Sie die Pfeil-Tasten. So können Sie jede beliebige Stelle im Text anfahren und dort Änderungen durchführen. Bei diesen Änderungen ist zu berücksichtigen, daß jeder neue Text in bereits bestehenden Text eingefügt wird. Um einen Fehler zu korrigieren, sollte zuerst der fehlerhafte Teil gelöscht und dann korrekt neu geschrieben werden.

Löschen von Zeichen
Mit der <RÜCKTASTE> wird das Zeichen links von der Einfügemarke gelöscht, mit der <ENTF-TASTE> das Zeichen rechts davon.

Text speichern
Wählen Sie aus dem Menüpunkt **Datei** den Befehl **Speichern**. Wenn Sie ein Dokument das erste Mal sichern wollen, wählen Sie **Speichern unter...**.

Text drucken
Wählen Sie aus dem Menüpunkt **Datei** den Befehl **Drucken**. Achten Sie darauf, daß der Drucker eingeschaltet ist.

5.3 Cursor im Text bewegen

Die Einfügemarke kann auf mehrere Arten im Text bewegt werden. In der folgenden Liste finden Sie alle Tasten bzw. Tastenkombinationen, die der Cursorbewegung dienen. Die <SCHNELL>-Taste ist die Ziffer 5 auf dem Ziffernblock.

Achtung:
Die <SCHNELL>-Taste funktioniert nur, wenn die <NUM>-Feststelltaste ausgeschaltet ist. Das ist die Taste im Ziffernblock links oberhalb der Taste für 7.

Tasten/Tastenkombinationen	Wirkung
<STRG>+<RECHTS>	nächstes Wort
<STRG>+<LINKS>	vorheriges Wort
<SCHNELL>+<RECHTS>	nächster Satz
<SCHNELL>+<LINKS>	vorheriger Satz
<POS1-TASTE>	Zeilenanfang
<ENDE-TASTE>	Zeilenende
<SCHNELL>+<UNTEN>	nächster Absatz
<SCHNELL>+<OBEN>	vorheriger Absatz
<BILD-UNTEN>	nächste Bildschirmseite
<BILD-OBEN>	vorherige Bildschirmseite
<STRG>+<BILD-UNTEN>	Ende des Ausschnitts
<STRG>+<BILD-OBEN>	Anfang des Ausschnitts
<SCHNELL>+<BILD-UNTEN>	nächste Seite
<SCHNELL>+<BILD-OBEN>	vorherige Seite
<STRG>+<POS1>	Textanfang
<STRG>+<ENDE>	Textende

Maus

Sie dient zur direkten Positionierung der Einfügemarke. Bewegen Sie den Mauszeiger an die gewünschte Position, und klicken Sie.

Die Bildlaufleisten

Mit der horizontalen bzw. der vertikalen Bildlaufleiste verschieben Sie den Fensterausschnitt über Ihrem Text. Durch Klicken auf der Bildlaufleiste – neben dem Bildlauffeld – wird der Text um jeweils eine Bildschirmhöhe bzw. Bildschirmbreite verschoben.

5.4 Textkorrekturen

Zur Korrektur von Schreibfehlern können Sie die folgenden Tasten benutzen:

- Die <RÜCKTASTE> löscht das Zeichen links von der Einfügemarke.
- Die <ENTF-TASTE> löschte das Zeichen rechts von der Einfügemarke.

Haben Sie Text markiert, löschen beide Tasten diesen Text.

5.5 Übung 15

Bitte geben Sie den folgenden (fehlerhaften) Text ein. Schreiben Sie jeden Absatz, ohne zwischendurch die <EINGABETASTE> zu betätigen. Die Zeilenenden der Vorlage sind willkürlich und werden im weiteren Verlauf noch geändert. Benutzen Sie die <EINGABETASTE> nach einem Absatz zweimal.

```
Bei WINDOWS wird der Bildschirm als Desktop (Schreibtischunterfläche)
bezeichnet. Auf diesem "Schreibtisch" befinden sich rechteckige
Arbeitsbereiche, die Fenster genannt werden. Sie lassen sich
vergrößern, verkleinern, verschieben und wieder schließen. In diesen
Fenstern läuft alles ab, was Sie mit WINDOWS machen wollen.

Die grafische Benutzeroberfläche von WINDOWS erleichtert das Arbeiten
mit einem MS-DOS-Rechner erheblich. Statt Befehle und deren Syntax
auswendig lernen zu müssen, können die meisten Aufgaben menügesteuert
oder durch Auswählen von Symbolen (Icons) erledigt werden.

Die Bedienung von WINDOWS erfolgt größtenteils mit Hilfe einer Ratte.
Dieses nützliche "Nagetier" wandelt die Bewegung Ihrer Hand auf dem
Schreibtisch in die Bewegung eines Mauszeigers auf dem Bildschirm um.
So kann zum Beispiel ein Programm allein durch das Anklicken eines
Symbols mit dem Mauszeiger gestartet werden.
```

5.6 Text markieren

Zur weiteren Bearbeitung müssen Textstellen häufig markiert werden. Dies geschieht am einfachsten, indem Sie den Mauszeiger auf den Anfang des Bereichs bewegen und die Maus bis zum Ende des Bereichs ziehen. Dabei müssen Sie die Maustaste gedrückt halten und bewegen. Der so markierte Bereich wird invers dargestellt.

Wollen Sie nicht mit der Maus arbeiten, dann muß die Tastatur folgendermaßen bedient werden:
1) Bewegen Sie den Cursor an den Anfang des zu markierenden Bereichs.
2) Halten Sie eine der <UMSCHALTTASTEN> gedrückt, und bewegen Sie den Cursor mit den Pfeiltasten an das gewünschte Ende des Bereichs.

Zusätzlich zu dieser Methode kann man den **Markierungsbereich** verwenden, um größere Abschnitte auszuwählen. In der nächsten Abbildung erkennen Sie den Markierungsbereich links vom eigentlichen Text.

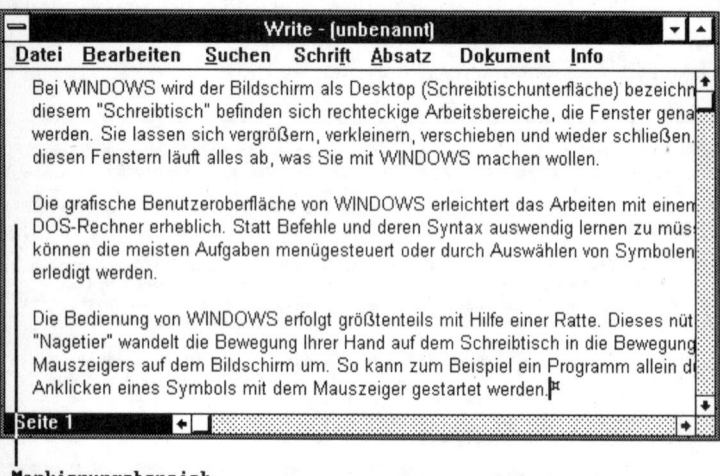

Markierungsbereich

Mit Hilfe dieses Bereichs können Sie folgendermaßen markieren:

Zeilenweise   Der Mauszeiger wird in den Markierungsbereich bewegt und die Maus über mehrere Zeilen gezogen. Durch einmaliges Anklicken wird nur eine einzelne Zeile markiert. Wenn Sie die <UMSCHALTTASTE> drücken und eine zweite Zeile im Markierungsbereich anklicken, so werden alle dazwischen liegenden Zeilen markiert.

Absatzweise	Der Mauszeiger wird in den Markierungsbereich an eine beliebige Stelle des Absatzes bewegt. Ein Doppelklick markiert den gesamten Absatz.
Ganzes Dokument	<STRG-TASTE> festhalten und im Markierungsbereich klicken. Das gesamte Dokument ist markiert.

Um die Markierungen wieder aufzuheben, klicken Sie an einer beliebigen Stelle des Dokuments.

Hinweis:
WRITE unterstützt keine Spaltenmarkierung.

5.7 Textblöcke bearbeiten

Markierte Texte bzw. Textteile nennt man Blöcke. Eine sehr wichtige Funktion in einem Textverarbeitungsprogramm ist die Fähigkeit, Textblöcke zu bearbeiten. So ist es häufig nötig, Absätze oder einzelne Sätze im Text umzustellen, zu löschen oder zu verdoppeln. Alle diese Aufgaben werden mit Textblöcken gelöst. In WINDOWS bedeutet das, daß die Textblöcke in eine ZWISCHENABLAGE übertragen werden, aus der sie bei Bedarf wieder herausgeholt werden können.

5.7.1 Die ZWISCHENABLAGE

Die WINDOWS ZWISCHENABLAGE (englisch: clipboard) ist ein Speicherplatz im Arbeitsspeicher des Rechners, auf dem beliebige Daten zwischengespeichert und aus dem sie bei Bedarf wieder entnommen werden können.

Aber Vorsicht:
Daten bleiben in der ZWISCHENABLAGE nur so lange erhalten, bis Sie dort andere Daten speichern. Auch beim Verlassen von WINDOWS gehen sie verloren.

Die wichtigste Eigenschaft der ZWISCHENABLAGE ist, daß mit ihrer Hilfe Daten von einem Programm in ein anderes übernommen werden können. So ist es problemlos möglich, von PAINTBRUSH aus Bilder in die ZWISCHENABLAGE zu kopieren und danach in einen WRITE-Text einzufügen. Wenn Sie so etwas mit normalen DOS-Programmen versucht haben, werden Sie den Fortschritt zu schätzen wissen. Um es nochmals zu betonen: mit Hilfe der ZWISCHENABLAGE können Daten problemlos zwischen verschiedenen Anwendungen ausgetauscht werden. Dieser Austausch funktioniert natürlich nur zwischen WINDOWS-Programmen. Eine Ausnahme sind DOS-Programme, wenn sie unter dem erweiterten 386er Modus von WINDOWS laufen. Hier können Daten mit leichten Einschränkungen ebenfalls von Anwendung zu Anwendung über die ZWISCHENABLAGE übertragen werden.

Den momentanen Inhalt der ZWISCHENABLAGE können Sie sich ansehen, indem Sie dieses Symbol aus dem Ordner **Hauptgruppe** doppelklicken:

Hier haben Sie auch die Option, den Inhalt der ZWISCHENABLAGE zu speichern oder bereits gespeicherte Inhalte wieder zu laden. Diese Dateien tragen die Namenserweiterung CLP.

5.7.2 Ausschneiden, Kopieren, Einfügen

Die ZWISCHENABLAGE steht Ihnen in jedem WINDOWS-Programm zur Verfügung. In den meisten existieren sogar eigene Befehle zur Bearbeitung der ZWISCHENABLAGE. Sie sind fast immer unter dem Menüpunkt **Bearbeiten** zu finden.

Bearbeiten	
Rückgängig: Bearbeiten	**Strg+Z**
Ausschneiden	Strg+X
Kopieren	Strg+C
Einfügen	**Strg+V**
Inhalte einfügen...	
Verknüpfung einfügen	
Verknüpfungen...	
Objekt	
Objekt einfügen...	
Bild verschieben	
Bildgröße ändern	

Das Menü **Bearbeiten** sieht in jedem Programm etwas anders aus. Was Sie jedoch fast immer wiederfinden, sind die drei Befehle **Ausschneiden** (Cut), **Kopieren** (Copy) und **Einfügen** (Paste). Wenn, wie in der obigen Abbildung, im Menü auch die Befehle **Inhalte einfügen, Verknüpfung einfügen, Verknüpfungen, Objekt** und **Objekt einfügen** vorhanden sind, dann verfügt das jeweilige Programm über die Fähigkeiten des OLE. Diese englische Abkürzung bedeutet **O**bject **L**inking and **E**mbedding, was so viel wie Objekt verknüpfen und einfügen heißt. Mit dieser Technik können Sie beispielsweise ein Bild innerhalb eines Textdokuments direkt bearbeiten oder Sprache und Musik aus einem Text heraus anhören (siehe Kapitel 13.2.4). Wir benutzen diese Befehle in Kapitel 5.12.

Der Befehl **Ausschneiden** überträgt den markierten Bereich **in** die ZWISCHENABLAGE und entfernt ihn aus dem Original. Befanden sich noch Daten in der ZWISCHENABLAGE, werden sie durch diesen Befehl überschrieben.

Der Befehl **Kopieren** übernimmt den markierten Bereich **in** die ZWISCHENABLAGE, läßt ihn aber unverändert im Original. Waren noch Daten in der ZWISCHENABLAGE, werden sie durch diesen Befehl überschrieben.

Der Befehl **Einfügen** fügt die Daten **aus** der ZWISCHENABLAGE an der aktuellen Cursorposition in das Dokument ein. Der Inhalt der ZWISCHENABLAGE bleibt dabei erhalten, so daß die Daten beliebig oft an verschiedenen Stellen eingefügt werden können. Die Daten bleiben bis zum nächsten Ausschneiden- oder Kopieren-Befehl erhalten, längstens bis zum Ende von WINDOWS.

Die drei genannten Befehle müssen nicht über das Menü angewählt werden, sondern können auch über Tastenkombinationen ausgelöst werden, die Sie hinter den Befehlen im Menü finden. Zusätzlich kennt WINDOWS noch zwei weitere Tastenbefehle, die Daten in die ZWISCHENABLAGE übernehmen.

Der erste wird mit der **<DRUCK-TASTE>** ausgelöst. Unter DOS dient sie dazu, eine Hardcopy des Bildschirms auf einem angeschlossenen Drucker auszugeben. Unter WINDOWS wird der **Bildschirminhalt** in der ZWISCHENABLAGE gespeichert.

Der zweite Befehl wird mit der Tastenkombination **<ALT>+ <DRUCK-TASTE>** gewählt. Damit wird nur der **Inhalt des aktiven Fensters** in die ZWISCHENABLAGE übernommen.

Zur **Übung** wollen wir den vorhin eingegebenen Text umstellen. Und zwar soll der zweite Absatz vor den ersten gestellt werden. Dazu muß dieser Block erst einmal markiert werden. Sie bewegen den Cursor also an den Anfang des zweiten Absatzes ("Die grafische ...") und ziehen von da aus mit der Maus nach unten ans Ende des Absatzes. Wenn Sie über das Ziel hinausschießen, macht das nichts; Sie können den Cursor auch wieder zurückbewegen.

Haben Sie den Absatz markiert, wählen Sie den Befehl **Ausschneiden** oder benutzen die Tastenkombination <STRG-TASTE>+<X>. Dann bewegen Sie die Einfügemarke an den Anfang des Textes und wählen den Befehl **Einfügen** bzw. die Tastenkombination <STRG-TASTE>+<V>. Danach ist die Reihenfolge der Absätze geändert.

Wenn Sie von alten WINDOWS-Versionen die Tastenkombinationen <UMSCHALTTASTE>+<ENTF-TASTE> für Ausschneiden, <UMSCHALTTASTE>+<EINF-TASTE> für Einfügen und <STRG-TASTE>+<EINFG-TASTE> für Kopieren gewohnt sind, können Sie diese auch weiterhin benutzen.

5.8 Textsuche

Mit den Befehlen **Suchen** und **Ersetzen** im Menü **Suchen** können Sie beliebige Stellen im Text auffinden und gegebenenfalls ersetzen.

5.8.1 Textstellen suchen

Den Befehl **Suchen** setzt man häufig dazu ein, bestimmte Stellen im Text wiederzufinden oder das Vorkommen bestimmter Begriffe zu kontrollieren. Der Befehl **Suchen** verhält sich prinzipiell wie der Befehl **Ersetzen**, so daß wir sie im folgenden Absatz gemeinsam behandeln. Die Suche beginnt in beiden Fällen an der aktuellen Cursorposition und wird automatisch am Textanfang fortgesetzt, bis der gesamte Text durchsucht ist.

5.8.2 Textstellen ersetzen

Der Befehl **Ersetzen** wird meist dann benutzt, wenn ein Wort im ganzen Text falsch geschrieben wurde und durch das korrekte Wort ersetzt werden soll. Eine weitere Anwendungsmöglichkeit besteht darin, im Text häufig vorkommende lange Wörter bei der Erfassung als Abkürzung einzugeben. So könnten Sie das Wort Desoxyribonukleinsäure durch DNS abkürzen und zum Schluß im ganzen Text durch das ausgeschriebene Wort ersetzen.
Die folgenden Befehle stehen im Menü **Suchen** zur Verfügung.

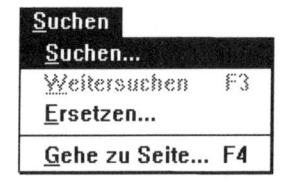

```
Suchen
  Suchen...
  Weitersuchen    F3
  Ersetzen...
  Gehe zu Seite... F4
```

Der Befehl **Weitersuchen** wird benutzt, um die Suche nach einem Wort fortzusetzen, wenn der Suchbefehl abgebrochen wurde.
Nach Auswahl des Befehls **Ersetzen** erscheint dieses Dialogfeld:

```
──────────────── Ersetzen ────────────────
Suchen nach:   [            ]      Weitersuchen
Ersetzen durch:[            ]      Ersetzen
                                    Alles ersetzen
□ Als Wort
□ Groß-/Kleinschreibung             Schließen
```

Tragen Sie im Feld **Suchen nach** ein, nach welchem Buchstaben, Wort oder Satz gesucht werden soll.

Gelegentlich kann es vorkommen, daß Sie besondere Zeichen im Text suchen, wie beispielsweise Tabulatoren, Absatzmarken oder manuelle Seitenumbrüche. Da diese Zeichen nicht direkt eingegeben werden können, müssen sie durch ein spezielles Zeichen, das Karet-Zeichen (^), gefolgt von einem Buchstaben, ersetzt werden. Mit dieser Kombination können Sonderzeichen gesucht werden.

Ersatzzeichen	Aufgabe
?	z.B. Ban? für Bank, Band usw.
^w	Leerzeichen
^t	Tabulator
^p	Absatzmarke
^d	manueller Seitenumbruch

Die Eingabe von **^t** müßte also das nächste Tabulatorzeichen finden. Im Feld **Ersetzen durch** tragen Sie ein, was an Stelle des gesuchten Textes erscheinen soll. Wollen Sie beispielsweise alle Absatzmarken aus dem Text entfernen, dann geben Sie bei **Suchen nach** ^p ein und lassen das Feld **Ersetzen durch** leer.

Bei der Suche können Sie zwei Optionen einstellen, die entscheiden, was gefunden wird. Wenn Sie das Kontrollfeld **Als Wort** markieren, dann findet WRITE nur den Text, der nicht Bestandteil eines längeren Wortes ist. So wird zum Beispiel das Wort Haus nicht im Wort Hausmeister gefunden, wenn die Option **Als Wort** gewählt ist.

Ist das zweite Kontrollfeld **Groß/Kleinschreibung** markiert, dann muß der gefundene Text genau mit der Schreibweise des Suchtextes übereinstimmen. Beim Suchen würde demnach das Wort Windows nicht gefunden, wenn es im ganzen Text als WINDOWS geschrieben wurde.

In der folgenden Liste sind alle Befehle aufgeführt, die beim Suchen und beim Ersetzen im Dialogfeld auftreten können

Weitersuchen   Sucht das nächste Vorkommen des Textes.
Ersetzen   Ändert den gefundenen Text. WRITE wartet dann auf weitere Befehle.
Alles ersetzen   Ändert den gesamten Text automatisch.

Ersetzen in Markierung Damit legen Sie fest, daß nur in einem zuvor markierten Bereich geändert werden soll. Wenn ein Bereich markiert ist, wird die Schaltfläche **Alles ersetzen** automatisch in **Ersetzen in Markierung** umbenannt.

Während eines Such- oder Ersetzungsvorgangs können Sie jederzeit durch Klicken mit der Maus oder <ALT>+<F6> **zwischen dem Dialogfeld und dem Text wechseln**, um manuelle Ersetzungen durchzuführen.

Übung 16

Der Übungstext, den Sie eingegeben haben, enthält zwei Fehler, die Sie mit dem Befehl Ersetzen korrigieren sollten. Machen Sie aus "Schreibtischunterfläche" "Schreibtischoberfläche" und aus "Ratte" "Maus".

5.8.3 Fehlerquellen beim Ersetzen

Der Befehl **Alles ersetzen** ist mit Vorsicht zu benutzen, da er Ihren Text auch an unerwünschten Stellen verändern kann. Sehen wir uns dazu folgendes Beispiel an:

"... sie glaubte, sie habe das Teesieb in der Küche vergessen."

In diesem Text soll das Wort "sie" gegen "er" ausgetauscht werden. Dazu wählen Sie den Befehl **Ersetzen** und tragen in **Suchen nach** das Wort "sie" ein, drücken die Tabulatortaste, geben bei **Ersetzen durch** "er" ein und wählen **Alles ersetzen**. Der Text sieht dann so aus:

"... er glaubte, er habe das Teeerb in der Küche vergessen."

Um die Fehler zu beheben, wollen Sie die Änderung rückgängig machen. Diesmal ersetzen Sie "er" durch "sie". Das Ergebnis ist unten zu betrachten:

"... sie glaubte, sie habe das Teesieb in dsie Küche vsiegessen."

Um solche Fehler zu vermeiden, wählen Sie beim Befehl **Ersetzen** so oft wie möglich die Angabe **Als Wort**. Dann werden nur Worte und nicht auch Teile von Wörtern gefunden. Außerdem können Sie das Kontrollfeld **Groß-/Kleinschreibung** wählen, damit nur Worte gefunden werden, deren Schreibweise genau mit der eingegebenen übereinstimmt.

Diese Beispiele sollten deutlich gemacht haben, daß der Befehl **Alles ersetzen** mit Vorsicht einzusetzen ist.

5.9 Dokumentgestaltung

Wenn der Text eines Dokuments steht, kann man sich daran machen, das Layout zu bearbeiten.

5.9.1 Zeilenlineal

Ein wichtiges Hilfsmittel bei der Gestaltung des Textes ist das Zeilenlineal. Es zeigt Ihnen die Spaltenpositionen des Textes und die Tabulatoren an. Außerdem können Sie durch Anklicken der entsprechenden Symbole oberhalb des Zeilenlineals Zeilenabstände und Textausrichtung festlegen. Wählen Sie das Zeilenlineal über das Menü **Dokument** und den Befehl **Lineal ein**.

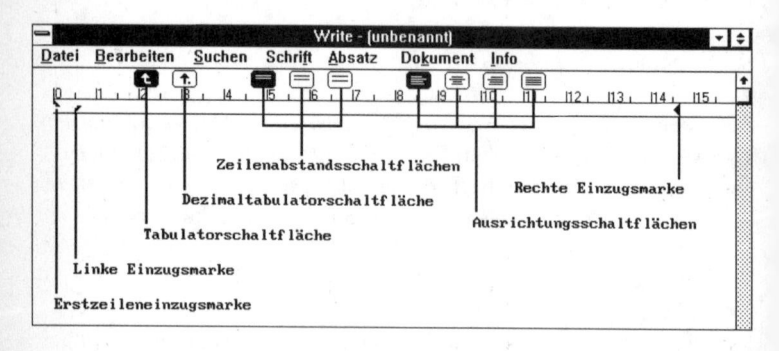

Hinweis:
Die Darstellung des Textes kann von der Darstellung auf dem Bildschirm abweichen, da nicht jede Schriftart eines Druckers auch als

Schriftart für den Bildschirm existiert. Die Zeilenumbrüche sind aber trotzdem korrekt dargestellt, selbst wenn die Zeilen auf dem Bildschirm kürzer oder länger dargestellt werden!

5.9.2 Schriftstile

Textstellen können durch Unterstreichung, Fettdruck oder Kursivschrift hervorgehoben werden. Die dazu nötigen Befehle finden Sie im Menü **Schrift**.

Schrift	
Standard	F5
Fett	Strg+F
Kursiv	Strg+K
Unterstrichen	Strg+U
Hochgestellt	
Tiefgestellt	
Schrift ver**k**leinern	
Schrift ver**g**rößern	
Schrift**a**rt...	

Als erstes markieren Sie die entsprechenden Textstellen und wählen dann aus den Befehlen **Fett**, **Kursiv** und **Unterstrichen**. Die für die jeweilige Textstelle gewählten Befehle sind danach durch ein Häkchen gekennzeichnet. Sie können auch eine Kombination dieser Schriftstile für eine Textstelle wählen. Sollen alle Textauszeichnungen wieder rückgängig gemacht werden, dann wählen Sie den Befehl **Standard**. Einen einzelnen Schriftstil machen Sie dadurch rückgängig, daß Sie den entsprechenden Stil nochmals anwählen. Das Häkchen vor diesem Befehl verschwindet dann wieder.

5.9.3 Hoch- und tiefgestellte Zeichen

Auch das Hoch- und Tiefstellen von Zeichen erzeugen Sie über das Menü **Schrift**. Dazu markieren Sie zuerst die Textstelle und wählen dann den Befehl **Hochgestellt** bzw. **Tiefgestellt**.

5.9.4 Schriftarten und Schriftgrößen

Zur Darstellung der Zeichen in Ihrem Dokument können Sie aus einer Vielzahl von Schriftarten wählen. Welche zur Auswahl stehen, hängt davon ab, welchen Drucker Sie installiert haben.
Die Auswahl einer Schriftart erfolgt ebenfalls über das Menü **Schrift**. Um aus allen zur Verfügung stehenden Schriften auszuwählen, klikken Sie den Befehl **Schriftart** an. Jetzt erscheint ein weiteres Fenster mit allen Schriften.

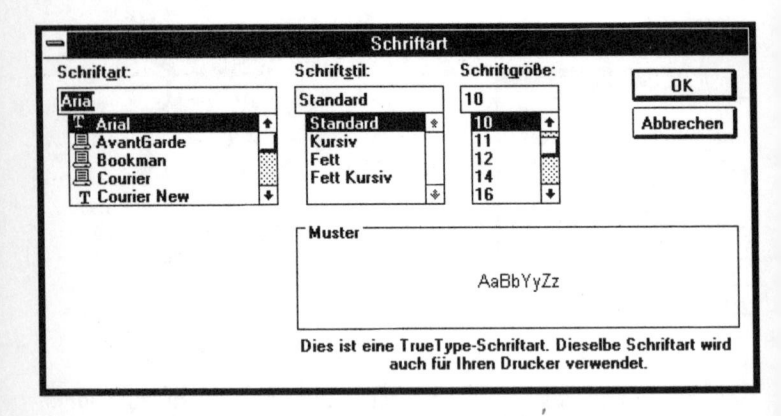

Dieses Dialogfeld kennen Sie bereits aus Kapitel 4; jedoch fehlen hier die Kontrollfelder für die Darstellungen. Wählen Sie hier Schriftart, Schriftstil und Schriftgröße.
Die Änderung von Schriftart, Schriftstil usw. wird erst für den Text wirksam, den man anschließend schreibt. Soll die Schrift eines bereits geschriebenen Textes geändert werden, so muß dieser Text vorher markiert werden.

5.9.5 ZEICHENTABELLE

Jede Schriftart basiert auf einem bestimmten Zeichensatz. Dieser besteht in der Regel aus den Ziffern, Buchstaben und Sonderzeichen der Tastatur. Für spezielle Anwendungen stellt WINDOWS mit ZEICHENTABELLE weitere Zeichensätze, wie zum Beispiel griechische Zeichen, mathematische und grafische Symbole, zur Verfügung. Sie wählen ZEICHENTABELLE aus der Gruppe ZUBEHÖR, indem Sie das folgende Symbol doppelklicken.

Es öffnet sich daraufhin das Anwendungsfenster, das alle verfügbaren Zeichen anzeigt.

So wählen Sie besondere Symbole:
1) Wählen Sie aus dem Dropdown-Listenfeld **Schriftart** die gewünschte Zeichenart aus.
2) Wählen Sie durch Anklicken das gewünschte Zeichen. In der Statuszeile rechts unten wird die zugehörige Tastenkombination angezeigt. Eine vergrößerte Darstellung des Zeichens erhalten Sie, wenn Sie die Maustaste festhalten.
3) Wählen Sie die Schaltfläche **Auswählen**. Das Symbol erscheint im Feld **Zu kopierende Zeichen**.
4) Wiederholen Sie Schritt 2 und 3 für jedes weitere Symbol.
5) Klicken Sie auf **Kopieren**.
6) Wechseln Sie zu WRITE, und wählen Sie aus dem Menü **Bearbeiten** den Befehl **Einfügen**.
7) Markieren und formatieren Sie die erscheinenden Zeichen mit **Schrift Schriftart** in der gleichen Schriftart, die Sie in Schritt 1 ausgewählt haben.

Übung 17

Schreiben Sie den folgenden Terminplan. Benutzen Sie für die Uhrsymbole die Zeichentabelle und die Schriftart Wingdings. Die Schrift entspricht der Schriftart Arial.

🕑 Arbeitsbeginn
🕓 Konferenz
🕒 Abfahrt nach Rostock
🕔 Ankunft Rostock
🕔 Konferenz
🕕 zu Hause anrufen
🕐 Abendessen mit H. Schröder

5.9.6 Absätze formatieren

Ein Absatz – das ist der Text bis zur nächsten <EINGABETASTE> – kann auf vier Arten ausgerichtet werden:
- linksbündig
- rechtsbündig
- im Blocksatz
- zentriert

Dieser Text ist linksbündig ausgerichtet.

Dieser Text ist rechtsbündig ausgerichtet.

Dieser Text ist zentriert worden.

Dieser Text ist im Blocksatz formatiert worden. Um den linken und den rechten Rand gleich zu bekommen, wird der Abstand der Wörter und manchmal auch der der Buchstaben in einem Wort erhöht.

Markieren Sie dazu einen oder mehrere Absätze, und wählen Sie aus der **Linealzeile** die entsprechenden Symbole oder aus dem Menü **Absatz** die entsprechenden Befehle.

Auch der **Zeilenabstand** kann unterschiedlich festgelegt werden. WRITE kennt drei Zeilenabstände:
- einzeilig
- anderthalbzeilig
- zweizeilig

Die Einstellung kann auch hier wahlweise über die Linealzeile oder über die Befehle aus dem Menü **Absatz** erfolgen.

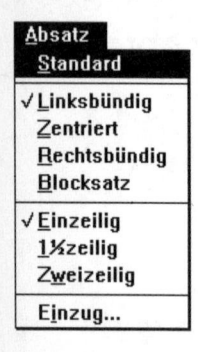

```
Absatz
 Standard
─────────────
√ Linksbündig
  Zentriert
  Rechtsbündig
  Blocksatz
─────────────
√ Einzeilig
  1½zeilig
  Zweizeilig
─────────────
  Einzug...
```

Wenn Sie einen neuen Text eingeben, wird dieser zwischen dem linken und dem rechten Rand dargestellt. Möchten Sie für einen oder mehrere Absätze den Abstand des Textes vom Rand ändern, so wählen Sie den Befehl **Einzug**.

Die Zahlen im Zeilenlineal geben an, wie breit der Druckbereich in cm ist. Anfang und Ende sind dabei durch kleine Dreiecke markiert. Wenn Sie mit dem Mauszeiger auf diese Dreiecke fahren und sie nach links oder rechts ziehen, können Sie die Breite der Zeilen verändern, jedoch nur bis zum jeweiligen Papierrand. Die Änderung kann für den ganzen Text oder nur für einen Teil gültig sein, je nachdem, was Sie während der Breitenänderung markiert hatten.

Den Einzug können Sie nicht nur mit Hilfe des Lineals einstellen, sondern auch über den Befehl **Einzug**.

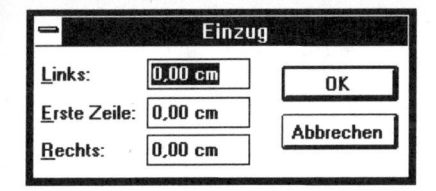

Der Wert **Links** gibt an, um wie viele Zentimeter der Text vom linken Rand – hier ist nicht der Rand des Blattes, sondern der "normale" Schreibrand gemeint – beginnen soll. **Rechts** gilt entsprechend für den rechten Rand. Die Eintragung im Feld **Erste Zeile** dient dazu, einen abweichenden Wert für die erste Absatzzeile festzulegen. Das folgende Bild zeigt alle gängigen Grundformen für Einzüge:

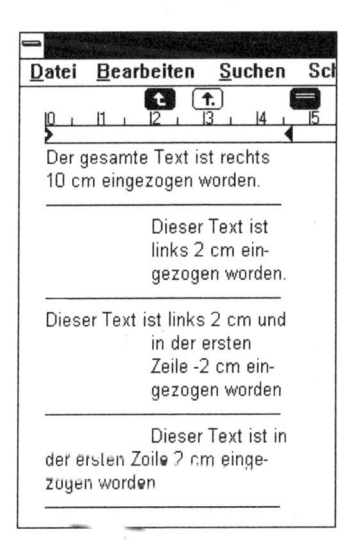

5.9.7 Tabulatoren benutzen

Mit einem Tabulator sorgen Sie dafür, daß ein Text an einer exakt festgelegten Spaltenposition beginnt. Die Verwendung von Tabulatoren ist besonders dann zu empfehlen, wenn Sie Ihren Text mit einer Proportionalschrift gestalten. Bei einer Proportionalschrift ist die Breite der einzelnen Buchstaben unterschiedlich. So benötigt ein I

weit weniger Platz als ein M. Auch WINDOWS verwendet in seinen
Menüs eine Proportionalschrift. Sie wirkt viel eleganter als die Schrift
bei den älteren WINDOWS-Versionen. Der Nachteil einer Proportionalschrift wird dann offensichtlich, wenn Sie versuchen, eine Tabelle anzulegen.

null eins null eins
Zwei Drei Zwei Drei
vier fünf vier fünf

Jedes Wort in der obigen Tabelle hat vier Buchstaben, und der Zwischenraum beträgt immer drei Leerzeichen. Trotzdem ist das kaum
eine ordentliche Tabelle. In einem solchen Fall werden Tabulatoren
eingesetzt. Ein Tabulator markiert eine absolute Position vom linken
Rand, die man durch Drücken der Tabulatortaste anspringen kann.
In WRITE können Sie 12 Tabulatorpositionen definieren. Standardmäßig vorgegeben sind Abstände von je 1,25 cm. Wählen Sie den Befehl **Tabulatoren** aus dem Menü **Dokument**. Es erscheint dieses Dialogfeld:

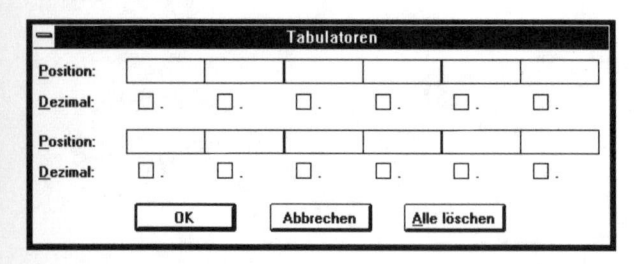

In den Feldern **Position** tragen Sie die Tabulatorabstände vom linken
Rand in cm ein. Soll ein Tabulator ein Dezimaltabulator sein, dann
markieren Sie das zugehörige Feld **Dezimal**.
Das nächste Bild zeigt, wie linksbündig ausgerichtete Tabulatoren
und Dezimaltabulatoren wirken.

DOKUMENTGESTALTUNG 137

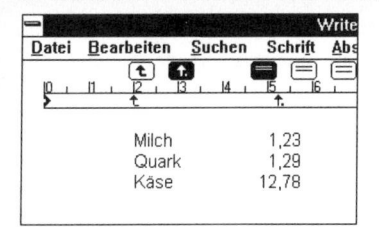

```
              Write
Datei  Bearbeiten  Suchen  Schrift  Abs

   Milch       1,23
   Quark       1,29
   Käse       12,78
```

Dezimaltabulatoren dienen dazu, Zahlen am Komma auszurichten. Ganze Zahlen werden rechtsbündig ausgerichtet.

Tabulatoren können nicht nur über das Menü **Dokument** mit dem Befehl **Tabulatoren** gesetzt werden, sondern auch mit Hilfe der Linealzeile. Die beiden folgenden Symbole stellen einen linksbündigen Tabulator (links) und einen Dezimaltabulator (rechts) dar.

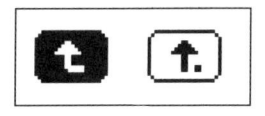

Mit der Maus können Sie einen solchen Tabulator denkbar einfach setzen. Zuerst wählen Sie eine der beiden Arten aus, danach klicken Sie das Zeilenlineal unterhalb der Zahlen an. Sofort erscheint ein Symbol des entsprechenden Tabulators. Wollen Sie einen Tabulator wieder entfernen, dann ziehen Sie ihn nach unten aus der Linealzeile heraus.

5.9.8 Silbentrennung

Nach der Erstellung Ihres Textes wird Ihnen auffallen, daß die Zeilen bei linksbündiger Ausrichtung sehr ungleichmäßig gefüllt sind. Die Lücken entstehen beim Umbruch längerer Wörter, die in die nächste Zeile herübergeholt werden. Diese Lücken können Sie vermeiden, wenn Sie in längere Wörter Silbentrennstriche eingeben. Tritt ein solches Wort nun am Ende einer Zeile auf, kann WRITE es an den markierten Stellen trennen. Muß es nicht getrennt werden, sind die Silbentrennstriche auch nicht sichtbar. Durch die Tastenkombination

<STRG>+<UMSCHALTTASTE>+<BINDESTRICH>

werden derartige "weiche" Silbentrennstriche eingefügt. Sie sind nur am Ende einer Zeile sichtbar, können jedoch wie jedes andere Zeichen gelöscht werden.

5.9.9 Übung 18

Nach soviel Theorie sollten wir uns jetzt an unseren Übungstext begeben. Unsere Bemühungen sollen folgendes Ergebnis haben.

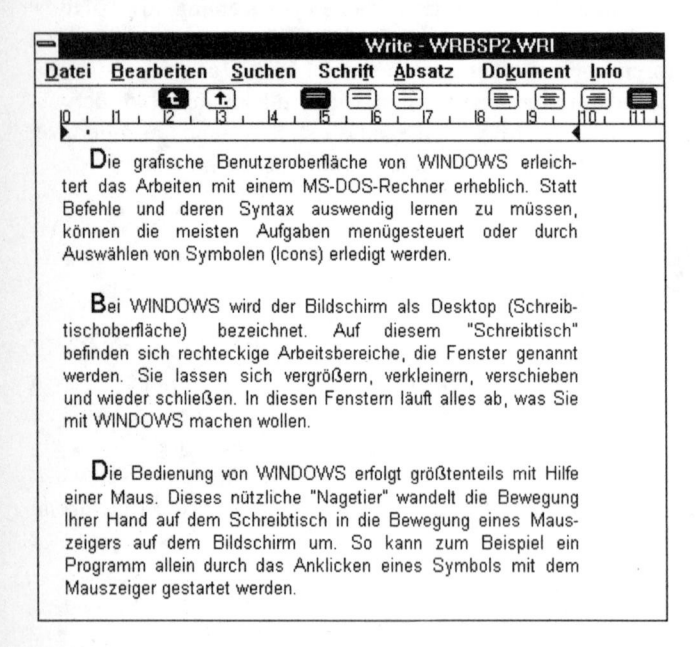

Write - WRBSP2.WRI

Datei Bearbeiten Suchen Schrift Absatz Dokument Info

Die grafische Benutzeroberfläche von WINDOWS erleichtert das Arbeiten mit einem MS-DOS-Rechner erheblich. Statt Befehle und deren Syntax auswendig lernen zu müssen, können die meisten Aufgaben menügesteuert oder durch Auswählen von Symbolen (Icons) erledigt werden.

Bei WINDOWS wird der Bildschirm als Desktop (Schreibtischoberfläche) bezeichnet. Auf diesem "Schreibtisch" befinden sich rechteckige Arbeitsbereiche, die Fenster genannt werden. Sie lassen sich vergrößern, verkleinern, verschieben und wieder schließen. In diesen Fenstern läuft alles ab, was Sie mit WINDOWS machen wollen.

Die Bedienung von WINDOWS erfolgt größtenteils mit Hilfe einer Maus. Dieses nützliche "Nagetier" wandelt die Bewegung Ihrer Hand auf dem Schreibtisch in die Bewegung eines Mauszeigers auf dem Bildschirm um. So kann zum Beispiel ein Programm allein durch das Anklicken eines Symbols mit dem Mauszeiger gestartet werden.

Beachten Sie bitte, daß das Ergebnis auf Ihrem Rechner ein wenig anders aussehen kann. Es hängt davon ab, welchen Rechner und besonders welchen Drucker Sie verwenden. Wenn Sie den Absatz umgestellt und die beiden Fehler korrigiert haben, dann können Sie mit der Gestaltung des Layouts beginnen.
1) Als erstes sind für alle drei Absätze Einzüge festgelegt worden. Dazu markieren Sie den gesamten Text. Sie entsinnen sich: Mauszeiger in die Markierungszone bringen, <STRG-TASTE> gedrückt halten und klicken. Dann wählen Sie den Befehl Einzug und tragen den Wert 0,5 cm im Feld Erste Zeile ein.

2) Im nächsten Schritt wird die Breite des Textes auf 10 cm eingestellt. Dazu schalten Sie das Zeilenlineal ein, markieren wiederum den gesamten Text und ziehen die Markierung für den rechten Rand auf dem Lineal zur 10.
3) Als nächstes stellen wir die Schriftart ein. Markieren Sie wieder den gesamten Text, und wählen Sie als Schriftart Helv mit der Schriftgröße 12 aus. Bietet Ihr Drucker diese Schrift nicht an, dann wählen Sie eine, die ähnlich aussieht. Um den ersten Buchstaben eines jeden Absatzes größer zu bekommen, wird er einzeln markiert und seine Schriftgröße erhöht, in unserem Beispiel von 12 auf 16.
4) Fügen Sie weiche Silbentrennstriche in den Worten "Schreibtischoberfläche" im zweiten Absatz und "Mauszeigers" im letzten Absatz ein.
5) Der letzte Bearbeitungsschritt besteht darin, daß wir für den Text Blocksatz wählen. Markieren Sie wieder den ganzen Text, und klicken Sie in der Linealzeile das Symbol für Blocksatz (ganz rechts) an.

Nach diesen Bearbeitungsschritten sollte der Text ungefähr der Abbildung entsprechen.

5.10 Seitenlayout festlegen

Mit dem Seitenlayout legen Sie fest, wie groß die nicht bedruckten Ränder des Blattes sein sollen oder welche Kopf- und Fußzeilen zu verwenden sind. Der Befehl **Seite einrichten** im Menü **Dokument** in WRITE erlaubt die Festlegung der folgenden Werte:

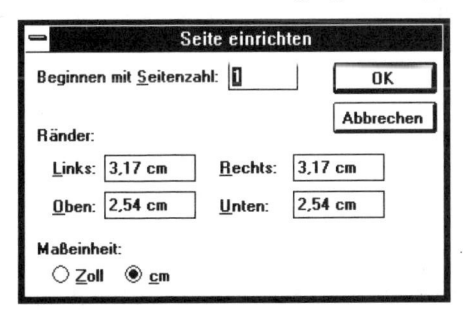

Seite einrichten		
Beginnen mit Seitenzahl: 1		OK
		Abbrechen
Ränder:		
Links: 3,17 cm	Rechts: 3,17 cm	
Oben: 2,54 cm	Unten: 2,54 cm	
Maßeinheit: ○ Zoll ● cm		

Sie tragen ein, wie groß die freien Ränder des Papiers sein sollen. Außerdem erlaubt das Feld **Beginn bei Seitenzahl** festzulegen, mit welcher Nummer die Seitenzählung beginnen soll.

5.10.1 Kopf- und Fußzeilen einfügen

Jede WRITE-Seite kann zusätzlich zum eigentlichen Text noch eine Kopf- und Fußzeile bekommen. In diesen Kopf- und Fußzeilen werden typischerweise die Seitennummern, der Name des Dokuments oder Autors und ähnliches gedruckt. Die Position der beiden Zeilen wird in Zentimeter vom oberen oder unteren Rand angegeben und sollte dem Seitenlayout angepaßt sein.
Aus dem Menü **Dokument** wählen Sie **Kopfzeile** oder **Fußzeile** aus. Das Dialogfeld Kopfzeile bzw. Fußzeile öffnet sich, und Sie können sofort auf der Schreibfläche den Text eingeben.

Wollen Sie die Position der Zeilen vom Papierrand einstellen, dann aktivieren Sie das Dialogfeld und ändern den Wert. Soll in Kopf- oder Fußzeile eine Seitenzahl erscheinen, dann betätigen Sie die Schaltfläche **Seitenzahl einfügen**. An der Cursorposition erscheint **(Seite)**. Beim Drucken wird an dieser Stelle die laufende Seitennummer ausgegeben. Beachten Sie, daß es nicht funktioniert, wenn Sie den Text "(Seite)" in die Kopfzeile schreiben. Die Seitenzahl kann nur über die dafür vorgesehene Schaltfläche eingefügt werden.

5.10.2 Seitenumbruch

Während Sie Ihren Text erfassen, zeigt WRITE in der linken unteren Ecke die aktuelle Seite des Dokuments. Solange Sie jedoch keinen **Seitenumbruch** durchgeführt haben, bleibt diese Angabe auf der Zahl 1 stehen.
Damit die Seitenumbrüche sichtbar werden, die WRITE beim Drucken vornehmen will, wählen Sie aus dem Menü **Datei** den Befehl **Sei-**

tenumbruch. Normalerweise erledigt WRITE den Umbruch beim Druck automatisch. Wenn Sie jedoch vor dem Druck eine manuelle Kontrolle des Seitenumbruchs wünschen, wählen Sie das Feld **Seitenumbruch bestätigen**. Danach wird der ganze Text durchgearbeitet, und Sie müssen bei jedem Seitenwechsel den Umbruch bestätigen bzw. an eine andere Stelle verschieben.

Wenn Sie möchten, können Sie bereits während des Schreibens Seitenumbrüche festlegen. Die Tastenkombination <STRG-TASTE>+<EINGABETASTE> erzeugt einen unbedingten Seitenumbruch, der im Text durch eine gestrichelte Linie angezeigt wird.

Nachdem WRITE die Seiten umgebrochen hat, wird der Beginn jeder neuen Seite durch einen Doppelpfeil im Markierungsbereich gekennzeichnet.

5.11 Text speichern und drucken

Wie in allen WINDOWS-Programmen finden Sie die Befehle zum Speichern unter dem Menüpunkt **Datei**. Speichern Sie den Text zum erstenmal, dann wählen Sie **Speichern unter**; andernfalls wählen Sie **Speichern**. Das Dialogfeld **Speichern unter** kennen Sie bereits. Bei WRITE stehen neben dem Kontrollfeld **Sicherungskopie** verschiedene **Dateiformate** zur Verfügung, damit Sie Ihre Texte auch mit anderen Programmen bearbeiten können.

Sicherungskopie   Bei jedem Speichern wird die letzte Version als Sicherungskopie mit der Endung BKP gespeichert.

Write 3.0-Dateien   Enthält das Dokument OLE-Objekte (s. 5.12), so erscheint auch dieses Format. Beim Speichern gehen die Objekte dann aber verloren, da Write 3.0 nicht über diese Technik verfügt.

Write-Dateien   Die Speicherung erfolgt im WRITE-Standardformat. Die Dateien erhalten die Endung WRI.

MS-DOS Word   Der Text wird so gespeichert, daß MS-Word den Text direkt einlesen und weiterverarbeiten kann. Einzige Voraussetzung: Es dürfen keine Bilder im Text sein, sie können nicht mit übergeben werden. Sicherungskopien erhalten die Endung BAK.

MS-DOS Word/Nur Txt	Unformatierte MS-Word-Textdatei.
Textdateien	WINDOWS-ANSI-Textdatei, diese enthält keine Formatierung mehr.
Alle Dateien	Dies ist kein spezielles Format, sondern dient der Anzeige aller Dateien.

Wenn Sie noch weitere Fragen zum Speichern haben, schlagen Sie bitte im Kapitel 4.3 nach.

Auch der Befehl zum **Drucken** befindet sich im Menü **Datei**. Dieser Befehl öffnet folgendes Dialogfeld:

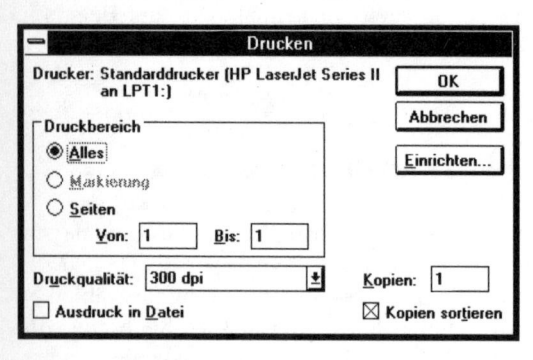

Hier geben Sie als erstes den **Druckbereich** an. Standardmäßig wird **Alles** gedruckt. Haben Sie vor dem Aufruf des Druckbefehls Text markiert, so können Sie auch nur diese **Markierung** drucken lassen. Wenn Sie nur einen Teil des Dokuments drucken wollen, so wählen Sie **Seiten** und geben unter **Von** die erste und unter **Bis** die letzte zu druckende Seite an.

Unter **Druckqualität** werden Ihnen verschiedene Druckerauflösungen angeboten, wenn Ihr Drucker diese Möglichkeit bietet.

Unter **Kopien** geben Sie die gewünschte Anzahl an. Normalerweise druckt WRITE zuerst den ganzen Druckbereich und dann die nächste Kopie. Entfernen Sie das X aus dem Kontrollfeld **Kopien sortieren** durch Anklicken, so druckt WRITE zuerst alle Kopien der Seite 1, dann alle Kopien der Seite 2 usw.

Wenn Sie **Ausdruck in Datei** anklicken, erfragt WRITE durch ein Dialogfeld den Namen der gewünschten Ausgabedatei und speichert in ihr den Ausdruck. Diese entstandene Druckdatei kann von MS-DOS aus zum Drucker gesandt werden.

5.12 Text und Grafik kombinieren

Eine der wichtigsten Funktionen von WRITE ist es, Bilder in den Text einzubinden. Lange Zeit war WRITE eines der wenigen Programme, die das beherrschten. Heute sind jedoch die meisten in der Lage, Text und Grafik gleichzeitig darzustellen. WRITE ist jedoch eines der ersten Programme, das mit einer neuen Technik auch erlaubt, Bilder im Text zu bearbeiten.

Um eine Grafik in ein WRITE Dokument einbauen zu können, müssen Sie mit der ZWISCHENABLAGE arbeiten. Eine typische Vorgehensweise sieht so aus:

1) Starten des Programms PAINTBRUSH.
2) Erstellen oder Laden einer Zeichnung.
3) Kopieren der Zeichnung in die ZWISCHENABLAGE. Dazu muß man in PAINTBRUSH den Bereich vorher mit der Schere markieren.
4) Starten von WRITE.
5) Einfügen der Zeichnung aus der ZWISCHENABLAGE in das Dokument.

Zum Einfügen von Objekten, wie hier zum Beispiel unserer Zeichnung, stehen drei Befehle mit zum Teil sehr unterschiedlicher Wirkung zur Verfügung.

Einfügen   Die Zeichnung wird in WRITE **eingebettet**. PAINTBRUSH-Zeichnungen können danach durch Doppelklicken bearbeitet werden. Statt Speichern steht in PAINTBRUSH der Befehl **Aktualisieren** zur Übernahme der Änderungen nach WRITE zur Verfügung. Beendet wird PAINT BRUSH mit dem Befehl **Beenden & Zurück zu (unbenannt)**. Statt unbenannt steht bei bereits gespeicherten WRITE-Dokumenten der Name.

Verknüpfung einfügen   Dieser Befehl steht nur zur Verfügung, wenn die Zeichnung bereits gespeichert wurde! Sie wird dann in WRITE eingebettet und mit dem Original verknüpft. Jede

Änderung am Original wird nun auch im Dokument sichtbar. Die Änderung kann sowohl von WRITE aus durch Doppelklick oder von PAINTBRUSH aus durch Öffnen an der Zeichnung vorgenommen werden. In PAINTBRUSH benutzt man dann die Befehle **Speichern** und **Beenden**.

Inhalte einfügen Dieser Befehl beinhaltet die beiden Befehle **Einfügen** und **Verknüpfung einfügen** und erlaubt zusätzlich die **Auswahl aus verschiedenen Grafikformaten**. Das Standardformat ist im zugehörigen Dialogfenster bereits markiert. Wenn Sie ein anderes auswählen und dann die Schaltfläche **Einfügen** anklicken, wird die Zeichnung in der Regel nur eingefügt. Sie kann nicht mehr direkt bearbeitet werden. Doppelklicken Sie ein solches Objekt, so erscheint eine entsprechende Fehlermeldung. Zum Bearbeiten müssen Sie ein solches Bild in die ZWISCHENABLAGE ausschneiden, in PAINTBRUSH einfügen, bearbeiten, markieren, kopieren und wieder in WRITE einfügen.

Diese Möglichkeit, Bilder in Dokumente einzubetten, so daß sie dort direkt bearbeitet werden können und zusätzlich mit dem Original verknüpft sind, bezeichnet man mit dem englischen Fachausdruck **O**bject **L**inking and **E**mbedding oder kurz OLE. In unserem Beispiel ist PAINTBRUSH der sogenannte OLE-Server und WRITE der OLE-Client. Ein OLE-Server ist ein Programm, das Objekte zum Einbetten zur Verfügung stellen kann. Ein OLE-Client ist jedes Programm, das Objekte in seine Dokumente einbetten kann. WINDOWS beinhaltet die Server PAINTBRUSH, KLANG und OBJEKT-MANAGER sowie die Client-Programme WRITE und KARTEI.

Der Befehl **Objekt einfügen** des Menüs **Bearbeiten** öffnet ein Dialogfeld, das alle installierten Server-Programme zeigt. Wenn Sie das gewünschte Programm wählen und mit OK bestätigen, so können Sie

neue Objekte erzeugen und einbetten. Benutzen Sie jeweils den Befehl **Datei Aktualisieren** und **Datei Beenden** oder **Beenden & Zurück zu** <Dateiname>. Wenn Sie ohne Aktualisierung das Serverprogramm beenden wollen, so erhalten Sie, ähnlich wie bei unterlassener Speicherung von Änderungen, auch hier in einem Dialogfeld eine Warnung und die Möglichkeit, die Aktualisierung nachzuholen, falls gewünscht.

Mit dem Befehl **Verknüpfungen** des Menüs **Bearbeiten** erhalten Sie alle bestehenden Verknüpfungen mit ihrer Aktualisierungsart angezeigt.

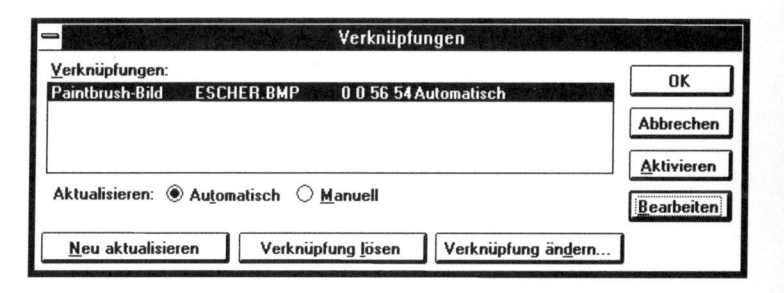

Unter **Aktualisieren** stehen Ihnen zwei Möglichkeiten zur Verfügung: Automatisch und Manuell. Wenn Sie manuelle Aktualisierung wählen, müssen Sie immer **Bearbeiten**, **Verknüpfungen** wählen und die Schaltfläche **Neu aktualisieren** anklicken, wenn Sie die Änderungen am Original für ein Objekt übernehmen wollen.

Die Schaltfläche **Verknüpfung lösen** hebt die Verknüpfung auf, beläßt die Kopie des Objektes jedoch in dem Dokument. Wenn Sie ein Objekt vollständig löschen wollen, so markieren Sie es und drücken dann die <ENTF-TASTE>.

Verknüpfung ändern erlaubt Ihnen, ein verknüpftes Objekt eines OLE-Servers durch ein anderes **des gleichen Programms** zu ersetzen. Sie müssen diesen Befehl zum Beispiel dann benutzen, wenn Sie ein Objekt umbenannt haben. Diese Schaltfläche öffnet ein Datei-Dialogfeld, wie Sie es bereits vom Speichern, Durchsuchen und Laden kennen. Sie brauchen nur die neue Objektdatei auszuwählen.

Die beiden Schaltflächen **Aktivieren** und **Bearbeiten** haben für PAINTBRUSH-Objekte die gleiche Bedeutung: PAINTBRUSH wird mit dem Objekt geladen, und Sie können es bearbeiten. Bei anderen Programmen, wie zum Beispiel KLANGRECORDER, haben sie unterschiedliche Bedeutung: **Aktivieren** spielt den Klang ab, **Bearbeiten** erlaubt, ihn zu verändern.

Es gibt eine einzige kleine Einschränkung beim Arbeiten mit Bildern. Dies ist die Tatsache, daß WRITE keinen Text **neben** einem Bild darstellen kann. Ansonsten können Sie das Bild ausschneiden, kopieren und löschen wie jeden normalen Text. Zusätzlich kann ein Bild mit den Befehlen **Bild verschieben** und **Bildgröße ändern** aus dem Menü **Bearbeiten** manipuliert werden. Dazu muß das Bild ausgewählt werden und kann dann **horizontal verschoben** oder in seinen Dimensionen verändert werden. Während des Änderns der Bildgröße wird in der Seitenstatusanzeige der **Änderungsfaktor** in der Form 1,3X/0,5Y angezeigt. Die besten Ergebnisse erhalten Sie, wenn Sie darauf achten, daß beide Zahlenwerte ganzzahlig und gleich sind.

Am Ende des Kapitels 3 hatten wir Ihnen ein Dokument vorgestellt, das wir mit Hilfe von PAINTBRUSH und WRITE erstellen wollten. Den Briefkopf haben Sie inzwischen gezeichnet, was noch fehlt, ist der folgende Text:

```
Herr
Peter Schmitz
Mühlenstieg 123

5000 Köln 4


Sehr geehrter Herr Schmitz,

wir erlauben uns, Ihnen folgende Positionen in Rechnung zu stellen.

Pos_Nr.    Artikel                Menge         Einzelpreis DM   Gesamtpreis DM

1          20x30 cm Fliesen       26,0 m²          26,95            700,70

2          Klebmörtel              4,0 Geb.        23,50             94,00

3          Zement PZ 35 F         10,0 Sack         6,95             69,50

4          Fugenweiß 5 KG          4,0 Geb.        15,95             63,80


                                  Warenwert                         928,00
                                  MwSt-Betrag                       129,92
                                                                 ----------
                                  Rechnungsbetrag                  1057,92
                                                                 ==========

Bitte überweisen Sie den Rechnungsbetrag innerhalb von 14 Tagen abzüglich 2% Skonto.
Innerhalb von 30 Tagen ohne Abzug.
Die Ware bleibt bis zur vollen Bezahlung unser Eigentum.
```

Übungen 19–20

19) Schreiben Sie diesen Text mit der Textverarbeitung WRITE. Richten Sie den Text und die Zahlen mit Hilfe entsprechender Tabulatoren aus. Fügen Sie das Firmenlogo als Bild aus PAINT-BRUSH ein.
20) Löschen Sie das Firmenlogo, und **verknüpfen** Sie den Text mit der Grafik. Stellen Sie die Verknüpfungsart auf **Manuell** ein.

5.13 OBJEKT-MANAGER

Im vorherigen Abschnitt haben wir bei den OLE-Server-Programmen auch den OBJEKT-MANAGER genannt. Dieses Programm ersetzt Objekte durch ein Symbol, das dann so im Dokument dargestellt wird wie zum Beispiel auch die Symbole der Programme im Fenster des PROGRAMM-MANAGERS.

Sie finden den OBJEKT-MANAGER in der Gruppe ZUBEHÖR als folgendes Icon:

Nach einem Doppelklick erscheint sein Anwendungsfenster. Es besteht aus den beiden Hälften **Darstellung** und **Inhalt**. Diese Aufteilung können Sie mit der Maus verändern. Hierzu zeigen Sie zuerst auf den senkrechten Trennbalken in der Mitte. Der Mauszeiger verwandelt sich dann in einen horizontalen Doppelpfeil mit senkrechtem Strich. Ziehen Sie nun den Trennbalken zur gewünschten Stelle.

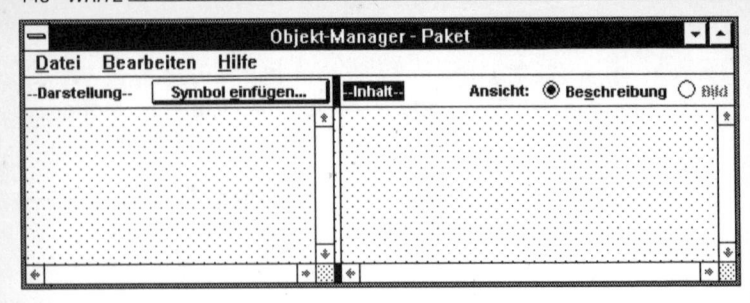

Im rechten Teil des Fensters erscheint entweder der Dateiname des Objektes, seine Beschreibung, wie zum Beispiel "Kopie von Paintbrush-Bild", oder das Objekt selbst, beispielsweise das Bild.
Der linke Teil zeigt das Symbol, das das Objekt im Dokument repräsentieren soll.
Wir wollen nun in das Dokument, das Sie in Übung 19 erstellt haben, ein Paket einbauen, das ein Spiel enthält.
Wählen Sie aus dem Menü **Datei** den Befehl **Importieren**. Es erscheint das nun schon oft benutzte Datei-Dialogfenster. Wählen Sie aus der Liste die Datei SOL.EXE und bestätigen Sie mit OK. Beide Teile des OBJEKT-MANAGER-Fensters sind jetzt gefüllt und zeigen Symbol und Beschreibung des Spiels SOLITÄR. Wir ändern jetzt das Symbol und seine Beschriftung. Um ein neues Symbol auszuwählen, klicken Sie auf die Schaltfläche **Symbol einfügen**. Das nun erscheinende Dialogfenster kennen Sie bereits vom PROGRAMM-MANAGER. Suchen Sie nach einem passenden Symbol. Klicken Sie auf das Menü **Bearbeiten** und dann auf den Befehl **Beschriftung**. Nun können wir als neuen Symboltext das Wort Zeitvertreib eintragen.
Zum Einbinden des Pakets in das Dokument wählen Sie **Bearbeiten** und **Paket kopieren**. Wechseln Sie nun zu WRITE, und klicken Sie auf **Bearbeiten** und **Einfügen**. Es erscheint das neue Symbol mit der gewählten Beschriftung. Nach einem Doppelklick startet SOLITÄR. Sobald Sie genug gespielt und Solitar beendet haben, erscheint wieder Ihr Dokument. Der **Doppelklick aktiviert** also immer ein Objekt. Klicken Sie einmal auf das Objekt, um es auszuwählen, und dann einmal auf den Menüpunkt **Bearbeiten**. Sie sehen neben dem Befehl **Objekt** die Objektbezeichnung **Paket** und ein nach rechts weisendes Dreieck. Klicken Sie nun einmal auf **Objekt Paket**. Ein kleines Zu-

satzfenster mit den Befehlen **Inhalt aktivieren** und **Paket bearbeiten** wird geöffnet. **Inhalt aktivieren** entspricht dem Doppelklick. Mit **Paket bearbeiten** wird das Ändern des eingebetteten Pakets durch den OBJEKT-MANAGER ermöglicht.

Übung 21

Erstellen Sie ein Paket mit dem DOS-Befehl zum Formatieren von Disketten. Wählen Sie im OBJEKT-MANAGER **Datei Neu**, **Bearbeiten Befehlszeile**, und tragen Sie hier den Befehl ein:

Format B:

Wählen Sie als Symbol die Disk aus PROGMAN.EXE:

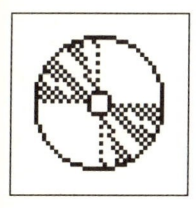

Fügen Sie das Paket mit passender Beschriftung in ein WRITE-Dokument ein.
Wie Sie selbst sehen konnten, bietet WRITE so ziemlich alles, was man von einer Textverarbeitung erwarten darf.

6 WINDOWS STEUERN

Schon in den ersten fünf Kapiteln konnten Sie erkennen, welche Leistungsfähigkeit hinter WINDOWS steckt. Dieses System muß man natürlich auch einstellen und verwalten. Für diese Steuerungsaufgaben stehen drei Programme zur Verfügung:

1) **Der TASK-MANAGER**
   Mit dem TASK-MANAGER verwalten Sie die laufenden Programme.
2) **Die SYSTEMSTEUERUNG**
   Mit diesem Programm passen Sie WINDOWS Ihren individuellen Wünschen an.
3) **Der DRUCK-MANAGER**
   Der DRUCK-MANAGER regelt im Hintergrund den Datenfluß zu einem oder mehreren Druckern.

6.1 Der TASK-MANAGER

Der TASK-MANAGER kann auf drei verschiedene Arten aufgerufen werden:
1) Befehl **Wechseln zu...** aus dem **Systemmenü**
2) Drücken von <STRG-TASTE>+<ESC-TASTE>
3) Doppelklicken an einer freien Stelle auf dem WINDOWS-Desktop.

Daraufhin erscheint das folgende Fenster:

In diesem Fenster werden alle Programme aufgelistet, die zur Zeit laufen.
Die sechs Schaltflächen haben folgende Bedeutung:

Wechseln zu Wechseln zu dem Programm, das in der Liste ausgewählt ist. Den gleichen Effekt erzielt man, wenn man auf dem Programmnamen in der Task-Liste doppelklickt.

Task beenden Beendet das markierte Programm. Mit diesem Befehl können auch Programme abgebrochen werden, die nicht für WINDOWS konzipiert sind. Für DOS-Programme sollte diese Option jedoch nur im Notfall verwendet werden, da es zu Datenverlusten und anderen Problemen führen kann. Nicht für WINDOWS geschriebene Programme (dBASE, Multiplan, WORD für DOS usw.) sollten stets ordnungsgemäß beendet werden.

Abbrechen Bricht den TASK-MANAGER ab.

Überlappend Ordnet die geöffneten Fenster überlappend an.

Nebeneinander Ordnet die geöffneten Fenster nebeneinander an.

Symbole anordnen Ordnet die Programmsymbole auf dem Desktop neu an.

6.2 Die SYSTEMSTEUERUNG

Die SYSTEMSTEUERUNG dient dazu, WINDOWS Ihren individuellen Bedürfnissen und Wünschen anzupassen.

So können Sie beispielsweise festlegen, wie die WINDOWS-Oberfläche aussehen soll, welche Farbe die Fensterrahmen haben sollen oder welche Drucker WINDOWS verwenden kann.
Die SYSTEMSTEUERUNG befindet sich im Ordner **Hauptgruppe**. Öffnen Sie diesen Ordner, und doppelklicken Sie das Symbol für die SYSTEMSTEUERUNG. Folgendes Fenster erscheint:

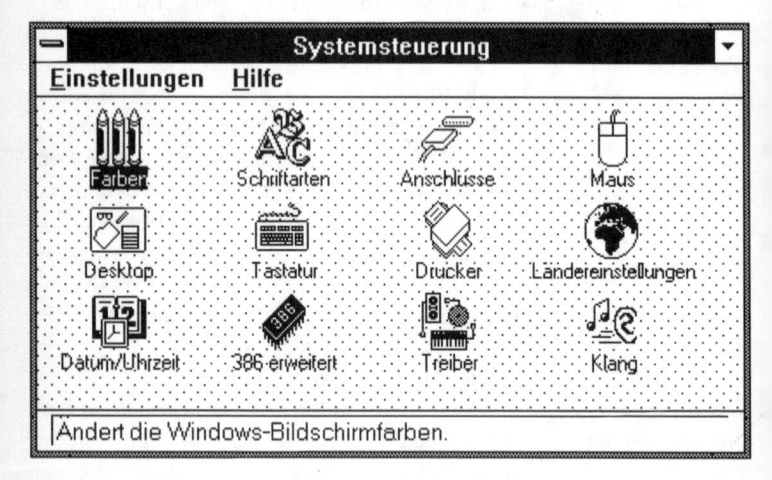

Das Aussehen dieses Fensters kann je nach verwendeter Hardware etwas anders ausfallen. Das Symbol für **386 erweitert** erscheint nur dann, wenn ein 386-Computer in diesem Modus gestartet wurde, und das Symbol für **Netzwerk** nur dann, wenn ein solches im Rechner eingebaut ist usw.

Die Einstellungen, mit denen Sie WINDOWS Ihrem Geschmack anpassen, werden in erster Linie in den Dateien WIN.INI, CONTROL.INI und SYSTEM.INI gespeichert und bei jedem Start wieder eingelesen. Mit Hilfe der SYSTEMSTEUERUNG können diese drei Dateien sehr komfortabel geändert werden.

Wenn Sie bereits mit älteren Versionen als WINDOWS 3.0 gearbeitet haben, werden Sie die Möglichkeiten der SYSTEMSTEUERUNG ganz besonders zu schätzen wissen. In den alten Versionen mußten alle Änderungen mit Hilfe des NOTIZBLOCK noch direkt in der Datei WIN.INI vorgenommen werden. Auch in WINDOWS 3.1 können die Änderungen mit Hilfe des EDITORS direkt durchgeführt werden. Es wird jedoch davon abgeraten, da fehlerhafte Eintragungen dazu führen können, daß das System nicht mehr startet bzw. fehlerhafte Resultate liefert. Die SYSTEMSTEUERUNG modifiziert die Dateien SYSTEM.INI, CONTROL.INI und WIN.INI für Sie.

Wollen Sie dennoch direkte Änderungen vornehmen, dann benutzen Sie den EDITOR oder SYSEDIT und bearbeiten damit diese Dateien. Bei einigen wenigen Änderungen müssen Sie sogar diesen Weg gehen, da Sie nicht alle Einstellungen über die SYSTEMSTEUERUNG modifizieren können.

Zu den beiden Dateien SYSTEM.INI und WIN.INI gibt es WRITE-Dateien, die einige der möglichen Einstellungen beschreiben. Es sind dies SYSINI.WRI und WININI.WRI. Falls Sie wirklich etwas ändern wollen, sollten Sie diese Dateien vorher sorgfältig durchlesen, eventuell Sicherungskopien von WIN.INI und SYSTEM.INI anlegen und nur die Änderungen durchführen, deren Auswirkungen Sie genau verstanden haben.

In den folgenden Abschnitten werden alle Einstellmöglichkeiten der SYSTEMSTEUERUNG im einzelnen beschrieben.

6.2.1 Farben

Für die folgende Liste von WINDOWS-Elementen können Sie Farben bzw. Muster festlegen, die zur Darstellung benutzt werden sollen.

- Desktop
- Programmarbeitsbereich
- Fensterhintergrund

- Fenstertext
- Menüleiste
- Menütext
- Aktive Titelleiste
- Inaktive Titelleiste
- Aktiver Titelleistentext
- Inaktiver Titelleistentext
- Aktiver Rahmen
- Inaktiver Rahmen
- Fensterrahmen
- Bildlaufleisten
- Schaltfläche
- Schaltflächenschatten
- Schaltflächentext
- Schaltflächenkante
- Deaktivierter Text
- Hervorhebung
- Aktivierter Text

Doppelklicken Sie dazu das Symbol für Farben. Es erscheint dieses Fenster:

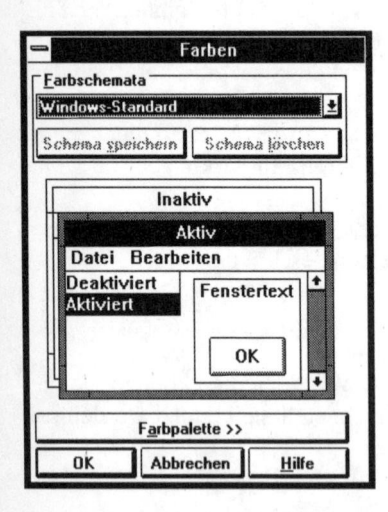

Ungefähr in der Mitte des Fensters sehen Sie eine Musteranzeige für die zur Zeit gültigen Farben. Darüber ist ein Kasten mit der Überschrift **Farbschemata**. In diesem Kasten finden Sie ein sogenanntes **Dropdown-Listenfeld**, zu erkennen an dem nach unten weisenden Pfeil. Ein solches Feld enthält eine Liste von Auswahlmöglichkeiten, die man durch Anklicken des Pfeils erhält. Öffnen Sie jetzt das Listenfeld! Die Begriffe, die Sie hier sehen, stehen für unterschiedliche Farb-/Musterkombinationen. Wenn Sie eines dieser Schemata auswählen, können Sie sofort in der Musteranzeige erkennen, wie es aussieht. So liefert das Farbschema Bordeaux eine Kombination aus dunkelroten und violetten Farben. Bei der Farbauswahl sind Sie nicht auf die mitgelieferten Vorgaben beschränkt, Sie können auch eigene Kombinationen zusammenstellen und dabei sogar eigene Farben entwerfen. Betätigen Sie dazu die Schaltfläche **Farbpalette >>**. Das Fenster vergrößert sich und sieht dann so aus:

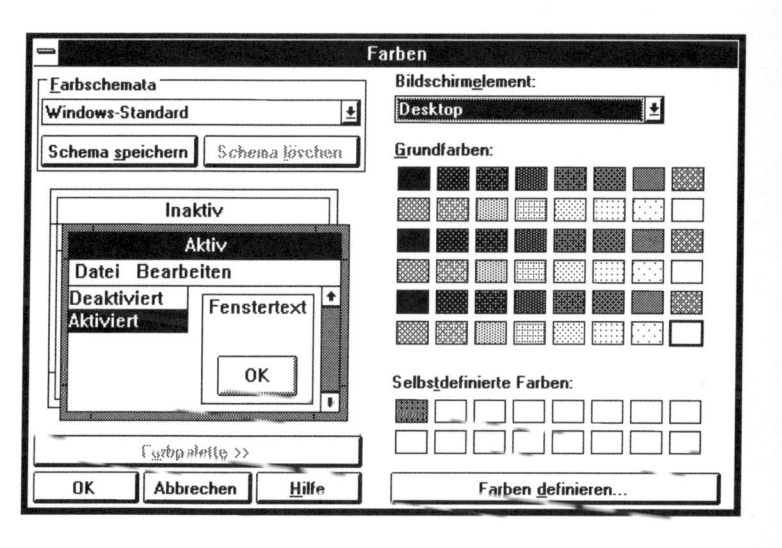

Es sind drei weitere Elemente erschienen. Das Listenfeld **Bildschirmelement** gestattet die Auswahl des Bildschirmelements, das eine neue Farbe bekommen soll. **Grundfarben** bietet eine Auswahl aus 48 definierten Farben. Das Feld **Selbstdefinierte Farben** erlaubt die Festlegung eigener Farbnuancen. Dazu betätigen Sie jetzt bitte die

Schaltfläche **Farben definieren ...**, die noch ein weiteres Fenster öffnet.

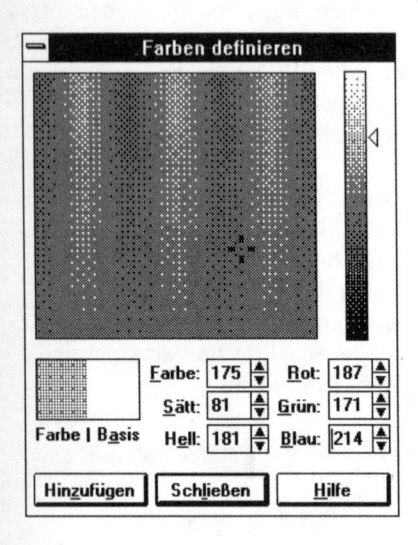

```
┌─────────────────────────────────────────┐
│  ═      Farben definieren               │
│  ┌──────────────────────────┬─────────┐ │
│  │                          │         │ │
│  │                          │       ◁ │ │
│  │                          │         │ │
│  │                          │         │ │
│  │                          │         │ │
│  └──────────────────────────┴─────────┘ │
│  ┌──────┐  Farbe: 175 ▲  Rot:  187 ▲   │
│  │      │  Sätt:   81 ▲  Grün: 171 ▲   │
│  │Farbe│Basis Hell: 181 ▲  Blau: 214 ▲  │
│  ┌──────────┐ ┌──────────┐ ┌──────────┐ │
│  │Hinzufügen│ │Schließen │ │  Hilfe   │ │
│  └──────────┘ └──────────┘ └──────────┘ │
└─────────────────────────────────────────┘
```

Sie können bis zu 16 Farben selbst definieren. Zur Auswahl dieser Farben können Sie zwei Methoden benutzen. Entweder wählen Sie mit der Maus direkt eine Farbe aus der großen Farbfläche aus, oder Sie betätigen die Bildlaufpfeile neben den Zahlenfeldern, um Farbe, Sättigung und Helligkeit einzustellen bzw. Rot-, Grün- und Blauanteile zu mischen.

Die geänderte Farbe wird in der linken Hälfte des Feldes **Farbe/Basis** angezeigt. Rechts daneben wird die **reine** Farbe dargestellt, die der Mischfarbe am nächsten kommt. Die reinen Farben können von Ihrem Rechner direkt dargestellt werden, während die Mischfarben mit einem Punktraster die gewünschte Farbe simulieren. Wünschen Sie die reine Farbe, dann doppelklicken Sie die rechte Hälfte oder drücken <ALT>+<A>.

Wenn Sie mit der erzeugten Farbe zufrieden sind, so wählen Sie aus der Palette der selbstdefinierten Farben ein Feld aus, in das die neue Farbe übertragen werden soll. Ist in diesem Feld bereits eine Farbe, wird sie durch die neue überschrieben. Betätigen Sie die Schaltfläche **Hinzufügen**, um die Farbe in Ihre Palette zu übernehmen. Wenn Sie

DIE SYSTEMSTEUERUNG 157

alle Änderungen durchgeführt haben, betätigen Sie **Schließen**.
Diese selbstdefinierten Farben können genauso verwendet werden wie die standardmäßig vorgegebenen.

Um die einzelnen WINDOWS-Elemente mit einer anderen Farbe zu versehen, wählen Sie entweder aus dem Listenfeld für die Bildschirmelemente aus, oder Sie klicken das Element in der Musteranzeige an. Für dieses ausgewählte Element klicken Sie in der Palette die gewünschte Farbe an und können sich direkt von der Wirkung überzeugen. Sind Sie mit der Kombination zufrieden, so betätigen Sie den OK-Schalter, und WINDOWS erscheint sofort in der neuen Farbenpracht.

Sie können Ihr selbstentworfenes Schema aber auch speichern. Dazu wählen Sie bitte den Schalter **Schema speichern** und geben der neuen Farbkombination einen Namen. Diesen Namen können Sie jetzt genau wie die Standardschemata auswählen, um die farbliche Gestaltung ihrer Arbeitsfläche zu ändern. Benötigen Sie ein Farbschema nicht mehr, so kann es mit **Schema löschen** entfernt werden. Mit OK oder Abbrechen kommen Sie wieder in die SYSTEMSTEUERUNG zurück.

6.2.2 Schriftarten

Wenn Sie das Symbol **Schriftarten** doppelklicken, werden in einem Dialogfeld alle bereits installierten Schriftarten aufgelistet. Zu der jeweils markierten erhalten Sie im unteren Teil des Dialogfeldes einen Beispieltext in teilweise verschiedenen Schriftgrößen. Zusätzlich wird darunter angegeben, ob es sich dabei um eine Bildschirm-, Plotter- oder TrueType-Schriftart handelt und wie groß die Schriftartdatei ist.

Bildschirmschriftarten haben fest vorgegebene Größen und werden von WINDOWS für Bildschirmausgaben benutzt.

Plotterschriftarten sind in der Größe frei skalierbar. Man bezeichnet sie auch als Vektorschriftarten. WINDOWS benutzt sie für Plotter, das sind Zeichengeräte, und Matrixdrucker.

TrueType-Schriftarten sind neu in WINDOWS 3.1. Sie werden sowohl für den Bildschirm als auch für Drucker benutzt. TrueType-Schriften sind ebenfalls frei skalierbar und sehen auf allen Geräten genau gleich aus. Sie sehen also bereits am Bildschirm exakt, wie Ihr gedrucktes Dokument aussehen wird.

Zusätzlich gibt es noch die **Druckerschriftarten**. Dies sind die in Ihrem Drucker fest eingebauten Schriftarten. Wenn Sie diese verwenden, sieht Ihr Dokument wahrscheinlich ganz anders aus, sobald Sie es auf einem anderen Drucker drucken lassen.

Möchten Sie – zusätzlich zu den mitgelieferten Schriftarten – weitere installieren, dann wählen Sie die Option **Schriftarten**. Betätigen Sie die Schaltfläche **Hinzufügen,** und legen Sie die Diskette mit den Schriften in das angegebene Laufwerk.

Wollen Sie eine Schriftart löschen, die nicht benötigt wird und nur unnötig Platz belegt, dann markieren Sie diese Schriftart. Im unteren Teil des Dialogfeldes können Sie an der Größenangabe feststellen, wieviel Platz freigegeben wird. Wählen Sie dann den Befehl **Löschen**.

Mit der Schaltfläche **TrueType** erhalten Sie das folgende Dialogfeld, mit dem Sie Optionen für die Verwendung dieser Schriftarten einstellen können.

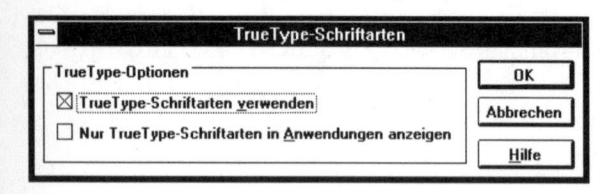

Die TrueType-Schriftarten belegen zusätzlichen Arbeitsspeicher in Ihrem Rechner. Wenn Sie daher Speicher sparen möchten, so deaktivieren Sie **TrueType-Schriftarten verwenden**. Die zweite Option wird daraufhin kontrastarm dargestellt, und WINDOWS benutzt nur noch Bildschirm-, Drucker- und Plotterschriftarten.

Aktivieren Sie jedoch beide Optionen, dann wird WINDOWS **Nur TrueType-Schriftarten in Anwendungen anzeigen**. Die anderen Schriftarten werden zwar weiter benutzt, aber nicht mehr angezeigt.

Nach einer Änderung der TrueType-Optionen müssen Sie **WINDOWS neu starten**.

6.2.3 Anschlüsse

Mit diesem Programm können Sie die Schnittstellen für die Datenübertragung COM1, COM2 usw. einstellen.

Dazu wählen Sie eine der dargestellten Schnittstellen aus und betätigen das Schaltfeld **Einstellungen**. Es erscheint folgendes Fenster:

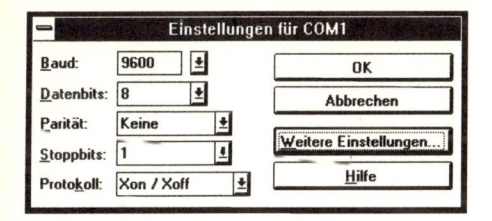

```
Einstellungen für COM1
Baud:      9600                OK
Datenbits: 8                   Abbrechen
Parität:   Keine               Weitere Einstellungen...
Stoppbits: 1                   Hilfe
Protokoll: Xon / Xoff
```

Wählen Sie die Einstellungen für Baudrate, Daten- und Stoppbits, die Parität sowie das Protokoll aus. Ihre Angaben werden für die gewählte Schnittstelle gespeichert. Schlagen Sie bitte auch in Kapitel 12 nach, in dem ausführliche Informationen zu diesem Thema gegeben werden.

Mit **Weitere Einstellungen** erhalten Sie ein zusätzliches Dialogfeld mit Angaben für das Betriebssystem. Sie brauchen hier nur dann neue Einstellungen zu wählen, wenn Sie neue oder zusätzliche Schnittstellen einbauen. Entnehmen Sie die notwendigen Einstellungen der Installationsanweisung zur Schnittstellenkarte. Ändern Sie sonst nichts an diesen Einstellungen!

```
Weitere Einstellungen für COM1
Ein-/Ausgabe-Adresse:   03F8           OK
Unterbrechungsanforderung (IRQ):        Abbrechen
                        4              Hilfe
```

Wenn Sie jedoch **Änderungen an der Ein-/Ausgabe-Adresse** vornehmen mußten, müssen Sie **anschließend WINDOWS neu starten**, damit die Änderungen benutzt werden.

6.2.4 Maus

Vier Einstellungen können bei der Maus geändert werden: die Geschwindigkeit, mit der sich der Mauszeiger über den Bildschirm bewegt; die Geschwindigkeit, mit der beim Doppelklicken gedrückt werden muß; ob der Mauszeiger eine Spur ziehen soll; ob die linke oder die rechte Maustaste benutzt werden soll. Letzteres wird die Linkshänder unter Ihnen interessieren.

Mit der **Mauszeigergeschwindigkeit** stellen Sie das Übersetzungsverhältnis zwischen Mausbewegung auf dem Tisch und Zeigerbewegung auf dem Bildschirm ein. Jede Änderung wird sofort wirksam und kann direkt überprüft werden.

Mit der **Doppelklickgeschwindigkeit** stellen Sie ein, wieviel Zeit Ihnen zwischen den einzelnen Mausbetätigungen beim Doppelklicken bleibt. Haben Sie die Geschwindigkeit zu schnell eingestellt, so kann unter Umständen der Doppelklick nicht mehr funktionieren. Sie können die Einstellung daher im Feld **TEST** ausprobieren. Bewegen Sie den Mauszeiger in dieses Feld, und versuchen Sie zu doppelklikken! Sind Sie schnell genug, wird das Feld invertiert, andernfalls sollten Sie mit der Geschwindigkeit zurückgehen.

Wählen Sie das Kontrollfeld **Linke/rechte Taste vertauschen** an, wenn Sie die Maus mit der linken Hand bedienen wollen. Diese Vertauschung wird sofort wirksam, so daß ein Rücktausch dann mit der rechten Maustaste gemacht werden muß.

Die Kontrollschaltfläche **Mausspur** ist für Laptop-Benutzer mit sogenannten LCD-Bildschirmen zu empfehlen. Diese Bildschirme können schnelle Mausbewegungen schlecht darstellen. Mit eingeschalteter Option zieht der Mauszeiger jedoch eine Spur wie eine Sternschnuppe und ist so sehr leicht zu verfolgen.

6.2.5 Desktop

Unter diesem Programmpunkt können Sie sieben verschiedene Einstellungen ändern:
- Muster,
- Anwendungsprogramme,
- Bildschirmschoner,
- Hintergrundbild,
- Symbole,
- Ausrichtungsgitter und
- Cursor-Blinkfrequenz.

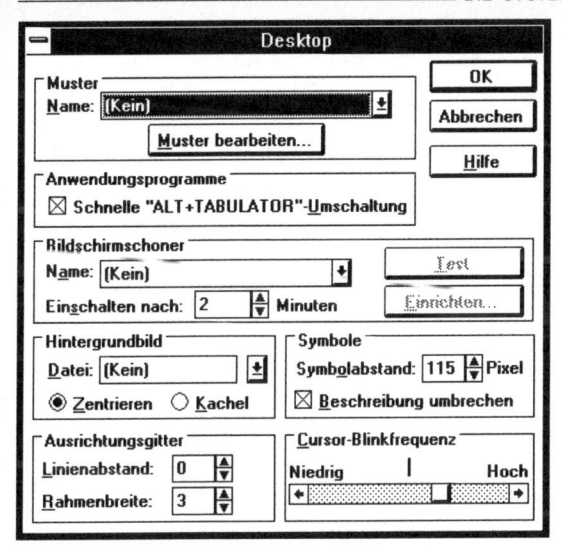

Zur Gestaltung des WINDOWS-Desktop stehen Ihnen drei Möglichkeiten zur Verfügung. Die erste besteht darin, der Desktop-Fläche eine einheitliche Farbe zu geben. Das haben Sie bereits kennengelernt. Die beiden anderen Methoden werden Sie nun kennenlernen.

Mit **Muster** legen Sie fest, welches Muster aus dem Listenfeld für den gesamten Hintergrund verwendet werden soll. Sollte Ihnen keine der Vorgaben gefallen, können Sie über die Schaltfläche **Muster bearbeiten** selbst etwas entwerfen.

Bei **Hintergrundbild** haben Sie die Wahl, eines der vorgefertigten PAINTBRUSH-Bilder oder eine Eigenkreation (jede Bitmapdatei mit der Endung BMP) als Hintergrund für den Bildschirm zu wählen. Wollen Sie das Bild **Zentrieren**, dann erscheint es im Originalformat mittig auf dem Bildschirm. Als **Kachel** dargestellt, füllt es den ganzen Hintergrund aus, indem es so oft wiederholt wird, bis die gesamte Fläche belegt ist. Ein solches Hintergrundbild belegt in der Regel viel mehr Speicherplatz als ein Muster. Daher sollten Sie auf ein Bild verzichten, wenn der Arbeitsspeicher Ihres Rechners knapp bemessen ist.

Ein weiteres Mittel zur Gestaltung des Layouts ist die Einstellung der **Symbolabstände**. Den Wert in Bildschirmpunkten verwendet WIN-

DOWS, um den Abstand zwischen Programm- und Dokumentsymbolen zu bestimmen. Wählen Sie diesen Abstand zu gering, kann es vorkommen, daß sich die Beschriftungen der zu Symbolen verkleinerten Programme am unteren Bildschirmrand überlappen. Bei ausgewähltem Kontrollfeld **Beschreibung umbrechen** wird dies verhindert. Die Beschreibungen erscheinen nun mehrzeilig. Die **Symbole in Gruppenfenstern** werden zwar im gleichen Abstand angeordnet, ihre Beschriftung wird jedoch **nicht umbrochen**.

Unter **Ausrichtungsgitter** stellen Sie mit **Rahmenbreite** die Breite der Fensterrahmen ein. Als Werte sind 1 bis 49 erlaubt. Der **Linienabstand** legt fest, in welchen Stufen die Fenster und Symbole auf dem Bildschirm bewegt werden können. Bei 0 können sie an beliebige Stellen positioniert werden. Je größer der Wert für Linienabstand wird, desto gröber ist das Gitternetz, nach dem sich die Fensterpositionen ausrichten. Erlaubte Werte sind 0 bis 49.

Für **Anwendungsprogramme** liefert Desktop eine Option für die **Schnelle "ALT+TABULATOR"-Umschaltung**. Solange sie angekreuzt ist, können Sie mit der Kombination <ALT>+<TABULATORTASTE> quasi durch die Anwendungsprogramme "blättern", die geladen sind. Wenn Sie diese Option deaktivieren, können Sie nur zwischen den zwei letzten Anwendungen hin- und herwechseln. Wenn Sie es sich während des "Blätterns" anders überlegt haben, drücken Sie nur einmal die <ESC-TASTE> bei gedrückter <ALT>-Taste, und die aktive Anwendung bleibt aktiv.

Bildschirmschoner sind Programme, die ständig die Eingabegeräte Tastatur und Maus auf Aktivitäten hin überprüfen. Stellen sie fest, daß über einen bestimmten Zeitraum keine Eingabe erfolgt ist, so erzeugen sie auf dem Bildschirm ständig wechselnde Muster, bewegte Bilder oder schalten auf schwarz um. Dadurch wird die Leuchtschicht auf der Innenseite der Bildschirmröhre geschont, und die Bildschirmanzeige kann sich nicht "einbrennen". WINDOWS bietet Ihnen die Auswahl aus fünf verschiedenen Bildschirmschonern.

Unter **Einschalten nach** legen Sie die Zeitspanne fest, die Sie untätig sein dürfen, bevor WINDOWS den Schoner aktiviert.

Mit der Schaltfläche **Test** können Sie die Funktion direkt testen. Sobald Sie die Maus bewegen oder eine Taste drücken, wird der Test abgebrochen.

Sofern ein Bildschirmschoner über Optionen verfügt, können Sie mit der Schaltfläche **Einrichten** Anpassungen vornehmen, wie zum Beispiel Farbeinstellungen, Ablaufgeschwindigkeit usw. ändern. Eine sehr nützliche Option bei vielen Bildschirmschonern ist das Kontrollfeld **Kennwortschutz**, das Sie über die Schaltfläche **Einrichten** erreichen. Wenn Sie diese Option wählen, können Sie nach Betätigen der Schaltfläche **Kennwort festlegen** ein Kennwort eingeben, das zur Kontrolle in einem zweiten Eingabefeld wiederholt werden muß. Wenn der Bildschirmschoner danach eingeschaltet wird, erscheint nach einer Mausbewegung oder einem Tastendruck das folgende oder ein ähnliches Fenster:

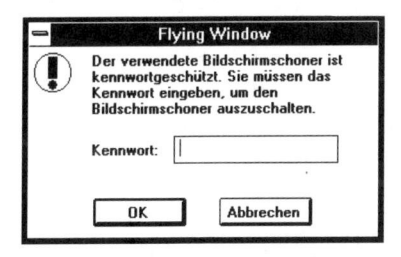

Jetzt können Sie die Arbeit nur dann fortsetzen, wenn Sie das Paßwort kennen! Ihr Rechner ist also während Ihrer Abwesenheit einigermaßen vor Fremdbenutzung geschützt.

Die letzte Einstellmöglichkeit dient der Veränderung der **Cursor-Blinkfrequenz**.

6.2.6 Netzwerk

Dieses Symbol erscheint nur, wenn Sie ein Netzwerk installiert haben. Das Aussehen des Dialogfeldes hängt davon ab, um welches Netzwerk es sich handelt.

Mögliche Einstellungen können beispielsweise sein:
- die An- und Abmeldung im Netz
- das Ändern von User-ID und Paßwort

- die Versendung von Meldungen an andere Netzwerkbenutzer
- Aufbau der Netzwerkanschlüsse beim Start von WINDOWS

6.2.7 Drucker

Die Option mit den bei weitem umfangreichsten Einstellungsmöglichkeiten behandelt die Drucker. Nachdem Sie das Symbol gedoppelklickt haben, erscheint dieses Fenster:

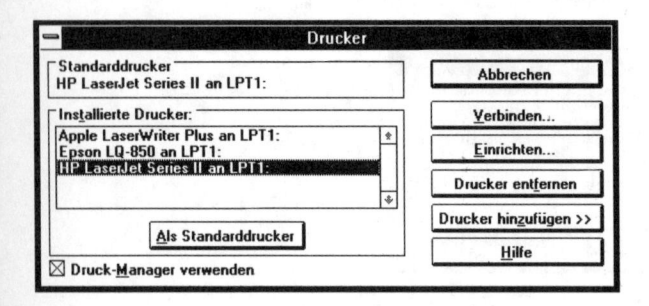

Bevor Sie beginnen, einen Drucker zu installieren, wollen wir noch einige grundlegende Bemerkungen machen:
Einer der großen Vorteile von WINDOWS ist, daß die Zusammenarbeit aller Programme mit dem installierten Drucker einheitlich ist. Wenn Sie Ihren Drucker einmal eingerichtet haben, dann können ihn alle WINDOWS-Programme problemlos benutzen. Sie müssen nicht wie bisher den Drucker jedem Programm neu anpassen.
Der erste Schritt bei der Installation ist die Auswahl des richtigen Druckertreibers für Ihren Drucker. Hier fangen die Probleme schon an. Es kann durchaus sein, daß WINDOWS für Ihren Drucker keinen Treiber bereitstellt. Das ist jedoch nicht weiter störend, wenn man weiß, daß dieser Drucker so eingestellt werden kann, daß er sich wie ein anderer Drucker verhält, für den WINDOWS einen Druckertreiber bietet. So können Nadeldrucker in der Regel so eingestellt werden, daß sie entweder einen IBM-Graphics-Drucker oder einen Epson-Drucker emulieren. Bei Laserdruckern ist mit ziemlicher Sicherheit die Option vorhanden, sie in einer HP-LaserJet Emulation zu betreiben. Anders gesagt, haben Sie bei fast allen Druckern die Möglichkeit, aus mehreren sogenannten Emulationen auszuwählen.

Da sehr wahrscheinlich IBM-, Epson- oder HP-Emulationen zur Verfügung stehen, ist die Wahl des Druckertreibers dann auch kein großes Problem mehr.

Die andere Möglichkeit ist die, daß der Hersteller des Druckers zu seinem neuen Modell auch gleich den passenden WINDOWS-Treiber mitliefert.

Grundsätzlich läßt sich sagen: Je besser Sie Ihren Drucker kennen, desto weniger Probleme werden Sie mit ihm haben. Es empfiehlt sich daher, auch das Druckerhandbuch sorgfältig zu studieren.

Druckerinstallation
Wenn Sie bei der Installation von WINDOWS noch keinen Drucker ausgewählt hatten oder nachträglich einen weiteren einrichten wollen, dann gehen Sie folgendermaßen vor:
Wählen Sie aus dem Fenster **Drucker** die Schaltfläche **Drucker hinzufügen >>** aus. Jetzt öffnet sich eine Liste mit allen zur Verfügung stehenden Druckertreibern.

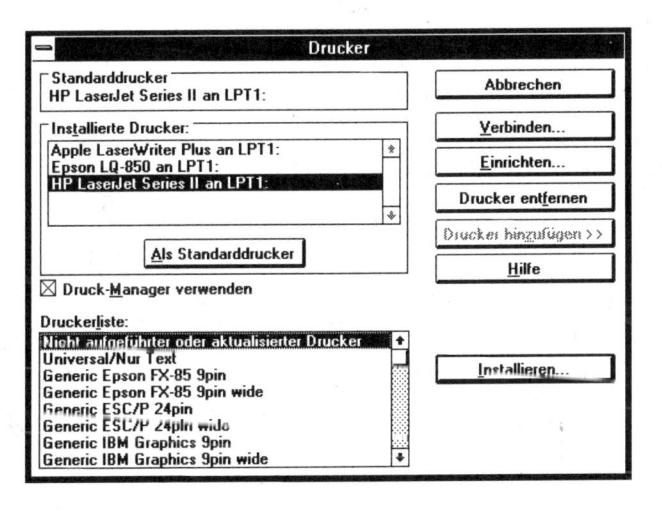

Wählen Sie den Treiber für Ihren Drucker. Falls Sie einen Treiber von einem Druckerhersteller haben, der nicht in der Liste enthalten ist, wählen Sie **Nicht aufgeführter oder aktualisierter Drucker**. Im Normalfall wird WINDOWS Sie jetzt auffordern, die Diskette mit dem Druckertreiber einzulegen, damit der Treiber auf die Festplatte kopiert werden kann. Nach dem Kopieren erscheint der Name des Druckertreibers in der Liste der installierten Drucker.

Druckeranschluß
Der nächste Schritt besteht darin, WINDOWS mitzuteilen, über welche Schnittstelle der Drucker angesprochen werden kann. Dazu wählen Sie jetzt die Schaltfläche **Verbinden...** aus. Es erscheint das folgende Fenster:

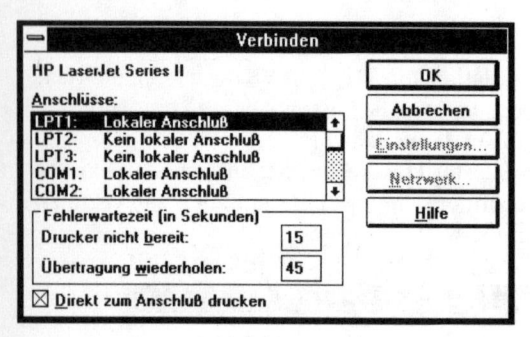

```
┌─────────────────────────────────────────────────────┐
│ ─              Verbinden                            │
│ HP LaserJet Series II              ┌─────────────┐  │
│                                    │     OK      │  │
│ Anschlüsse:                        └─────────────┘  │
│ LPT1:    Lokaler Anschluß      ↑   ┌─────────────┐  │
│ LPT2:    Kein lokaler Anschluß     │  Abbrechen  │  │
│ LPT3:    Kein lokaler Anschluß     └─────────────┘  │
│ COM1:    Lokaler Anschluß          ┌─────────────┐  │
│ COM2:    Lokaler Anschluß      ↓   │Einstellungen│  │
│ ┌─Fehlerwartezeit (in Sekunden)─┐  └─────────────┘  │
│ │ Drucker nicht bereit:   [ 15 ]│  ┌─────────────┐  │
│ │                               │  │  Netzwerk   │  │
│ │ Übertragung wiederholen:[ 45 ]│  └─────────────┘  │
│ └───────────────────────────────┘  ┌─────────────┐  │
│ ⊠ Direkt zum Anschluß drucken      │    Hilfe    │  │
│                                    └─────────────┘  │
└─────────────────────────────────────────────────────┘
```

Hier wählen Sie die Schnittstelle, an der Ihr Drucker angeschlossen ist. Die Bezeichnung LPT1 steht für die erste parallele Schnittstelle. Hier werden die Drucker in der Regel angeschlossen. Die Abkürzung COM1 steht für die erste serielle Schnittstelle. Sie wird häufig für Plotter benutzt. Bei Auswahl einer seriellen COM-Schnittstelle können Sie die dann aktive Schaltfläche **Einstellungen** benutzen, um den Anschluß auf die Übertragungsparameter Ihres Druckers einzustellen. Die Bezeichnung FILE steht für die Druckausgabe in eine Datei.

Druckereinrichtung
Die Druckereinrichtung dient dazu, die noch fehlenden Informationen einzugeben, damit der Drucker korrekt benutzt werden kann. Dazu wählen Sie aus dem Fenster **Drucker** die Schaltfläche **Einrichten**. Welches Fenster sich jetzt öffnet, hängt davon ab, welchen Drucker Sie installieren wollen. Aus diesem Grund können wir Ihnen keine allgemeingültige Beschreibung dieses Vorgangs liefern. Die nächsten beiden Abbildungen zeigen am Beispiel eines 24-Nadel-

druckers und des HP-LaserJets, welche Einstellungen vorkommen können.

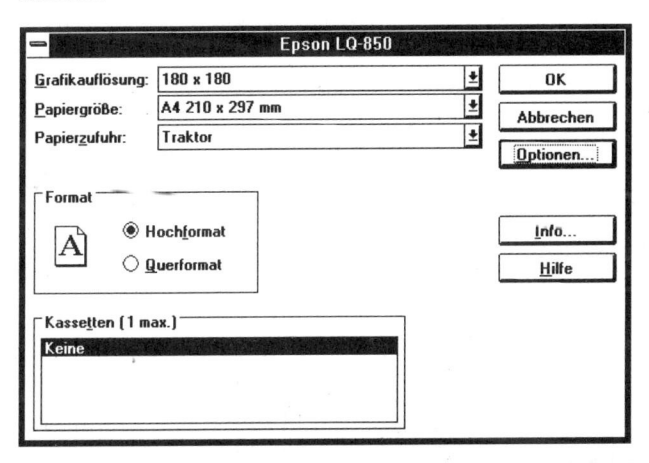

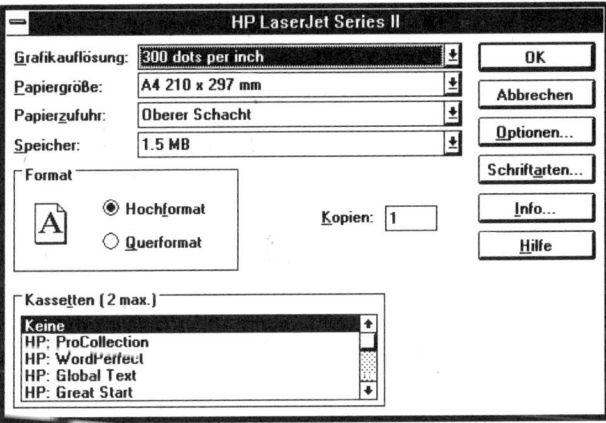

Epson LQ-850

Grafikauflösung:	180 x 180
Papiergröße:	A4 210 x 297 mm
Papierzufuhr:	Traktor

Format: ◉ Hochformat ○ Querformat

Kassetten (1 max.): Keine

Schaltflächen: OK, Abbrechen, Optionen..., Info..., Hilfe

HP LaserJet Series II

Grafikauflösung:	300 dots per inch
Papiergröße:	A4 210 x 297 mm
Papierzufuhr:	Oberer Schacht
Speicher:	1.5 MB

Format: ◉ Hochformat ○ Querformat   Kopien: 1

Kassetten (2 max.):
- Keine
- HP: ProCollection
- HP: WordPerfect
- HP: Global Text
- HP: Great Start

Schaltflächen: OK, Abbrechen, Optionen..., Schriftarten..., Info..., Hilfe

Bietet Ihr Drucker unterschiedliche **Auflösungen beim Grafikdruck**, dann müssen Sie sich hier entscheiden, welche Sie benutzen möchten: eine hohe, die sehr gute Grafiken liefert, aber lange für den Druck braucht, oder eine grobe Auflösung, mit der Grafiken schnell zu Papier gebracht sind, die aber keine sehr guten Bilder liefert.

Eine sehr wichtige Einstellung betrifft die **Größe** des verwendeten **Papiers**. Wählen Sie die Größe aus der Liste.

Bei vielen Druckern können mehrere Behälter (Einzugschächte)

oder ein Traktor für die **Papierzufuhr** benutzt werden. Geben Sie hier an, welche Möglichkeit Sie benutzen wollen.

Bei einem Laserdrucker ist die **Größe des Speichers** besonders dann wichtig, wenn größere, hochauflösende Grafiken gedruckt werden sollen. Diesen Wert tragen Sie bitte ebenfalls ein. Haben Sie Probleme beim Ausdruck von Grafiken, dann kann es nötig sein, daß Sie Ihren Drucker mit Zusatzspeicher aufrüsten.

Die Einstellung des Formats kann bei den meisten Druckern gewählt werden. Soll der Druck im **Hochformat** (englisch: portrait) oder im **Querformat** (englisch: landscape) erfolgen? Das Hochformat ist für die meisten Anwendungen das günstigste. Eine Ausnahme bilden Tabellenkalkulationsprogramme, bei denen häufig viele Informationen nebeneinander dargestellt werden müssen. In diesem Fall benutzt man das Querformat.

Die Angabe über die verfügbaren **Kassetten** trifft meist nur für Laserdrucker zu. Hier wählen Sie aus, welche zusätzlichen Schriftarten für den Drucker auf Kassette bereitstehen.

Mit der Schaltfläche **Optionen** werden weitere Angaben für Grafikdrucke festgelegt. Mit **Farbmischung** wird bestimmt, in welche Grauabstufungen Farben umgesetzt werden sollen.

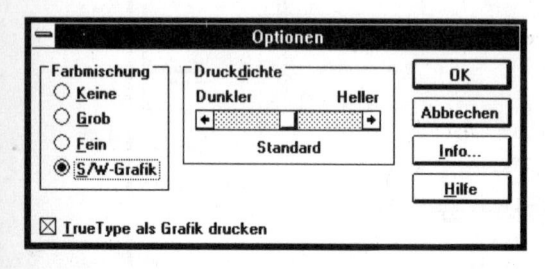

Achtung:
Bei einigen Laserdruckern muß man die Option **TrueType als Grafik drucken** wählen, wenn diese Schriftarten benutzt werden sollen!

Wollen Sie sogenannte **Softfonts** benutzen, das sind Schriftarten, die vor einer Nutzung in den Speicher des Druckers geladen werden müssen, dann wählen Sie die Schaltfläche **Schriftarten** aus. Hier teilen Sie WINDOWS mit, unter welchem Namen es die Schriften finden kann.

Standarddrucker wählen

Ein Standarddrucker ist der Drucker, den viele WINDOWS-Programme automatisch benutzen, wenn der Befehl **Drucken** gewählt wird. Die Auswahl geschieht einfach dadurch, daß Sie im Feld **Installierte Drucker** den Standarddrucker Ihrer Wahl doppelklicken oder ihn auswählen und die Schaltfläche **Als Standarddrucker** benutzen. Er erscheint daraufhin im Feld **Standarddrucker**.

Druck mit/ohne Druck-Manager

Wenn Sie die Option **Druck-Manager verwenden** ankreuzen, werden alle Dokumente über den DRUCK-MANAGER ausgegeben, und Sie können während des Druckens weiterarbeiten. Außerdem besteht die Möglichkeit, die einzelnen Druckaufträge noch nachträglich zu bearbeiten, was beispielsweise in einem Netzwerk sehr nützlich sein kann. Schalten Sie diese Option aus, müssen Sie mit Ihrer Arbeit so lange warten, bis das komplette Dokument an den Drucker übertragen worden ist.

Weitere Informationen zum Umgang mit dem DRUCK-MANAGER finden Sie weiter hinten in diesem Kapitel.

6.2.8 Ländereinstellung

Bei der Option Ländereinstellung können Sie WINDOWS auf die besonderen Gegebenheiten eines Landes, wie beispielsweise Währungsformat, Zahlendarstellung oder Maßsystem einstellen. Die meisten der Einstellmöglichkeiten sind selbsterklärend. Die folgenden Optionen wollen wir kurz erläutern:

Land	Hier geben Sie das Land ein, dessen Grundeinstellung Sie verwenden möchten. Haben Sie ein Land gewählt, werden alle anderen Einstellungen mit der Standardeinstellung für dieses Land belegt.
Sprache	Sie dient bei WINDOWS-Anwendungen zu Festlegungen wie beispielsweise der Sortierreihenfolge oder der Groß-/Kleinschreibung.
Tastaturlayout	Es definiert, welche landesspezifischen Bedeutungen die einzelnen Tastenanschläge haben sollen (Sonderzeichen etc.).
Maßsystem	Metrisches oder englisches Maßsystem.

Listentrennzeichen Im Englischen wird beispielsweise in einer Liste von Zahlen jedes Element vom anderen durch Komma getrennt. Im Deutschen würde man ein Semikolon wählen.

6.2.9 Tastatur

Mit dieser Option legen Sie fest, wie schnell die Tastatur auf eine gedrückte Taste reagieren soll. Haben Sie für die **Tastaturgeschwindigkeit** eine hohe **Wiederholrate** gewählt und halten eine Taste gedrückt, wird das gedrückte Zeichen sehr schnell wiederholt, im anderen Fall relativ langsam. Mit **Verzögerung** können Sie die Zeitspanne festlegen, die WINDOWS nach Drücken einer Taste verstreichen läßt, bevor auf "Dauerfeuer" umgeschaltet wird. Sie können ausprobieren, ob Ihnen die Geschwindigkeit zusagt, indem Sie im Testfeld eine Taste gedrückt halten.

6.2.10 Datum/Uhrzeit

Die Auswahl dieser Option gestattet Ihnen das Einstellen der Uhrzeit und des Datums. Diese Funktion ersetzt die DOS-Befehle TIME und DATE. Zum Einstellen markieren Sie mit der Maus den zu ändernden Wert. Sie erinnern sich, daß Sie dazu den Mauszeiger über den Bereich ziehen müssen. Durch Anklicken der Pfeile wird die markierte Zahl vergrößert oder verkleinert. Mit OK bestätigen Sie die Änderung, mit Abbrechen nehmen Sie sie zurück.

6.2.11 Klang

Hiermit legen Sie fest, welcher Klang bei bestimmten Systemereignissen – darunter versteht man beispielsweise den WINDOWS-Start und das Programmende, fehlerhafte Bedienung usw. – benutzt werden soll. Damit Sie diese Funktion nutzen können, muß Ihr Rechner mit einer Soundkarte ausgerüstet sein (siehe Kapitel 13)! Ohne Soundkarte benutzt WINDOWS für diese Ereignisse einen einfachen Piepton. Die nächste Abbildung zeigt das Dialogfeld für KLANG.

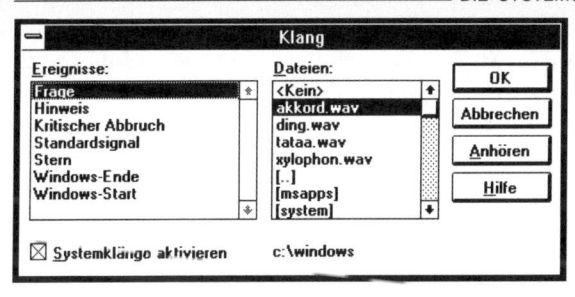

Wählen Sie aus dem Feld **Ereignisse** das Ereignis, dem Sie einen bestimmten Klang zuordnen wollen. Im Feld Dateien wird anschließend der gewünschte Klang ausgewählt. Hierbei kann jede beliebige WAV-Datei aus einem beliebigen Verzeichnis ausgewählt werden. Die Schaltfläche **Anhören** erlaubt es Ihnen, den Klang zu testen, bevor Sie ihn mit OK einschalten.

Klänge abschalten
Wenn Sie einzelnen Ereignissen keinen Klang zuordnen wollen, so wählen Sie zum entsprechenden Ereignis aus dem Feld **Dateien** **<Kein>** aus. In diesem Fall ertönt nur ein einfacher Piepton beim Eintreten des markierten Ereignisses.
Soll überhaupt nichts zu hören sein, dann deaktivieren Sie das Kontrollkästchen **Systemklänge aktivieren**. Diese Einstellung gilt für alle Systemereignisse außer WINDOWS-Start und WINDOWS-Ende.

6.2.12 Erweiterter Modus für 386-PC

Wenn Sie einen 386-PC Ihr eigen nennen und mindestens zwei MB Hauptspeicher installiert haben, startet WINDOWS im erweiterten 386-Modus.
In dieser Betriebsart besteht der Zugriff auf die virtuellen Speichermöglichkeiten des Intel 80386 Prozessors. Das bedeutet nichts anderes, als daß Sie mehr Speicherkapazität einsetzen können, als eigentlich vorhanden ist. Außerdem erlaubt dieser Modus Multitasking für Programme, die nicht für WINDOWS konzipiert sind. Multitasking bedeutet so viel wie gleichzeitiges Laufen mehrerer Programme.
In welchem der beiden möglichen Modi, Standard oder 386-erwei-

tert, sich WINDOWS befindet, können Sie im PROGRAMM-MA-NAGER unter dem Menüpunkt **Hilfe** und dem Befehl **Info** finden, oder Sie benutzen das Programm WINVER aus unserer Gruppe PROJEKT1.

Der 386-Modus benötigt einige weitere Angaben, um optimal arbeiten zu können. Da in diesem Modus mehrere Programme quasi gleichzeitig laufen können, ist es möglich, daß zwei oder mehr Programme zur gleichen Zeit einen Drucker oder ein Modem benötigen. Für diesen Fall ist die **Gerätekonkurrenz** zuständig.

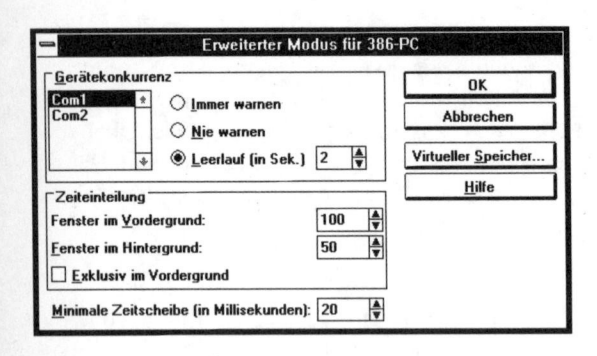

Immer warnen	Diese Option legt fest, daß immer eine Warnung erfolgt, wenn ein Programm auf ein Gerät zugreifen will, das bereits benutzt wird. In der Meldung werden Sie gefragt, welches Programm das Gerät benutzen darf.
Niemals warnen	Diese Einstellung ist mit Vorsicht zu verwenden. In diesem Fall kann es vorkommen, daß beide Programme das Gerät gleichzeitig benutzen. Das kann dann zum Beispiel zu unbrauchbaren Ausdrucken führen.
Leerlauf	Legt fest, wie viele Sekunden vergehen müssen, bevor das zweite Programm auf das Gerät zugreifen kann.

Die nächste Gruppe von Einstellungen bezieht sich auf die Multitasking-Fähigkeiten von WINDOWS.
In den Feldern **Fenster im Vordergrund** und **Fenster im Hintergrund**

geben Sie das Verhältnis an, mit dem sich Programme die Rechenzeit teilen. Mit **Vordergrund** ist das aktive Fenster gemeint. Alle anderen Programme laufen dann im Hintergrund. Die absoluten Werte, die Sie eintragen, haben keine Bedeutung. Es kommt nur auf das Verhältnis der beiden Zahlen an (siehe auch Kapitel 16). **Exklusiv im Vordergrund** besagt, daß immer dann, wenn ein WINDOWS-Programm im Vordergrund ist, alle WINDOWS-Programme laufen, jedoch keines der Programme, die nicht für WINDOWS geschrieben wurden.

Die Schaltfläche **Virtueller Speicher** öffnet ein weiteres Dialogfeld.

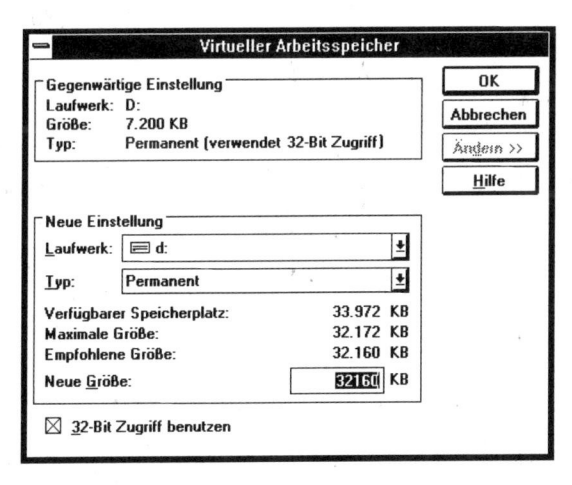

```
┌─────────────────────────────────────────────────────┐
│               Virtueller Arbeitsspeicher            │
├─────────────────────────────────────────────────────┤
│ ┌─Gegenwärtige Einstellung─────┐      ┌─────────┐   │
│   Laufwerk: D:                         │   OK    │   │
│   Größe:    7.200 KB                   ├─────────┤   │
│   Typ:      Permanent (verwendet 32-Bit Zugriff)│ Abbrechen │
│                                        ├─────────┤   │
│                                        │ Ändern >>│   │
│                                        ├─────────┤   │
│                                        │  Hilfe  │   │
│                                        └─────────┘   │
│ ┌─Neue Einstellung────────────────────────────────┐ │
│   Laufwerk: [ d: ]                                  │
│   Typ:      [ Permanent ]                           │
│   Verfügbarer Speicherplatz:   33.972 KB            │
│   Maximale Größe:              32.172 KB            │
│   Empfohlene Größe:            32.160 KB            │
│   Neue Größe:                  [32160] KB           │
│                                                     │
│ ☒ 32-Bit Zugriff benutzen                           │
└─────────────────────────────────────────────────────┘
```

Unter **virtuellem Speicher** versteht man, einfach ausgedrückt, Festplattenspeicher, der von WINDOWS zusätzlich benutzt wird, um einen größeren Arbeitsspeicher zu simulieren. Dieser Speicher auf der Festplatte heißt auch **Auslagerungsdatei**. In diesem Dialogfenster können Sie durch Betätigen der Schaltfläche **Ändern** diese Auslagerungsdatei entfernen, neu festlegen und bestimmen, ob sie temporär oder permanent angelegt werden soll.

Hinweis:
Die besten Ergebnisse erhalten Sie, wenn Sie die vorgeschlagene Größe akzeptieren und sie als permanente Datei mit 32-Bit-Zugriff anlegen. Dies ist jedoch **nicht bei allen Festplatten** möglich.

6.2.13 Treiber

Dieses Programm dient zum Installieren und Einrichten von Treibern für spezielle Zusatz-Hardware Ihres Computers, wie Soundkarten, Pen-Tabletts usw.

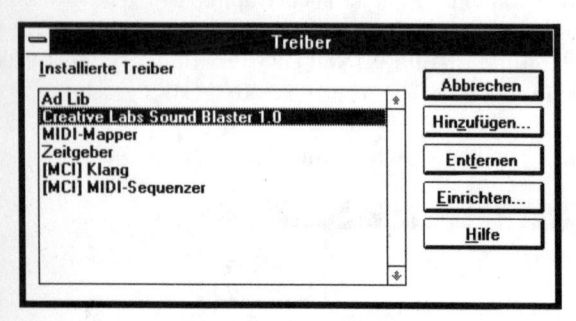

```
┌─────────────────────────────────────────────┐
│                  Treiber                    │
│ Installierte Treiber                        │
│ ┌─────────────────────────┐  ┌───────────┐  │
│ │ Ad Lib                  │  │ Abbrechen │  │
│ │ Creative Labs Sound Blaster 1.0 │          │
│ │ MIDI-Mapper             │  │ Hinzufügen...│ │
│ │ Zeitgeber               │  ├───────────┤  │
│ │ [MCI] Klang             │  │ Entfernen │  │
│ │ [MCI] MIDI-Sequenzer    │  ├───────────┤  │
│ │                         │  │ Einrichten...│ │
│ │                         │  ├───────────┤  │
│ │                         │  │   Hilfe   │  │
│ └─────────────────────────┘  └───────────┘  │
└─────────────────────────────────────────────┘
```

Treiber dienen dazu, die Steuerung von Geräten durch WINDOWS zu ermöglichen. Die Treiber für Tastatur, Maus, Bildschirm, Länderunterstützung und Drucker werden nicht mit diesem Programm, sondern mit SETUP aus der HAUPTGRUPPE oder eigenen Programmen der SYSTEMSTEUERUNG eingerichtet.

Hinweis:
Neue Versionen eines bereits installierten Treibers können nur dann hinzugefügt werden, wenn der alte Treiber vorher entfernt wurde!

Treiber installieren/aktualisieren
Starten Sie das Programm **Treiber**. Wenn ein Treiber aktualisiert werden soll, wählen Sie den alten Treiber aus und klicken auf **Entfernen**. Anschließend betätigen Sie **Hinzufügen**. Wählen Sie einen vorhandenen Treiber oder, wenn ein Treiber eines anderen Herstellers installiert werden soll, **Nicht aufgeführter oder aktualisierter Treiber** und folgen den Anweisungen zum Einlegen der Treiberdiskette. Anschließend wählen Sie alle für den Treiber notwendigen Einstellungen. Damit die neuen Treiber wirksam werden, wählen Sie zum Schluß aus dem sich öffnenden Hinweisfenster **Neustart**.
Bei einigen Treibern können weitere Anpassungen vorgenommen werden. Wenn dies der Fall ist, wird die Schaltfläche **Einrichten** aktiviert und kann betätigt werden, um die zusätzlichen Optionen einzustellen.

6.2.14 MIDI-Mapper

MIDI steht für den englischen Ausdruck Musical Instrumental Digital Interface und bedeutet so viel wie "Digitale Schnittstelle für Musikinstrumente". Hierunter versteht man eine Quasi-Norm für die Steuerung externer Musikgeräte durch den Computer. Der MIDI-Mapper dient dem Auswählen und Bearbeiten eines MIDI-Setups, um MIDI-Informationen an einen externen Synthesizer übertragen zu können.

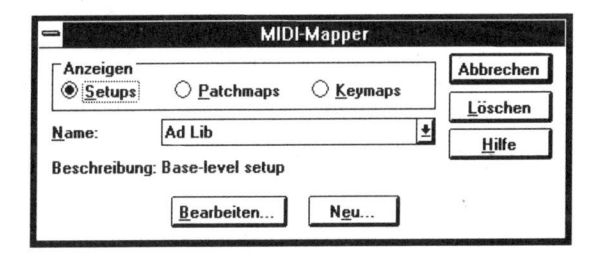

Wenn Sie Geräte verwenden, die mit MIDI ausgerüstet sind, können Sie hier die benötigten Einstellungen vornehmen.
Bei der Installation von WINDOWS sind bereits mehrere Setups für verschiedene Soundkarten und Synthesizer eingerichtet worden. Die Auswahl eines dieser mitgelieferten Setups kann nach dem Start des **MIDI-Mapper** und Öffnen der Liste **Name** erfolgen. Wählen Sie hieraus das gewünschte Setup.
Der MIDI-Mapper erlaubt auch das Ändern und Anlegen neuer Setup-Dateien. Da dies jedoch ein umfangreiches Wissen über den Umgang mit MIDI erfordert, möchten wir an dieser Stelle auf weiterführende Literatur zu diesem Thema verweisen.

6.3 Der DRUCK-MANAGER

Zu Beginn dieses Kapitels haben Sie gesehen, wie man Drucker installiert und dabei angeben kann, ob der DRUCK-MANAGER verwendet werden soll.

Druck-Manager

Haben Sie diese Option ausgewählt, so senden alle WINDOWS-Programme Druckdateien an den DRUCK-MANAGER, der seinerseits die eigentliche Ausgabe übernimmt. Da er seine Aufgabe im Hintergrund ausführt, können Sie mit Ihrem Programm schnell wieder weiterarbeiten.

Beachten Sie, daß der DRUCK-MANAGER nur funktionieren kann, wenn Sie mit WINDOWS-Programmen arbeiten. Haben Sie DOS-Anwendungen aus WINDOWS heraus gestartet, dann kann der Druck auch nur über DOS abgewickelt werden.

6.3.1 Die Druckerwarteschlange

Der DRUCK-MANAGER wird jedesmal automatisch gestartet, sobald eine WINDOWS-Anwendung zu drucken beginnt. Er sammelt alle Druckaufträge in einer Liste, die **Druckerwarteschlange** heißt. Wenn Sie den DRUCK-MANAGER doppelklicken, wird er geöffnet.

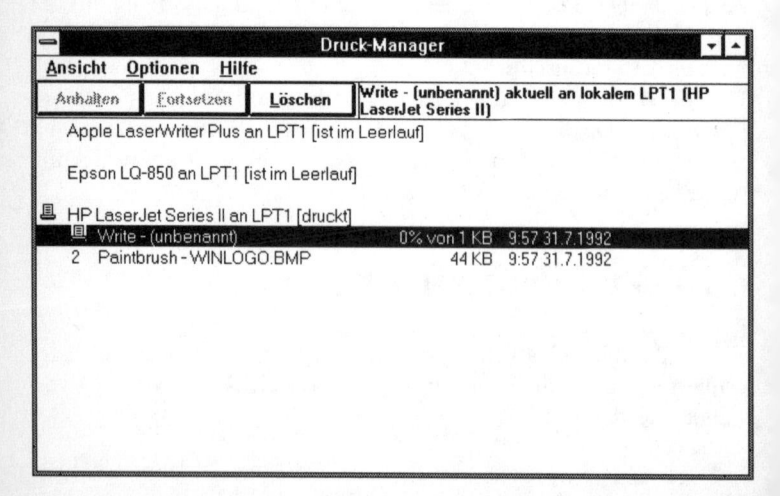

Sie sehen im obigen Beispiel, daß zwei Aufträge in der Warteschlange stehen. Der oberste ist derjenige, der als nächster gedruckt wird. Er ist durch ein kleines Druckersymbol markiert; alle anderen sind durchnumeriert. Welche Angaben noch angezeigt werden, hängt davon ab, was Sie unter dem Menüpunkt **Ansicht** eingestellt haben. An dieser Stelle können Sie einstellen, daß **Uhrzeit und Datum** des Druckauftrags und die **Größe** des Ausdrucks angezeigt werden.

Die Befehle des DRUCK-MANAGERS, die sich auf das Arbeiten mit Netzwerken beziehen, möchten wir an dieser Stelle nicht behandeln. Es würde den Rahmen dieser Einführung sprengen.

6.3.2 Druckerwarteschlange bearbeiten

Mit den Schaltflächen **Anhalten** bzw. **Fortsetzen** können Sie den gerade laufenden Druck unterbrechen und wieder aufnehmen. Beachten Sie, daß der Drucker auch nach dem Anhalten noch weiterdrukken kann, da sein eigener Pufferspeicher bereits einen Teil des Textes oder der Grafik enthalten kann.

Stehen in der Druckerwarteschlange mehrere Aufträge, die noch nicht gedruckt werden, dann können Sie diese mit der Maus an eine **andere Position** in der Liste ziehen, um den Auftrag dadurch früher oder später ausführen zu lassen. Sie können einen solchen Druckauftrag auch **löschen,** indem Sie ihn markieren und dann die Schaltfläche **Löschen** betätigen. Wollen Sie alle Druckaufträge gleichzeitig löschen, so schließen Sie den DRUCK-MANAGER. Nach einer Sicherheitsabfrage werden alle Aufträge gelöscht.

6.3.3 Befehle des DRUCK-MANAGERS

Die Befehle des Menüs **Optionen** haben folgende Bedeutung:

Niedrige Priorität   Der im Hintergrund laufende Druckvorgang erhält wenig Zeit zugeteilt, so daß das Programm im Vordergrund fast ungestört arbeiten kann.

Mittlere Priorität   Die Verarbeitungszeit wird möglichst gleichmäßig aufgeteilt.

Hohe Priorität   Der DRUCK-MANAGER erhält viel Zeit zugewiesen und kann dadurch seinen Druckauftrag möglichst schnell erledigen.

Dafür wird das laufende Anwendungsprogramm gebremst.

Die nächsten Befehle im Menü Optionen beziehen sich auf das Anzeigen von Meldungen, die der DRUCK-MANAGER hin und wieder gibt, um zum Beispiel an das Einlegen eines neuen Blattes zu erinnern.

Immer warnen	Die Meldung wird angezeigt, sobald die entsprechende Situation eingetreten ist.
Blinken, falls inaktiv	Durch einen Signalton und durch Blinken macht der DRUCK-MANAGER auf eine ausstehende Meldung aufmerksam. Die Meldung erscheint, wenn das Fenster des DRUCK-MANAGERS aktiv wird. Diese Einstellung ist der Standard.
Übergehen, falls inaktiv	Wenn das Fenster des DRUCK-MANAGERS nicht aktiv ist, wird die Meldung übergangen.

Beachten Sie, daß Fehlermeldungen, wie beispielsweise, daß der Drucker nicht bereit ist, von dieser Einstellung nicht betroffen sind. Das Menü **Optionen** bietet zusätzlich den Befehl **Druckerinstallation**, der das Ihnen bekannte Dialogfeld **Drucker** aus der SYSTEMSTEUERUNG öffnet.

6.3.4 Drucken in eine Datei

Hin und wieder ist es nötig, daß eine Druckausgabe nicht direkt auf den Drucker, sondern in eine Datei umgelenkt wird. Das kann notwendig werden, wenn Daten in ein anderes Programm übernommen werden sollen oder die Datei zu einem späteren Zeitpunkt oder auf einem anderen Computer gedruckt werden muß. Wenn Sie viel mit DOS gearbeitet haben, dann werden Sie das Drucken in eine Datei ziemlich oft benutzt haben. Sie sollten sich aber daran erinnern, daß viele der Aufgabenstellungen, die so etwas in DOS nötig machten, unter WINDOWS mit Hilfe der ZWISCHENABLAGE erledigt werden! Läßt es sich trotzdem nicht vermeiden, dann gehen Sie so vor:

1) Wählen Sie **SYSTEMSTEUERUNG** und dort das Symbol **Drucker** oder den Befehl **Druckerinstallation** aus dem Menü **Optionen** des DRUCK-MANAGERS.
2) Wählen Sie aus dem Feld **Installierte Drucker** denjenigen aus, den Sie verwenden wollen. Häufig ist es günstig, den Treiber für **Universal/Nur Text** zu wählen, der unter Umständen vorher noch installiert werden muß. Dieser Treiber hat u.a. den Vorteil, daß keine Steuerzeichen in den Text eingebaut werden, was für einige Problemstellungen günstig ist.
3) Wählen Sie **Verbinden** aus.
4) Wählen Sie **FILE** im Feld **Anschlüsse** aus.
5) Wählen Sie OK.
6) Bestätigen Sie jetzt mit **Schließen**.

Wenn Sie nun aus dem Anwendungsprogramm drucken wollen, werden Sie jedesmal gefragt, in welche Datei das Dokument geschrieben werden soll. Dabei können Sie natürlich auch ein Laufwerk und einen Pfad angeben.

7 DATEI-MANAGER

Der DATEI-MANAGER soll Ihnen helfen, Ordnung in die Vielzahl von Dateien zu bekommen, die sich im Laufe der Zeit auf der Festplatte ansammeln. Er benutzt dazu die Technik der Unterverzeichnissse, die MS-DOS bereitstellt.

Verzeichnisse dienen dazu, die Dateien logisch zu gruppieren, um sie besser wiederfinden zu können. Eine solche Gruppe kann beispielsweise alle Texte enthalten, die mit einer bestimmten Textverarbeitung erstellt wurden, oder es werden alle Dateien, die zu einem bestimmten Projekt gehören, zusammengefaßt. Ebenso ist eine Gruppierung denkbar, die alle Dateien, die in einem bestimmten Monat erstellt wurden, in einem Verzeichnis unterbringt. Wie Sie sehen, gibt es sehr viele Möglichkeiten, die Daten zu organisieren. Welche Methode Sie verwenden, bleibt Ihnen überlassen. WINDOWS hilft Ihnen in jedem Fall.

7.1 Mit Verzeichnisfenstern arbeiten

Sie starten den DATEI-MANAGER, indem Sie das Symbol doppelklicken. Nach dem Start öffnet sich dieses Fenster.

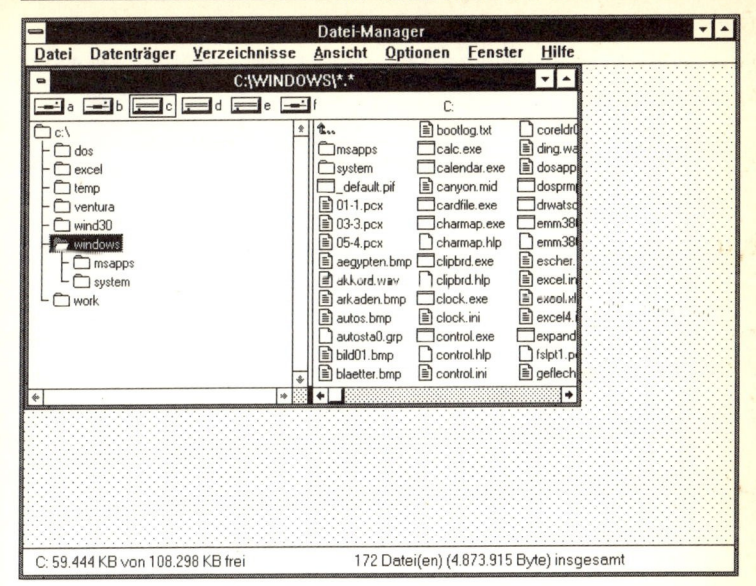

Bei der Arbeit mit dem DATEI-MANAGER haben Sie es wie beim PROGRAMM-MANAGER mit zwei verschiedenen Fenstertypen zu tun: zum einen mit dem **Anwendungsfenster**, das oben eine Menüleiste und unten eine Statuszeile enthält, und zum anderen mit einer beliebigen Anzahl von **Verzeichnisfenstern**, die die Struktur der Verzeichnisse eines Datenträgers enthalten und die Dateien des ausgewählten Verzeichnisses anzeigen. Diese Verzeichnisfenster werden wie die Gruppenfenster des PROGRAMM-MANAGERS bedient. Die Abbildung zeigt den DATEI-MANAGER direkt nach dem Start.

Die **Statuszeile** des DATEI-MANAGERS zeigt im linken Teil den aktuellen Datenträger mit seiner freien und gesamten Kapazität an, wie beispielsweise das folgende Bild zeigt:

```
C: 59.428 KB von 108.298 KB frei
```

Im rechten Teil wird die Gesamtzahl der Dateien des aktuellen Verzeichnisses mit dem durch sie belegten Speicherplatz angegeben, zum Beispiel:

> 172 Datei(en) (4.873.915 Byte) insgesamt

Im Verzeichnisfenster ist im linken Teil das Verzeichnis WINDOWS markiert. Klicken Sie auf eine Datei im rechten Fensterteil. Jetzt ändert sich der linke Teil der Statuszeile und zeigt Anzahl und Größe der markierten Dateien an. Bei vier markierten Dateien könnte sie folgendermaßen aussehen:

> 4 Datei(en) (36.600 Byte) ausgewählt

Das erste und einzige Verzeichnisfenster zeigt den Inhalt des aktuellen Laufwerks. In diesem Fenster sehen Sie in der obersten Reihe die Symbole für die vorhandenen **Laufwerke** mit den zugehörigen Laufwerksbuchstaben. Um von einem zum anderen Laufwerk zu wechseln, ist das entsprechende Laufwerkssymbol anzuklicken. In der Zeile rechts steht in den eckigen Klammern die **Datenträgerbezeichnung** bzw. der Netzwerkname.

Im linken Teil des Fensters erscheint die **Verzeichnisstruktur** mit markiertem aktuellen Verzeichnis, im rechten Teil sehen Sie die Dateien des aktuellen Verzeichnisses.

Den meisten Raum im linken Fensterteil nehmen die **Verzeichnissymbole** ein.

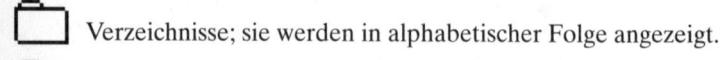

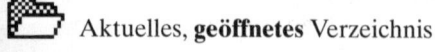

📁 Verzeichnisse; sie werden in alphabetischer Folge angezeigt.

📂 Aktuelles, **geöffnetes** Verzeichnis

Der Aufbau der Verzeichnisse ist auf Ihrer Festplatte wahrscheinlich anders als im Bild dargestellt. Das WINDOWS-Verzeichnis könnte ähnlich aussehen, falls Sie nichts daran geändert haben. Für unsere Übungen werden wir uns daher auf dieses Verzeichnis beschränken.

Gehen Sie zur Übung einmal das gesamte Verzeichnis Ihrer Platte durch. Klicken Sie jeden Ordner an. Im rechten Fensterteil werden sofort die Dateien und Unterverzeichnisse des jeweiligen Verzeichnisses angezeigt. Doppelklicken Sie auf Verzeichnissymbole, so wird die Struktur um eventuell vorhandene Unterverzeichnisse erweitert. Wenn Sie fertig sind, müßte die gesamte Verzeichnisstruktur der Festplatte zu erkennen sein. Es ist wahrscheinlich sinnvoll, daß Sie das Verzeichnisstrukturfenster vergrößern, damit möglichst viel vom Verzeichnisbaum zu sehen ist. Sollte er immer noch zu groß sein, dann benutzen Sie die Bildlaufleisten.

Was Sie hier mit der Maus direkt im Fenster gemacht haben, können Sie auch über den Menüpunkt **Verzeichnisse** erreichen.

```
Verzeichnisse
 Nächste Ebene einblenden      +
 Zweig einblenden              *
 Alle Ebenen einblenden        Strg+*
 Zweig ausblenden              -

 Verzweigungen kennzeichnen
```

Der Befehl **Nächste Ebene einblenden** hat die gleiche Wirkung wie das Doppelklicken eines Ordners. Der Befehl **Zweig einblenden** kann ein wenig die Arbeit erleichtern, da er alle Verzeichnisse unterhalb eines ausgewählten Verzeichnisses einblendet und nicht nur die nächste Ebene wie der Befehl **Nächste Ebene einblenden**.

Mit **Alle Ebenen einblenden** sehen Sie sofort die gesamte Verzeichnisstruktur Ihrer Platte.

Der Befehl **Zweig ausblenden** nimmt alle Unterverzeichnisses des ausgewählten Verzeichnisses aus der Anzeige.

Benötigen werden Sie diese Befehle selten, da man mit der Maus in diesem Fall wahrscheinlich schneller arbeiten kann.

Der Befehl **Verzweigungen kennzeichnen** fügt in das Symbol des WINDOWS-Verzeichnisses ein Minuszeichen (–) und eventuell in andere Verzeichnissymbole ein Pluszeichen (+) ein. Wählen Sie den Befehl erneut, so verschwinden diese Zeichen wieder. Hinter einem Ordnersymbol mit einem Pluszeichen (+) verbergen sich weitere Verzeichnisse. Bei einem Symbol mit einem Minuszeichen (–) kann ein Verzeichniszweig wieder ausgeblendet werden.

Kommen wir zum Inhalt der Verzeichnisse. Für das Verzeichnisfenster ist der Menüpunkt **Ansicht** zuständig.

```
Ansicht
√ Struktur und Verzeichnis
  Nur Struktur
  Nur Verzeichnis
  Teilen
√ Name
  Alle Dateiangaben
  Bestimmte Dateiangaben...
√ Nach Name
  Nach Typ
  Nach Größe
  Nach Datum
  Angaben auswählen...
```

Die darin enthaltenen Befehle sind in fünf Gruppen aufgeteilt:

Welche Fensterteile wollen Sie sehen?

Struktur und Verzeichnis   Das Verzeichnisfenster ist geteilt und zeigt im linken Teil den Verzeichnisbaum und im rechten die Dateien des aktuellen Verzeichnisses.
Nur Struktur   Im Fenster wird nur der Verzeichnisbaum dargestellt.
Nur Verzeichnis   Sie bekommen nur die Dateien des aktuellen Verzeichnisses angezeigt.

Wo soll der senkrechte Teilungsbalken liegen?
Sie können mit dem Befehl **Teilen** die Aufteilung des Fensters verändern. Dies geht am besten mit der Maus. Bewegen Sie dazu den Mauszeiger auf den Teilungsbalken. Er liegt rechts neben den senkrechten Bildlaufleisten in der Mitte des Fensters. Wenn sich der Mauszeiger zu einem waagerechten Doppelpfeil verändert, ziehen Sie den Balken auf die gewünschte Position.

Welche Angaben zu den Dateien werden angezeigt?

Name Nur der Dateiname wird angezeigt.
Alle Dateiangaben Name, Größe, Datum, Uhrzeit und Dateiattribute werden angezeigt.
Bestimmte Dateiangaben Es kann gewählt werden, ob neben dem Namen Größe, Datum, Uhrzeit oder Dateiattribute angezeigt werden.

Nach welchen Kriterien sind die Dateien sortiert?

Nach Name Die Dateien werden nach Dateinamen sortiert.
Nach Typ Die Dateien werden nach der Namenserweiterung (BAT, COM, EXE, TXT usw.) sortiert.
Nach Größe Die Dateien werden nach ihrer Größe sortiert, wobei die größte Datei zuerst angezeigt wird.
Nach Datum Das Datum der letzten Änderung bestimmt die Sortierung; die aktuellsten Dateien werden zuerst angezeigt.

Welche Dateiarten sollen angezeigt werden?

Name Diese Angabe entspricht den Regeln in MS-DOS. Durch die Angabe A*.TXT würden beispielsweise alle Dateien angezeigt, die mit dem Buchstaben A beginnen und die Erweiterung (Extension) TXT tragen.
Verzeichnisse Die Unterverzeichnisse werden angezeigt.
Programme Programme werden angezeigt, d.h. Dateien mit den Namenserweiterungen COM, EXE, BAT und PIF.
Dokumente Dateien, die einem Programm zugeordnet sind.
Andere Dateien Alles andere wird angezeigt.
Versteckte Dateien/ Systemdateien Dateien, bei denen das Attribut für System oder versteckt gesetzt ist, werden angezeigt.

Mit diesen Befehlen können Sie die Anzeige der Dateien weitgehend Ihren Wünschen anpassen.

An dieser Stelle noch eine Bemerkung zu den oben erwähnten Dateiattributen. MS-DOS verwendet vier Attribute, die Dateien bestimmte Eigenschaften zuordnen.

Attribut	Eigenschaft
R (**R**ead only)	schreibgeschützt
A (**A**rchive)	zu archivieren
H (**H**idden)	versteckt
S (**S**ystem)	System

Eine schreibgeschützte Datei kann nicht gelöscht oder überschrieben werden. Eine zu archivierende Datei ist seit der letzten Festplattensicherung erstellt oder geändert worden und sollte daher beim nächsten Backup mitgesichert werden. Eine versteckte Datei wird normalerweise nicht angezeigt. Insbesondere unter MS-DOS ist Sie mit den normalen Befehlen nicht zu sehen. Als Systemdateien sind normalerweise die Dateien markiert, die zum Betriebssystem gehören. Alle diese Dateiattribute können mit dem Befehl **Eigenschaften** aus dem Menü **Datei** geändert werden.

Im Verzeichnisfenster sehen Sie nicht nur die Dateiangaben, sondern neben den bereits bekannten Verzeichnissymbolen weitere Symbole. Ihre Bedeutung ist in der folgenden Tabelle beschrieben:

Kennzeichnet das übergeordnete Verzeichnis. Durch Doppelklick auf diesem Symbol wird zu diesem Verzeichnis gewechselt.

Programme und Stapeldateien. Sie tragen die Namenserweiterungen COM, EXE, BAT und PIF.

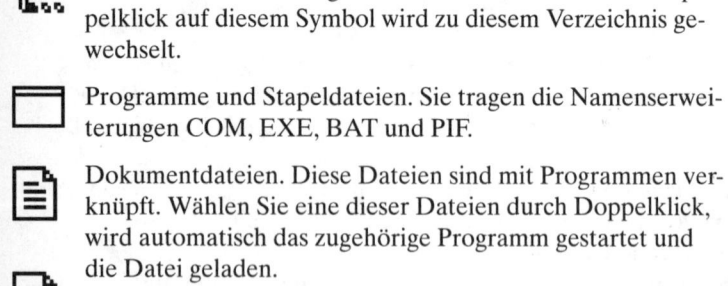

Dokumentdateien. Diese Dateien sind mit Programmen verknüpft. Wählen Sie eine dieser Dateien durch Doppelklick, wird automatisch das zugehörige Programm gestartet und die Datei geladen.

Versteckte und Systemdateien

Alle anderen Dateien.

7.2 Dateien kopieren, verschieben und löschen

Das Haupteinsatzgebiet des DATEI-MANAGERS wird wahrscheinlich auch bei Ihnen das Kopieren, Löschen und Verschieben von Dateien sein. Dazu wollen wir einige Übungen durchführen. Sie benötigen eine leere, formatierte Diskette. Haben Sie keine zur Hand, sehen Sie in Abschnitt 7.4 nach, wie man eine Diskette mit dem DATEI-MANAGER formatiert.

Kopieren
Beim Kopieren bleibt die Datei am Ursprungsort erhalten, und eine Kopie wird am Zielort erzeugt. Zum Kopieren halten Sie die **<STRG-TASTE>** fest, ziehen die Datei auf das gewünschte Laufwerk oder das Zielverzeichnis und lassen **als Letztes** die <STRG-TASTE> los. Kopieren Sie auf ein anderes Laufwerk, so brauchen Sie die <STRG-TASTE> nicht zu drücken.

Verschieben
Beim Verschieben wird eine Kopie am Zielort erzeugt, und das Original wird gelöscht. Zum Verschieben halten Sie die **<ALT-TASTE>** fest, ziehen die Datei auf das gewünschte Laufwerk oder das Zielverzeichnis und lassen **als Letztes** die <ALT-TASTE> los. Wenn Sie die Datei auf dem gleichen Datenträger verschieben, so brauchen Sie die <ALT-TASTE> nicht zu drücken.

Übung

Kopieren Sie die Datei AUTOS.BMP zuerst auf die Diskette. Verschieben Sie dieselbe Datei im nächsten Schritt auf die Diskette. Durch den letzten Schritt haben Sie die Datei AUTOS.BMP aus dem Verzeichnis WINDOWS entfernt. Um sie wieder dahin zurückzubekommen, gehen Sie wie folgt vor: Klicken Sie das Symbol des Diskettenlaufwerks an, auf dem sich die Datei jetzt befindet. Im Verzeichnisfenster erscheint das Symbol für das Stammverzeichnis der Diskette und auf der rechten Seite der Inhalt dieses Stammverzeichnisses. Im letzten Schritt müssen Sie nur noch die Datei AUTOS.BMP auf das Festplattensymbol verschieben oder kopieren, und der ursprüngliche Zustand ist wieder hergestellt. Klicken Sie danach auf C.

Als Regel für das Kopieren und Verschieben zwischen Verzeichnissen sollten Sie sich merken, daß Quell- und Zielverzeichnis immer gleichzeitig sichtbar sein müssen, wenn Sie mit der Maus arbeiten. Auch können Sie sich das Arbeiten mit der Maus etwas vereinfachen. Wenn Sie Dateien auf ein anderes Laufwerk ziehen, geht WINDOWS davon aus, daß Sie kopieren wollen. Ziehen Sie die Datei auf dasselbe Laufwerk, dann nimmt WINDOWS an, daß Sie verschieben wollen. In diesen beiden Fällen benötigen Sie die <ALT-TASTE> und die <STRG-TASTE> nicht.

Löschen
Das Löschen von Dateien und Unterverzeichnissen ist unter WINDOWS sehr einfach. Sie wählen das zu löschende Verzeichnis oder die Datei aus und drücken die <ENTF-TASTE>. Nach einer Sicherheitsabfrage wird gelöscht.

Hinweise:
1) Wenn Sie kein entsprechendes Hilfsprogramm haben und nicht mit MS-DOS 5 arbeiten, sind gelöschte Dateien unwiderruflich verloren.
2) Beim Löschen von Verzeichnissen werden **alle** darin enthaltenen **Dateien** und **Unterverzeichnisse** gelöscht. Sie sollten diese Option mit großer Vorsicht verwenden!

Im Zusammenhang mit dem Löschen von Dateien finden Sie unter dem Menüpunkt **Optionen** den Punkt **Bestätigen**. Hier können Sie einstellen, ob und wann WINDOWS beim Löschen, Kopieren und Verschieben Sicherheitsabfragen stellt. Sie können die folgenden fünf Optionen wählen:

Vor dem Löschen von Dateien Bestätigung einholen
Es erfolgt eine Warnung beim Löschen einer Datei.

Vor dem Löschen von Verzeichnissen Bestätigung einholen
Vor dem Löschen eines Verzeichnisses erfolgt eine Warnung.

Vor dem Überschreiben Bestätigung einholen
Wenn im Verzeichnis, in das Sie eine Datei kopieren, diese Datei bereits existiert, erfolgt eine Warnung.

Vor dem Ausführen von Mausaktionen Bestätigung einholen
Warnmeldung vor Abschluß einer Mausaktion, wie beispielsweise Verschieben oder Kopieren.

Vor Ausführung von Datenträgerbefehlen Bestätigung einholen
Es erfolgt eine Warnung, wenn Sie beispielsweise ganze Disketten kopieren oder Datenträger formatieren wollen.

Hinweis:
Das Löschen, Verschieben und Kopieren von Dateien kann ebenfalls durch Befehle aus dem Menü **Datei** ausgeführt werden.

Was uns beim Kopieren, Löschen und Verschieben noch fehlt, ist die Möglichkeit, mehrere Dateien auf einmal zu bearbeiten. Dazu müssen wir mehrere Dateien markieren. Dieser Vorgang wird als **Erweitern einer Auswahl** bezeichnet. Dabei können Sie einen Block **aufeinanderfolgender** Elemente wählen, indem Sie das erste Element anklicken, dann zum letzten Element gehen, und dieses ebenfalls anklicken, dabei aber die **<UMSCHALTTASTE>** festhalten.
Sie können auch eine **beliebige** Auswahl von Elementen treffen, indem Sie beim Markieren jeder Datei die **<STRG-TASTE>** gedrückt halten.
Die Befehle für das Kopieren, Löschen und Verschieben beziehen sich jetzt auf alle markierten Dateien. Insbesondere beim Löschen sollten Sie vorsichtig sein, da mit einem Befehl viele Dateien auf einmal gelöscht werden können.
Die **gesamte** Auswahl machen Sie rückgängig, indem Sie eine beliebige Datei anklicken. Für eine **einzelne** Datei heben Sie die Auswahl auf, indem Sie die <STRG-TASTE> gedrückt halten, während Sie die Datei anklicken.

Übung 22

Wählen Sie aus dem Verzeichnis fünf beliebige Dateien aus, und kopieren Sie diese **gleichzeitig** auf die Übungsdiskette.

7.3 Verzeichnisse bearbeiten

Beim Arbeiten mit Verzeichnissen sind drei Tätigkeiten von Bedeutung. Erstens muß man Verzeichnisse anlegen können, zweitens muß man sie löschen können, und schließlich muß man von einem ins andere Verzeichnis wechseln können.

Das **Wechseln** ist unter WINDOWS sehr einfach. Man muß das Verzeichnis in der Struktur nur mit der Maus anklicken; in der rechten Dateiliste müssen Sie doppelklicken.

Auch das **Löschen** gestaltet sich unproblematisch. Man markiert im Verzeichnisstrukturfenster das entsprechende Verzeichnis und drückt auf die <ENTF-TASTE>. Nach einer Sicherheitsabfrage wird gelöscht.

Vor dem **Anlegen** eines Verzeichnisses wählen Sie als erstes das Verzeichnis, zu dem das neue gehören soll. Möchten Sie beispielsweise ein Verzeichnis "unterhalb" des WINDOWS-Verzeichnisses anlegen, dann wählen Sie zuerst das WINDOWS-Verzeichnis aus. Danach wählen Sie den Befehl **Verzeichnis erstellen** aus dem Menü **Datei**. Der Name darf laut MS-DOS Konvention maximal acht Zeichen lang sein, auf Wunsch kann eine Namenserweiterung aus bis zu drei Zeichen – durch einen Punkt getrennt – angehängt werden. Damit sind Sie bereits in der Lage, eine Verzeichnisstruktur zu entwerfen, die Ihren Bedürfnissen angepaßt ist.

Verzeichnisse sind eine sehr schöne Einrichtung, wenn es um die Organisation der Daten geht. Einen kleinen Nachteil haben sie aber doch. Stellen Sie sich vor, Sie suchen eine Datei, von deren Namen Sie gerade noch den ersten Buchstaben und die Namenserweiterung kennen. In welchem Verzeichnis sie abgelegt ist, haben Sie dummerweise auch vergessen. Jetzt bleibt Ihnen nichts anderes übrig, als jedes Verzeichnis der Reihe nach zu durchsuchen. Eine sehr mühselige Arbeit. Hier bietet WINDOWS einen nützlichen Befehl, der unter MS-DOS nicht zur Verfügung steht. Der Befehl lautet **Suchen** und befindet sich im Menü **Datei**. Hier geben Sie den Namen bzw. die Namensschablone an, und WINDOWS durchsucht auf Wunsch die gesamte Platte nach dieser/diesen Datei(en).

Beispiel:
Sie suchen einen Brieftext, haben aber den Namen der Datei vergessen. Sie wissen nur noch, daß die Namenserweiterung TXT lautet.

Doppelklicken Sie das Startverzeichnis C:\. Tragen Sie danach beim Befehl **Suchen** unter **Suchen nach** *.TXT und unter **Beginnen in** C:\ ein. Aktivieren Sie gegebenfalls das Kontrollfeld **Alle Unterverzeichnisse durchsuchen**. Nach einigen Sekunden erscheint ein Fenster mit dem Namen **Suchergebnis: C:*.TXT** und einer Liste mit allen gefundenen Textdateien. Durch Doppelklick auf dem gewünschten Dateinamen startet der EDITOR mit geladenem Text.

Übungen 23–25

23) Legen Sie unterhalb des WINDOWS-Verzeichnisses ein Verzeichnis namens TEST an.
24) Kopieren Sie alle Dateien der Übungsdiskette in dieses Verzeichnis.
25) Löschen Sie das Verzeichnis wieder.

7.4 Datenträger bearbeiten

Das Menü **Datenträger** stellt Ihnen die Befehle zur Verfügung, mit denen Sie Disketten formatieren und kopieren können. Weiterhin können Disketten und Festplatten mit Namen versehen werden. Die Befehle im einzelnen zeigt das nächste Bild.

```
Datenträger
  Datenträger kopieren...
  Datenträger benennen...
  Datenträger formatieren...
  Systemdatenträger erstellen...
  Laufwerk auswählen...
```

Datenträger kopieren
Wird zum Erstellen von Sicherungskopien benutzt. Quell- und Zieldiskette müssen die gleiche Kapazität haben. Die Festplatte kann mit diesem Befehl nicht bearbeitet werden. Bei unterschiedlichen Formaten der Disketten müssen die Dateien manuell ausgewählt und kopiert werden. MS-DOS benutzt dafür den Befehl COPY.

Datenträger benennen

Jede Diskette oder Festplatte kann einen Namen bekommen, der sie identifizieren soll. Sinnvoll ist ein Name meist nur bei Disketten, wo beispielsweise ein Archivierungsprogramm diese Namen verwenden kann.

Datenträger formatieren

Disketten mit der entsprechenden Speicherkapazität in Laufwerk A oder B für die Aufnahme von Daten vorbereiten. Sie erhalten zusätzliche Optionen:

- Bezeichnung: den Datenträgernamen
- Systemdatenträger erstellen: Kopiert System
- Quickformat: Falls sie schon formatiert war

Systemdatenträger erstellen

Entspricht dem Formatieren, jedoch zusätzlich wird das Betriebssystem automatisch auf die Diskette kopiert. Dazu müssen Sie vorher das Laufwerkssymbol ausgewählt haben, auf dem sich die Systemdateien befinden.

Laufwerk auswählen

Entspricht dem Klicken auf einem Laufwerkssymbol.

7.5 Dokumente und Programme verknüpfen

Mit dem Befehl **Verknüpfen** aus dem Menü **Datei** lernen Sie eine interessante Eigenschaft von WINDOWS kennen.

Einige Seiten vorher haben wir Ihnen die Symbole vorgestellt, die in einem Verzeichnisfenster auftreten können. Eines davon war ein sogenanntes **Dokumentsymbol**. Wird dieses Symbol per Doppelklick ausgewählt, dann startet ein Programm und lädt dieses Dokument in den Arbeitsspeicher. Doppelklicken Sie beispielsweise eine Datei mit der Namenserweiterung BMP, so wird automatisch PAINTBRUSH geladen, und PAINTBRUSH lädt dann dieses Bild. Dies ist dadurch möglich, daß bei der Installation von WINDOWS bereits eine ganze Reihe von Verknüpfungen erstellt werden.

Sie finden sie in der Datei WIN.INI unter dem Abschnitt [Extensions].

- cal=calendar.exe ^.cal
- crd=cardfile.exe ^.crd
- trm=terminal.exe ^.trm
- txt=notepad.exe ^.txt
- ini=notepad.exe ^.ini
- pcx=pbrush.exe ^.pcx
- bmp=pbrush.exe ^.bmp
- wri=write.exe ^.wri
- rec=recorder.exe ^.rec
- hlp=winhelp.exe ^.hlp
- doc=winword.exe ^.doc
- dot=winword.exe ^.dot
- rtf=winword.exe ^.rtf
- xls=excel.exe ^.xls
- xlc=excel.exe ^.xlc
- xlw=excel.exe ^.xlw
- xlm=excel.exe ^.xlm
- xlt=excel.exe ^.xlt
- xla=excel.exe ^.xla
- mpp=winproj.exe ^.mpp
- mpv=winproj.exe ^.mpv
- mpc=winproj.exe ^.mpc
- mpw=winproj.exe ^.mpw
- mpx=winproj.exe ^.mpx

Hier ist den Namenserweiterungen ein bestimmtes Programm zugeordnet worden. Wollen Sie weitere Verknüpfungen hinzufügen, dann wählen Sie zuerst eine Datei mit der gewünschten Erweiterung aus dem Verzeichnisfenster, beispielsweise TEST.DOC, und starten den Befehl **Verknüpfen**. In dem erscheinenden Fenster werden Sie gefragt, mit welchem Programm die Dateien mit der Erweiterung DOC verbunden werden sollen. In diesem Beispiel könnte es WORD FÜR WINDOWS sein. Wählen Sie ein Programm aus der Liste, oder klicken Sie auf **Durchsuchen**, um mit Hilfe eines Dateifensters die Festplatten nach dem passenden Programm abzusuchen.

Haben Sie noch weitere Verknüpfungen erzeugt, so können Sie fast alle Dateien, die Sie im Verzeichnisfenster sehen, direkt starten. Entweder sind es ausführbare Programme (COM, EXE, BAT, PIF) oder es sind verknüpfte Dokumente. In beiden Fällen reicht es, wenn sie mit Doppelklick ausgewählt werden. Verknüpfte Dateien können

auch direkt als Icon in ein Gruppenfenster des PROGRAMM-MA-NAGERS eingefügt werden.
Sie können derartige Verknüpfungen natürlich wieder aufheben. Wählen Sie dazu **(Keine)** aus der Liste des Dialogfeldes **Verknüpfen**.

7.6 Besondere Maustechniken

Mit dem DATEI-MANAGER lassen sich einige Aufgaben sehr leicht mit der Maus durchführen.

Neues Symbol in Gruppenfenster einfügen
Drücken Sie <STRG-TASTE>+<ESC-TASTE>, und wählen Sie **Nebeneinander**. Ändern Sie die Fenstergrößen so, daß das gewünschte Gruppenfenster des PROGRAMM-MANAGERS und das Verzeichnisfenster des DATEI-MANAGERS sichtbar sind. Schließen Sie gegebenenfalls nicht benötigte Fenster. Ziehen Sie dann die markierten Programme und/oder Dokumente in das gewünschte Gruppenfenster!

Dokument drucken
Starten Sie den DRUCK-MANAGER, und verkleinern Sie ihn zum Symbol. Verkleinern Sie den DATEI-MANAGER, so daß Sie das DRUCK-MANAGER-Symbol erkennen. Ziehen Sie die zu druckenden Dokumente auf das DRUCK-MANAGER-Symbol!

Objekt einfügen und verknüpfen
Ordnen Sie den Desktop so an, daß sowohl das DATEI-MANAGER-Fenster als auch das Fenster eines OLE-Clients (z. B. WRITE oder KARTEI) zu sehen sind. Drücken Sie anschließend <STRG-TASTE>+<UMSCHALTTASTE>, und ziehen Sie das Dokument eines OLE-Servers in das Client-Fenster!

Starten von Sonstigen Dateien
Wenn Dateien nicht mit Programmen verknüpft sind, kann WINDOWS sie nicht starten. Kennen Sie jedoch das Programm, das diese Datei bearbeiten kann, so können Sie mit einer einfachen Technik diese Datei starten. Befinden sich Programm und Datei in verschiedenen Verzeichnissen, so wählen Sie **Fenster** und **Neues Fenster**. Ordnen Sie beide so an, daß sowohl Datei als auch Programm sichtbar sind. Ziehen Sie den Dateinamen auf den Namen des Programms!

7.7 Einstellungen des DATEI-MANAGERS

Zusätzliche Fenster und automatisch veränderte Anordnungen wie beim PROGRAMM-MANAGER erhalten Sie durch die Befehle des Menüs **Fenster**. Den Befehl **Aktualisieren** dieses Menüs müssen Sie wählen, wenn das aktuelle Fenster ein Diskettenverzeichnis zeigt und Sie die Diskette gewechselt haben. Merken Sie sich am besten die zugehörige Taste **<F5>**!

Das Menü **Optionen** enthalt Befehle, mit denen Sie den DATEI-MANAGER nach Ihren Wünschen einstellen können.

Mit **Statuszeile** können Sie die Statuszeile ein- und ausblenden.

Der Befehl **Symbol nach Programmstart** funktioniert wie beim PROGRAMM-MANAGER. Starten Sie durch Doppelklick ein Programm oder ein Dokument, so verkleinert sich der DATEI-MANAGER zum Symbol.

Der Befehl **Schriftart** öffnet ein Dialogfenster, das die Auswahl von Schriftart, -stil und -größe **für alle Verzeichnisfenster** erlaubt.

Mit **Einstellungen beim Beenden speichern** merkt sich der DATEI-MANAGER die Positionen und Einstellungen der geöffneten Verzeichnisfenster. Beim nächsten Start erscheint er wie beim Beenden.

7.8 Zusammenfassung

Zum Abschluß des Kapitels 7 haben wir die wichtigsten Mausfunktionen des DATEI-MANAGERS in der folgenden Tabelle zusammengefaßt.

Aufgabe	Aktion
Datei kopieren	<STRG>+Ziehen
Datei verschieben	<ALT>+Ziehen
Datei löschen	<ENTF>
Bereich markieren	<UMSCHALT>+Klicken
Beliebig markieren	<STRG>+Klicken
Programm starten	Dateiname doppelklicken

8 UHR

8.1 Gebrauch und Aussehen

Auf fast jedem Schreibtisch steht eine Uhr, so auch bei WINDOWS. Zum Zubehör gehört ein einfaches, aber nützliches Programm, das Ihnen auf dem Bildschirm in gewohnter Weise anzeigt, was die Stunde geschlagen hat.

8.1.1 Icon-Darstellung

Das Zubehör UHR finden Sie im Zubehörfenster als folgendes Icon dargestellt:

Beachten Sie bitte, daß sich die Zeiger nicht bewegen.

8.1.2 Fenster-Darstellung

Zum Start der UHR doppelklicken Sie bitte das Icon. Sie sehen dann nach dem Programmstart das folgende Standardfenster, das eine **Analog-Uhr** enthält:

In der Menüleiste erkennen Sie einen einzigen Menüpunkt: **Einstellungen**. Dieser Befehl öffnet ein Popup-Menü, das Ihnen die Auswahl aus einer Digital- und einer Analoguhr gestattet. Zusätzlich bietet es vier weitere Einstellungsbefehle, die nur für einen Uhrtyp gelten (**Schriftart**) oder je nach Uhrtyp etwas anderes bewirken. Lediglich der Befehl **Ohne Titelleiste** führt bei beiden Uhrtypen zum gleichen Ergebnis. Durch Ausblenden der Titel- und Menüleiste kommt UHR nun im Aussehen einer richtigen Uhr näher. Durch einen **Doppelklick auf UHR** werden die Leisten wieder eingeblendet oder auch erneut ausgeblendet.

Zur Einstellung der jeweiligen Anzeigeart müssen Sie lediglich **Digital** bzw. **Analog** aus dem Menü anklicken.

Ein Anklicken des Befehls **Sekunden** blendet bei der Analoguhr den Sekundenzeiger aus. Bei der Digitaluhr verschwinden durch diesen Befehl die Sekundenziffern. Der Befehl ist nun deaktiviert. Dies erkennen Sie an dem fehlenden Häkchen.

Die Datumsangabe wird bei deaktiviertem Befehl **Datum** bei der Analoguhr aus der Titelleiste und bei der Digitaluhr aus dem Fenster ausgeblendet.

Hinweis:
Sollte das Fenster nach dem Start eine Digitaluhr zeigen, so ist UHR bereits früher einmal gestartet und umgestellt worden. UHR behält immer die zuletzt eingestellte Anzeigenart bei.

8.1.3 Analog-Uhr

Die Analog-Uhr ist die Standard-Uhr. Sie erhalten sie durch Auswahl von **Einstellungen** und **Analog**. Wenn Sie das Fenster vergrößern oder verkleinern, so korrigiert UHR die Anzeige derart, daß Sie immer eine kreisförmige Uhr erhalten, auch dann, wenn Sie das Fenster sehr lang und schmal gestalten.

Wir verkleinern jetzt die UHR auf Icongröße. Hierzu klicken Sie das Systemmenüfeld in der linken oberen Fensterecke und anschließend **Symbol** an. Das Icon stellt jetzt nur noch Minuten- und Stundenzeiger dar. Kontrollieren Sie einmal nach 2 bis 3 Minuten die Anzeige. Richtig, die UHR arbeitet sogar als Icon weiter und zeigt Ihnen die Uhrzeit an!

8.1.4 Digital-Uhr

Die zweite Darstellungsart ist die digitale Anzeige. Sie schalten durch Anklicken von **Einstellungen** und **Digital** auf diese Option um. Das Fenster mit der **Digital-Uhr** sieht wie folgt aus:

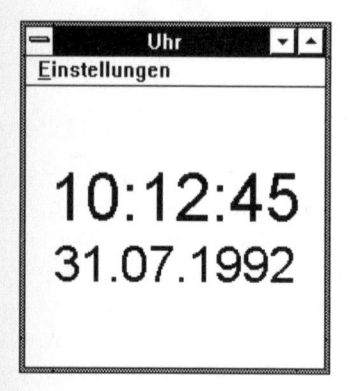

Diese Einstellung bleibt auch nach Beenden von UHR bzw. WINDOWS so lange erhalten, bis Sie wieder auf **Analog** umschalten, so daß Sie bei jedem Start erneut eine Digitalanzeige präsentiert bekommen.

Wenn Sie UHR in dieser Einstellung auf Symbolgröße verkleinern, so werden, ähnlich wie bei der Analoganzeige, nur Stunden und Minuten angezeigt; aber auch hier läuft die Uhr weiter.

Die Digitaluhr enthält im Menü **Einstellungen** den nun aktiven Befehl **Schriftart**. Nach Anklicken dieses Befehls öffnet sich ein Dialogfeld, das Ihnen die Wahl einer anderen Schriftart für die Anzeige ermöglicht. Schriftgröße und -stil wählt UHR automatisch je nach Fenstergröße aus.

8.2 Uhr einstellen

Das Zubehör UHR zeigt Ihnen die Systemzeit des Computers an. Wenn diese Systemzeit korrekt eingestellt ist, erübrigt sich normalerweise ein Nachstellen. Beim Wechsel von Sommer- auf Winterzeit und umgekehrt muß UHR jedoch neu eingestellt werden.
Hierzu müssen Sie die SYSTEMSTEUERUNG aus der HAUPTGRUPPE verwenden. Klicken Sie in diesem Anwendungsfenster dann das Symbol für **Datum/Uhrzeit** an. In dem Dialogfeld können Sie nun durch Anklicken der Schaltflächen neben den Eingabefeldern oder durch direkte Eingabe in diese Felder Datum und Uhrzeit neu festlegen.

8.3 Vordergrunddarstellung

Das **Systemmenü** enthält bei UHR einen Zusatzbefehl: **Immer im Vordergrund**. Wählen Sie diesen Befehl, falls Sie die Uhrzeit auch dann noch ablesen wollen, wenn Sie mit Programmen in Vollbilddarstellung arbeiten. UHR überlagert dann jedes andere Fenster so lange, bis Sie diesen Befehl erneut wählen, um ihn zu deaktivieren.

8.4 Übungen 26–27

26) Starten Sie nacheinander UHR und dann eine zweite Anwendung, zum Beispiel WRITE, ohne UHR zu schließen. Verkleinern Sie beide Fenster derart, daß sie neben- oder übereinander auf dem Bildschirm sichtbar sind. Aktivieren Sie dann das Fenster der zweiten Anwendung, hier also beispielsweise WRITE. Läuft UHR jetzt noch im deaktivierten Fenster weiter?

27) Verkleinern Sie UHR einmal als Digital- und einmal als Analoguhr so weit wie möglich, so daß die Anzeige auch die Sekunden enthält und noch lesbar ist. Aktivieren Sie **Immer im Vordergrund**. Verschieben Sie UHR dann an den unteren Bildschirmrand. So können Sie mit anderen Anwendungen arbeiten und dabei ständig die Uhrzeit im Auge behalten.

9 *KALENDER*

9.1 Gebrauch und Aussehen

WINDOWS ist als eine Benutzeroberfläche konzipiert worden, die es dem Anwender gestattet, alle gängigen Büroarbeiten zu erledigen, auch die des privaten und freiberuflichen Bereichs. In einem solchen System darf natürlich auch ein Terminkalender nicht fehlen. Das Zubehör KALENDER ermöglicht die Verwaltung beliebig vieler unterschiedlicher Terminkalender. So können sich entweder verschiedene Personen je einen eigenen Terminkalender anlegen, oder Sie legen sich neben einem privaten auch einen geschäftlichen Terminplaner an. Jeder dieser Kalender wird als eigene Datei gespeichert, gekennzeichnet durch die Dateinamenserweiterung CAL.

9.1.1 Icon-Darstellung

Das KALENDER-Programm wird in der ZUBEHÖR-Gruppe durch folgendes Icon dargestellt:

Um dieses WINDOWS-Programm zu starten, müssen Sie, falls das ZUBEHÖR-Fenster noch nicht sichtbar ist, dieses zuerst öffnen (Icon doppelklicken oder Menübefehl **Fenster** des PROGRAMM-

MANAGERS benutzen). Dann müssen Sie nur noch das Icon doppelklicken.

9.1.2 Fenster-Darstellung

Durch den Aufruf wird ein Fenster geöffnet, das sich etwa so wie in der folgenden Abbildung darstellt:

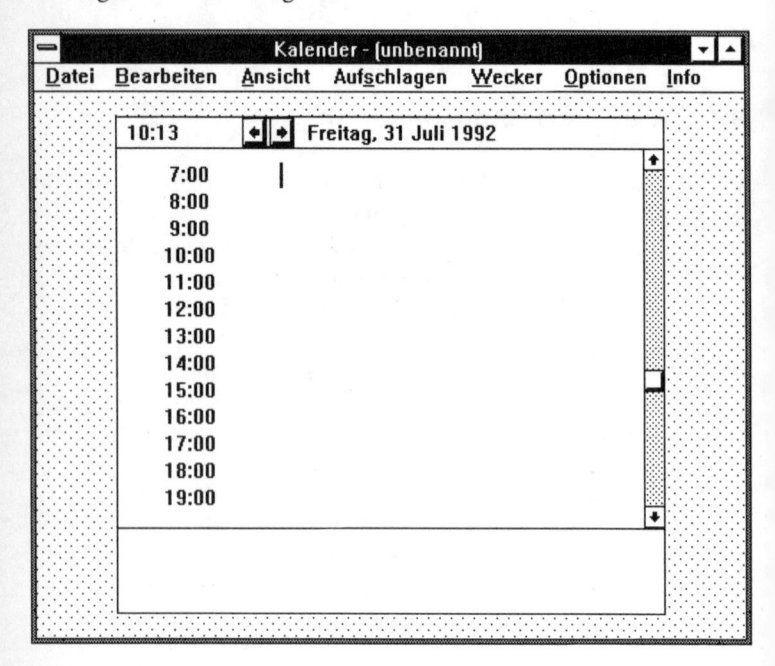

```
┌─────────────────────────────────────────────────┐
│  —           Kalender - (unbenannt)      ▼ ▲   │
│  Datei  Bearbeiten  Ansicht  Aufschlagen  Wecker  Optionen  Info │
│                                                 │
│   10:13      ← →   Freitag, 31 Juli 1992       │
│    7:00    |                                    │
│    8:00                                         │
│    9:00                                         │
│   10:00                                         │
│   11:00                                         │
│   12:00                                         │
│   13:00                                         │
│   14:00                                         │
│   15:00                                         │
│   16:00                                         │
│   17:00                                         │
│   18:00                                         │
│   19:00                                         │
└─────────────────────────────────────────────────┘
```

Sie sehen zunächst immer einen Terminkalender des aktuellen Tages. Diesen aktuellen Tag bestimmt der Computer an Hand des Systemdatums. Das Fenster kann auf Ihrem Computer natürlich größer oder kleiner dargestellt sein.

9.1.3 Tageskalender

Im Anwendungsbereich des Fensters sehen Sie ganz oben immer die aktuelle Uhrzeit und die Angaben zu Wochentag und Datum des aktuellen/heutigen Tages. Darunter sehen Sie einige Uhrzeitangaben mit stündlichem Abstand. Dieses **Zeitraster** wird zunächst standardmäßig vorgegeben. Die Uhrzeit, die Sie als erstes sehen (hier 7:00) ist die sogenannte **Anfangszeit**. Diese Anfangszeit kann von Ihnen selbst festgelegt werden und sollte sinnvollerweise dem täglichen Arbeitsbeginn entsprechen. Doch was ist mit den Stunden davor, falls einmal ausnahmsweise ein Termin früher angesetzt werden muß? Der Kalender umfaßt alle 24 Stunden eines Tages. Benutzen Sie die seitliche Bildlaufleiste oder die Tasten <BILD-NACH-OBEN> und <BILD-NACH-UNTEN>, so sehen Sie, daß der früheste Zeitpunkt 0:00 Uhr und der späteste 23:00 Uhr ist. Beim Start des Programms wird also nur ein bestimmter Ausschnitt des Terminplaners gezeigt.

Im unteren Teil des Fensters erkennen Sie, durch eine waagerechte Linie vom Terminbereich getrennt, das Notizfeld. Dieses Feld zeigt immer die zu dem jeweiligen Tag gespeicherten Bemerkungen, wie zum Beispiel nicht termingebundene Aufgaben, zu tätigende Anrufe, Geburtstage.

Die beiden Schaltfelder mit den Pfeilen zwischen der Uhrzeit und den Datumsangaben ermöglichen durch Anklicken ein Blättern zum vorherigen Tag (linkes Schaltfeld) oder zum nächsten Tag (rechtes Schaltfeld). Dabei wird immer das Zeitraster dieses Tages, beginnend mit der Anfangszeit, zusammen mit den Tagesnotizen dargestellt.

Durch Anklicken des Menüpunktes **Ansicht** erscheint eine Befehlsliste, die Ihnen die Wahl zwischen **Tag** und **Monat** läßt. Sie erkennen an dem Häkchen, daß zur Zeit die Tagesdarstellung aktiviert ist.

Wählen Sie nun **Monat** durch Anklicken oder durch Drücken der <F9>-Taste. An dieser Stelle noch ein kleiner Trick: Wenn Sie lieber die Maus zum Umschalten zwischen Tages- und Monatsanzeige benutzen, dann doppelklicken Sie das Datum, in unserem Beispiel den Text "Freitag, 31 Juli 1992".

9.1.4 Monatskalender

Die **Monatsdarstellung** zeigt Ihnen alle Tage eines Monats auf einen Blick. Der jeweils durch den Cursor angewählte Tag ist dunkel hinterlegt. Dies ist zunächst der heutige Tag, der zusätzlich durch spitze Klammern (> <) markiert ist. Sie können mit den Cursor- und den <BILD-NACH-OBEN>/<BILD-NACH-UNTEN>-Tasten andere Tage anwählen. Wenn Sie die beiden Schaltflächen neben den Tagesdatumsangaben benutzen, wird, unter Beibehaltung des Monatstages, zum vorherigen bzw. zum nächsten Monat geblättert.

```
┌─────────────────────────────────────────────────┐
│            Kalender - (unbenannt)           ▼ ▲ │
│ Datei  Bearbeiten  Ansicht  Aufschlagen  Wecker  Optionen  Info │
│                                                 │
│   10:14    ← →   Freitag, 31 Juli 1992          │
│                  Juli 1992                      │
│    S     M     D     M     D     F     S        │
│                      1     2     3     4        │
│    5     6     7     8     9    10    11        │
│   12    13    14    15    16    17    18        │
│   19    20    21    22    23    24    25        │
│   26    27    28    29    30   > 31 <           │
│                                                 │
└─────────────────────────────────────────────────┘
```

Auch in der Monatsdarstellung erkennen Sie im unteren Fensterteil den Notizbereich. Hier werden immer die zum speziellen angewählten Tag eingegebenen Bemerkungen bzw. nicht terminierten Aufgaben angezeigt. Natürlich können Sie sie auch in der Monatsansicht eingeben und ändern.

Auch hier ein kleiner *Tip*: Sie erhalten die Tagesansicht eines beliebigen Datums, indem Sie in der Monatsansicht den entsprechenden Tag doppelklicken.

9.2 Einige Vorüberlegungen zur Kalenderplanung

Bevor Sie jetzt Ihren ersten Terminkalender anlegen, müssen Sie einige Dinge klären bzw. sich überlegen.
Viele Kalenderangaben, wie beispielsweise die Anzahl der Tage im Februar und den Wochentag eines Datums, kann WINDOWS selbsttätig ermitteln. Es gibt jedoch nationale und regionale Feiertage, die ein Computer nicht automatisch kennt, ganz zu schweigen von den persönlichen Daten, wie zum Beispiel Geburtstagen und Urlaub. Diese Informationen müssen zunächst von Ihnen eingegeben werden.

9.2.1 Zeitraster

Der Kalender besitzt zudem eine Zeiteinteilung, die es erlaubt, zu jedem vorgegebenen Zeitpunkt einen Termin einzutragen. So können Sie nach dem ersten Start des Kalenders maximal 24 Termine eintragen, nämlich einen Termin zu jeder vollen Stunde. Dieses vorgegebene Zeitraster können Sie verfeinern, doch dazu sollten Sie sich vorher überlegen, in welchen Zeitabständen Sie Ihre Termine vereinbaren bzw. wie lange ein Termin im allgemeinen dauert. In den meisten Fällen dürfte ein halbstündiges Raster ausreichen. Aber was ist, wenn dann doch ein Termin um 15 Minuten nach oder vor einer vollen Stunde angesetzt wird? Keine Sorge, auch solche Termine können gespeichert werden. Da die Eingabe solcher, vom vorgegebenen Raster abweichender Termine jedoch etwas mühsamer ist, sollte das Raster so gewählt werden, daß diese Termine zu den Ausnahmen zählen.

9.2.2 Arbeitsbeginn

Ebenso können Sie zwar in der Tagesansicht alle Stunden durchsehen, jedoch ist es eine Arbeitserleichterung, wenn Ihnen der Terminkalender morgens zu Arbeitsbeginn nicht die Termine von 0:00 Uhr bis 6:00 Uhr, sondern die aktuellen der ersten Arbeitsstunden anzeigt.
Machen wir uns also an die Arbeit. Als erstes klicken Sie **Optionen** (oder drücken <ALT>+<O>) und danach **Tageseinstellungen** an (oder drücken <T>). Sie sehen jetzt folgendes Dialogfeld:

Als Intervall klicken Sie 30 an (oder drücken <NACH LINKS>). So
können Sie zu jeder halben Stunde einen Termin eintragen. Das Zeitformat lassen Sie am besten als 24-Stunden-Format, denn sonst wird
Ihnen zum Beispiel 15:00 Uhr als 3:00 angezeigt. Wichtig ist die Anfangszeit (zweimal <TABULATORTASTE> oder mit der Maus anklicken). Die Uhrzeit, die Sie hier eintragen, wird beim Aufruf von
KALENDER als erste angezeigt. Da Sie vor 8:00 Uhr normalerweise
keine Vereinbarungen treffen, tragen Sie 8:00 ein. Zum Abschluß
klicken Sie OK an, oder drücken Sie die <EINGABETASTE>.

9.3 Besondere Tage kennzeichnen

Nun tragen wir die allgemeinen Feiertage und privaten Anlässe ein.
Beginnen wir mit Neujahr, dem 1. Januar. Dazu klicken Sie in der
Menüleiste **Aufschlagen** (oder drücken Sie <ALT>+<S>) und anschließend **Datum** an (oder drücken Sie <D>). Tragen Sie nun als Tag
1.1.93 ein. Sollten Sie sich vertippen und dadurch das eingegebene
Datum ungültig sein, macht WINDOWS Sie durch eine Meldung
darauf aufmerksam. Diese Meldung müssen Sie durch <EINGABE-
TASTE> oder Anklicken der OK-Schaltfläche bestätigen. Dann
können Sie das Datum neu eingeben. KALENDER zeigt Ihnen nun
den Januar in der Monatsansicht, wobei der 1.1. dunkel hinterlegt ist.
Diesen Tag markieren wir nun als einen Feiertag. Hierzu klicken Sie
Optionen (oder drücken Sie <ALT>+<O>) und anschließend **Tag
markieren** an (oder drücken Sie <M>). Es erscheint ein Dialogfeld,
das eine Auswahl aus verschiedenen Tagesmarkierungen ermöglicht.

9.3.1 Markierungssymbole

Insgesamt stehen fünf verschiedene Markierungssymbole zur Verfügung.

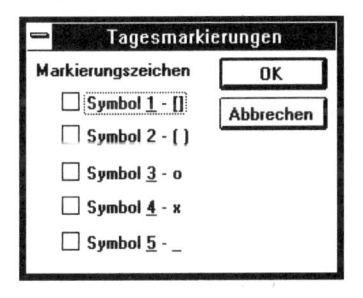

```
Tagesmarkierungen
Markierungszeichen        OK
    ☐ Symbol 1 - []
                          Abbrechen
    ☐ Symbol 2 - ( )
    ☐ Symbol 3 - o
    ☐ Symbol 4 - x
    ☐ Symbol 5 - _
```

Das Zeichen 1 erzeugt ein Rechteck/Quadrat um das Tagesdatum, Zeichen 2 klammert es ein, Zeichen 3 entspricht einem Punkt in der linken unteren Ecke eines Tagesfeldes, Zeichen 4 einem kleinen x links oben. Das Zeichen 5 unterstreicht das jeweilige Tagesdatum. Da es mit der Unterkante von Zeichen 1 zusammenfällt, können diese beiden Markierungen nicht für den gleichen Tag eingesetzt werden. Ansonsten kann jeder Tag eine beliebige Kombination aus diesen Markierungen erhalten.

Wir legen nun sinnvollerweise fest, welche Bedeutung die einzelnen Zeichen haben sollen. Dabei sollte eine Kombination der Zeichen 1 und 5 unsinnig sein. Dies könnte zum Beispiel so aussehen:

ZEICHEN	BEDEUTUNG
1	bundesweite Feiertage
2	regionale Feiertage (woanders wird gearbeitet)
3	Steuertermine für das Finanzamt
4	Geburtstage, an die man denken muß
5	Urlaubszeiten

Nach dieser Regelung erhält der 1. Januar also das Zeichen 1 als Markierung. Klicken Sie hierzu das entsprechende Kästchen an, oder drücken Sie die <LEERTASTE>; mit der <TABULATORTASTE> steuern Sie die anderen Kästchen an.

Als nächstes markieren Sie Ihren Geburtstag mit Zeichen 4. Mit den Funktionstasten geht dies noch schneller. Zunächst <F4>, Geburtsdatum eintragen und OK anklicken, dann <F6>, Kästchen für Zeichen 4 und wieder OK anklicken; schon erledigt.

9.3.2 Kommentare eintragen

So können Sie nun alle allgemeinen und persönlichen Feiertage und Tage mit anderen wichtigen Anlässen markieren. Bleiben wir aber noch bei Ihrem Geburtstag. Sicher wollen Sie ihn mit Freunden feiern. Hierzu möchten Sie sich eine Notiz eintragen. Klicken Sie hierzu den Notizbereich an, oder drücken Sie die <TABULATORTASTE>; nun können Sie das Gewünschte notieren. Wenn alles eingetragen ist, so gelangen Sie mit der <TABULATORTASTE> wieder in den Kalenderteil.
Nun sind alle Vorbereitungen abgeschlossen. Endlich können Termine eingetragen werden. Hierzu müssen Sie wieder die Tagesansicht einstellen. Wissen Sie noch auswendig, wie Sie dies am schnellsten erreichen? Genau! Sie drücken die <F8>-Taste.

9.4 Termine eintragen

Wie bereits erwähnt, können Sie sowohl Termine in das vorgegebene Zeitraster als auch davon abweichende Termine eintragen.

9.4.1 Zeitrastereintragung

Das Eintragen der Termine in das vorbereitete Raster ist sehr einfach. Zunächst benutzen Sie <F4>, um den gewünschten Tag aufzuschlagen. Sie steuern dann die jeweilige Zeit mit dem Cursor oder der Maus an und tragen Ihren Termin ein. Sie können mehr Text eintragen, als angezeigt werden kann, jedoch maximal 80 Zeichen. Wenn Sie versuchen, mehr einzutragen, erhalten Sie eine Meldung, daß Ihr Eintrag abgeschnitten wird.

9.4.2 Zwischentermine

Vom Zeitraster abweichende Termine werden anders eingegeben. Nehmen wir einmal an, Sie müssen heute unbedingt früher weggehen, sagen wir um 16:40 Uhr. Den heutigen Tag schlagen Sie schnell wieder auf, indem Sie zuerst **Aufschlagen** und dann **Heute** anklicken (bzw. <ALT>+<S>, <H> drücken). Drücken Sie nun die <F7>-Taste. Dies entspricht der Wahl des Befehls **Besondere Uhrzeit** aus dem Menü **Optionen**. In das Dialogfeld tragen Sie jetzt den Termin ein.

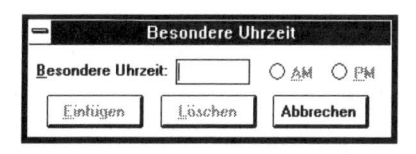

Sie sehen, daß die Optionen AM und PM grau dargestellt, das heißt inaktiv sind. Sie werden nur benutzt, wenn Sie bei den Tageseinstellungen das 12-Stunden-Format gewählt haben.
Sie klicken nun **Einfügen** an oder drücken die <EINGABETASTE>. Sie sehen, daß KALENDER in das Raster einen abweichenden Termin eingefügt und den Cursor bereits in die Zeile positioniert hat. Sie können also sofort Ihren Termineintrag vornehmen.
Sicher wollen Sie aber nicht ständig auf die Uhr sehen, damit Sie diesen Termin nicht versäumen. Hierzu verfügt KALENDER über eine eingebaute Weckeinrichtung, die Sie an jeden gewünschten Termin erinnern kann.

9.5 Wecker benutzen

Die Weckeinrichtung von KALENDER verfügt über die Möglichkeit, Sie durch optische und wahlweise ein akustisches Signal entweder genau zum Termin oder bis zu 10 Minuten vorher zu erinnern. Diese Optionen wollen wir zunächst einstellen. Hierzu klicken Sie **Wecker** (oder drücken Sie <ALT>+<W>) und anschließend **Optionen** an (oder drücken Sie <O>).
Tragen Sie nun die Anzahl Minuten ein, um die Sie vorzeitig an einen Termin erinnert werden möchten.

Achtung:
Diese Einstellung gilt für **alle** Termine Ihres Terminkalenders!

Wenn Sie auf das akustische Signal verzichten möchten, so klicken Sie das entsprechende Kontrollkästchen an. Der Wecker benutzt dann nur optische Signale, um Sie zu erinnern. Diese können folgendermaßen aussehen:

Kalenderstatus	Signal
aktives Fenster	Ein Dialogfeld erscheint (siehe unten)
inaktives Fenster	Titelleiste und Rahmen des Fensters blinken
Symbol	Symbol blinkt

Wenn Sie die gewünschten Einstellungen vorgenommen haben, so klicken Sie OK an, oder Sie drücken die <EINGABETASTE>.
Sie können nun bestimmen, zu welchen Terminen Sie erinnert werden möchten. Positionieren Sie hierzu den Cursor auf den gewünschten Termin, klicken Sie nacheinander **Wecker** und **Stellen** an, oder drücken Sie <ALT>+<W> und dann <S>. Einfacher geht es noch, indem Sie die Funktionstaste <F5> benutzen. Nach einmaligem Drücken ist Ihr Wecker für den Termin eingeschaltet; ein zweites Mal drücken schaltet ihn ab. Sie erkennen den jeweiligen Weckerstatus an einer Glocke, die links neben dem Termin angezeigt wird, wenn der Wecker eingeschaltet ist.
Wenn nun die Systemzeit Ihres Computers anzeigt, daß der Erinnerungszeitpunkt gekommen ist, so macht Sie der Wecker durch die optischen Signale und gegebenenfalls durch viermaliges Piepen auf den Termin aufmerksam. Das Blinken wird beibehalten, bis Sie es abschalten.
Sobald Sie das Symbol auswählen oder das Fenster aktivieren, erscheint ein Dialogfeld, das etwa so aussieht:

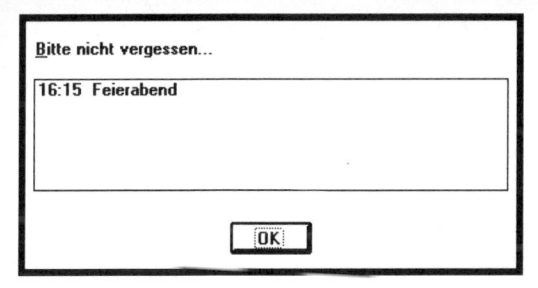

Bestätigen Sie mit OK und der Wecker ist abgeschaltet.

9.6 Termine bearbeiten

Termine erledigen sich auch schon einmal von selbst, werden abgesagt oder verschoben. Derartige Veränderungen können Sie mit dem Zubehör KALENDER natürlich auch durchführen. Das Bearbeiten der Texteinträge geschieht unter Zuhilfenahme der ZWISCHENABLAGE, deren Arbeitsweise Sie ja bereits kennen.
So können Sie beispielsweise einen Eintrag wie "Umsatzsteuer zahlen" oder "Geburtstagsgeschenk kaufen", der bestimmt im Laufe des Jahres häufiger verwendet wird, einmal schreiben und dann kopieren. Hierzu müssen Sie den einmal geschriebenen Text mit der Maus markieren und ihn dann mit **Bearbeiten** und **Kopieren** in die ZWISCHENABLAGE kopieren. Mit **Bearbeiten** und **Einfügen** können Sie diesen Text dann zu allen Terminen kopieren, zu denen er benötigt wird.
Wenn Sie einen einzelnen Termin verschieben wollen, so müssen Sie den dazugehörigen Texteintrag mit der Maus markieren. Dann wählen Sie **Bearbeiten** und **Ausschneiden**, wodurch der Eintrag in der ZWISCHENABLAGE abgelegt wird. Mit <F4> wählen Sie den neuen Tag und mit den Cursortasten den neuen Termin an. Dann können Sie mit **Bearbeiten** und **Einfügen** den Eintrag aus der ZWISCHENABLAGE übernehmen. Sollten Sie für den Termin jedoch die Weckeinrichtung eingeschaltet haben, so wird diese nicht mit kopiert. Sie müssen den Wecker separat beim alten Termin abschalten und beim neuen Termin einschalten.

Das Löschen eines einzelnen Termins geschieht fast auf die gleiche Art, nur daß Sie ihn nicht wieder einfügen.

Der Menüpunkt **Bearbeiten** und **Löschen** dient zum Löschen **aller** Termine eines ganzen Tages oder mehrerer Tage. Wenn Sie diesen Befehl anklicken, erscheint ein Dialogfeld, in das Sie den ersten und den letzten zu löschenden Tag eingeben.

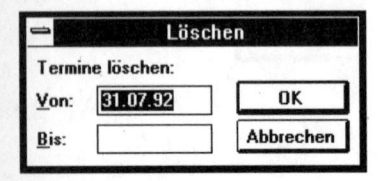

Sofern Sie nur das Eingabefeld **Von** ausfüllen, werden nur die Termine dieses einen Tages gelöscht.

9.7 Kalender speichern

Nachdem nun Termine eingegeben worden sind, müssen sie nur noch für später auf die Festplatte bzw. Diskette gespeichert werden. Wählen Sie **Datei** und **Speichern unter**, und geben Sie einen Namen, eventuell mit vorangestelltem Verzeichnis, für Ihren Kalender an, beispielsweise PRIVAT, um ihn als privaten Terminkalender zu kennzeichnen. Dieser Name muß den DOS-Konventionen entsprechen (maximal acht Zeichen, keine Leerzeichen usw.). Wenn Sie keine Erweiterung angeben, benutzt WINDOWS automatisch die Erweiterung CAL. So kann KALENDER immer erkennen, daß es sich bei der Datei PRIVAT.CAL um eine Terminkalenderdatei handelt.

9.8 Kalender drucken

Wollen Sie Ihren Terminkalender mit auf Reisen oder zu Veranstaltungen nehmen, oder soll nicht der Computer, sondern Ihre freundliche Sekretärin das Erinnern übernehmen, so können Sie sich die Termine ausdrucken lassen. Es werden dann nur die Termine eines jeden Tages mit den Tagesnotizen gedruckt, d.h. Sie erhalten keine leeren

Seiten für Tage, an denen keine Termine vereinbart wurden. Diejenigen Termine, zu denen Sie die Weckeinrichtung eingeschaltet haben, werden zusätzlich durch einen Stern gekennzeichnet.

9.8.1 Layout

Nun legen Sie das Layout Ihrer Terminliste fest. Hierzu klicken Sie **Datei** und anschließend **Seite einrichten** an, oder Sie Drücken <ALT>+<D> und dann <R>. Es erscheint anschließend ein Dialogfeld, in das Sie Kopf- und Fußzeilentexte eingeben sowie Randeinstellungen für Ihre Liste vornehmen können.

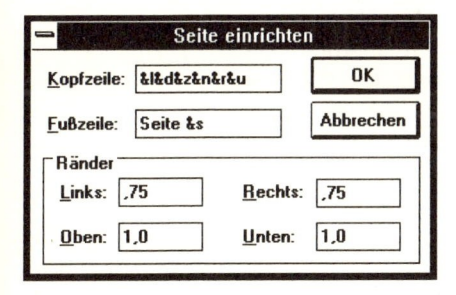

In obigem Beispiel werden Codes benutzt, um Systemangaben wie Systemdatum und Systemzeit, die Seitennummer und den Dateinamen Ihres Kalenders auszudrucken.

Im einzelnen bedeuten:

Code	Bedeutung
&l	linksbündig den nachfolgenden Text ausrichten
&d	aktuelles Systemdatum
&z	zentrisch den nachfolgenden Text ausrichten
&n	Dateiname Ihres Terminkalenders
&r	rechtsbündig den nachfolgenden Text ausrichten
&u	aktuelle Systemuhrzeit
&s	aktuelle Seitennummer

Die Kopfzeile Ihrer Liste sieht dann also etwa so aus:

```
06.06.92                    PRIVAT.CAL                    18:35:12
```

Die Fußzeile erscheint etwa folgendermaßen:

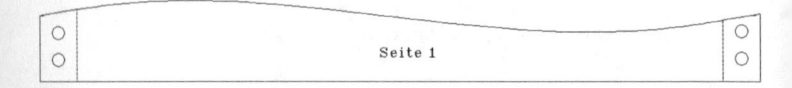

```
                              Seite 1
```

Die Randangaben sind in **Zoll** zu interpretieren. Klicken Sie OK an, oder drücken Sie die <EINGABETASTE>, um das Layout festzulegen.

9.8.2 Drucken

Nun kann gedruckt werden. Wählen Sie **Datei** und **Drucken**. In das Dialogfeld, das nun erscheint, müssen Sie noch den ersten Tag, dessen Termine Sie drucken wollen, eingeben. Vorgeschlagen wird immer der gerade ausgewählte Tag. Ähnlich wie beim Löschen von Terminen wird nur dieser Tag gedruckt, wenn Sie die Angabe **Bis** leerlassen. Ansonsten tragen Sie hier den letzten Tag ein, dessen Termine gedruckt werden sollen.

Hinweis:
Stellen Sie sicher, daß Ihr Drucker korrekt eingestellt ist. Dies können Sie durch **Datei** und **Druckereinrichtung** überprüfen.

9.9 Übungen 28–33

28) Erstellen Sie einen neuen Kalender (**Datei** und **Neu** auswählen) für das laufende Jahr, in dem Sie alle gesetzlichen Feiertage mit dem Markierungszeichen 1 markieren. Speichern Sie diesen Kalender unter dem Namen STANDARD.

29) Nehmen Sie folgende Tageseinstellungen für den Kalender STANDARD vor:
    a) Anfangsarbeitszelt 8:30 Uhr
    b) 24-Stunden-Format
    c) Zeitraster in Abständen von 15 Minuten

30) Stellen Sie die Weckeinrichtung so ein, daß 5 Minuten vor einem Termin ein Signalton ertönt, und speichern Sie.

31) Sie beabsichtigen, im Zeitraum zwischen Weihnachten und Neujahr einen Kurzurlaub zu nehmen. Markieren Sie die Tage innerhalb dieses Zeitraums mit dem Markierungszeichen 4.

32) Kehren Sie mit dem schnellsten Befehl zum heutigen Tag zurück, und tragen Sie – von der aktuellen Uhrzeit gerechnet – einen Termin für 10 Minuten später ein. Als Termintext geben Sie "Rückruf Fa. Meyer" ein. Aktivieren Sie für diesen Termin den Wecker, und bringen Sie KALENDER auf Symbolgröße.

33) Wenn das Symbol blinkt, klicken Sie es an. Drucken Sie anschließend Ihren Terminkalender STANDARD für den heutigen Tag. Definieren Sie das Layout so, daß in der Kopfzeile der Kalendername und in der Fußzeile der Text "Stand vom: ", gefolgt von Druckdatum und Druckzeit, angezeigt werden. Speichern Sie!

10 KARTEI

10.1 Gebrauch und Aussehen

Das Zubehör KARTEI simuliert Ihnen einen Karteikasten, genauer gesagt, mehrere Kästen, denn so wie Sie sich für verschiedene Zwecke eigene Karteien anlegen, so können Sie dies auch mit KARTEI. Dieses Zubehör stellt eine kleine Datenbank dar, mit der WINDOWS Informationen organisieren, wiederfinden und verarbeiten hilft. Es kann natürlich nicht mit den großen professionellen Datenbanksystemen konkurrieren, aber dazu ist es auch nicht gedacht. Sie werden sehen, daß KARTEI für die meisten kleineren Aufgaben, die bei der täglichen Arbeit anfallen, bestens geeignet ist. So können Sie nicht nur Texte in Ihrer kleinen Datenbank speichern, sondern auch Bilder, womit KARTEI mancher Profi-Datenbank überlegen ist.

10.1.1 Icon-Darstellung

Die Anwendung KARTEI wird im Fenster ZUBEHÖR durch folgendes Icon dargestellt:

Sie starten diese Anwendung in bekannter Weise durch Doppelklikken des Icons. WINDOWS öffnet daraufhin ein Fenster für KARTEI.

10.1.2 Fenster-Darstellung

Nach dem Start stellt sich dieses Fenster standardmäßig wie unten abgebildet dar:

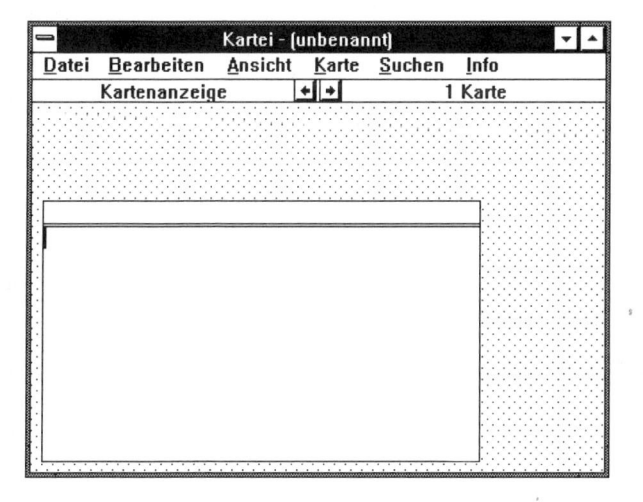

Sie erkennen unterhalb der Menüleiste eine weitere Leiste, die Statusangaben enthält. In diesem Fall werden der Anzeigemodus ("Kartenanzeige") und die Anzahl bereits existierender Karten ("1 Karte") dargestellt. Die beiden Schaltflächen in dieser Leiste dienen wie beim KALENDER zum Durchblättern des Karteikastens, vorausgesetzt natürlich, er enthält mehr als eine Karte.
Im unteren Teil des Fensters sehen Sie das naturgetreue Abbild einer leeren Karteikarte. Diese Karte ist durch eine waagerechte Linie in den Stichwortteil (oben) und den Kartenteil (unten) unterteilt. KARTEI bietet Ihnen beim Start und beim Anlegen einer neuen Kartei zuerst immer eine leere Karte an.

10.1.3 Kartenanzeige

Sie können bei KARTEI zwei verschiedene Anzeigemodi verwenden, von denen jeder etwas unterschiedliche Möglichkeiten der Bearbeitung bietet. Diese Modi stellen Sie durch Wahl von **Ansicht** ein. Klicken Sie diesen Befehl an. Sie erkennen durch ein Häkchen neben **Karte**, daß die Kartenanzeige eingestellt ist. Diese haben Sie bereits im obigen Bild kennengelernt.

10.1.4 Listenanzeige

Wählen Sie nun das Listenformat durch Anklicken von **Ansicht** und **Liste**. Die Fensterdarstellung ändert sich folgendermaßen:

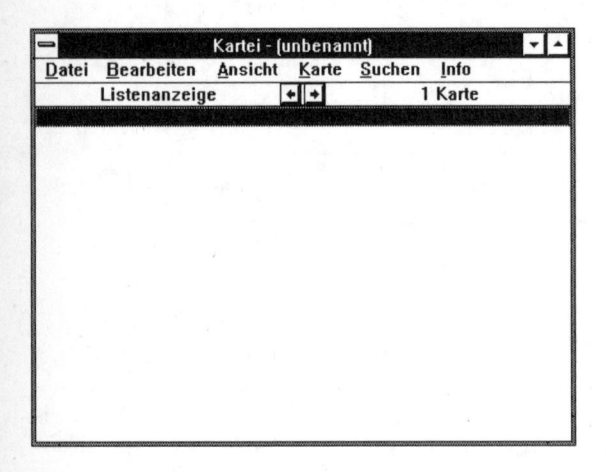

Die Statuszeile ist aktualisiert worden, und die leere Karteikarte ist verschwunden. Statt dessen erkennen Sie einen schwarzen Balken, der hier für diese leere Karte steht. Wenn Ihre Kartei mehrere Karten enthält, werden Sie in dieser Darstellung für jede Karte eine Zeile erkennen, nämlich den Stichwortteil.

Zunächst wollen wir aber weiterhin mit der Kartenansicht arbeiten. Stellen Sie deshalb die Anzeige um. Also **Ansicht** auswählen und **Karte** einstellen.

10.2 Karteiplanung

Wie bereits erwähnt, stellt KARTEI eine kleine Datenbank dar. Daher wollen wir zunächst einige Überlegungen anstellen, bevor wir die erste Kartei anlegen. Diese Vorüberlegungen sind ratsam, damit die spätere Arbeit mit unserer Kartei möglichst optimal durchgeführt werden kann. Aber keine Angst; wir werden jetzt nicht in datenbanktheoretische Abhandlungen verfallen, sondern nur einige grundlegende Überlegungen anstellen.

10.2.1 Ordnungsbegriffe und Stichworte

Wenn Sie eine Kartei anlegen, dann sollen die einzelnen Karten in einer bestimmten Reihenfolge angeordnet werden. Diese Reihenfolge richtet sich nach den sogenannten Ordnungsbegriffen. Das sind die ersten Wörter, die in die Stichwortzeile eingetragen werden.
Diese Ordnungsbegriffe dienen auch zum schnellen Auffinden bestimmter Karten. Zum schnellen Auffinden werden aber nicht nur die ersten Wörter, sondern alle Zeichen der Stichwortzeile eingesetzt. Die Stichwortzeile ist also wie bei einem Buch unser Index für die gesamte Kartei. Sie kann je Karte maximal 40 Zeichen inklusive der Leerstellen aufnehmen. Zu jeder Kartei, die Sie anlegen, sollten Sie sich also überlegen, wodurch die Reihenfolge bestimmt wird und wonach Sie suchen wollen.

Beispiel:
Sie legen eine Adreßkartei an, deren Karten in alphabetischer Folge der Nachnamen angeordnet werden sollen. Sie möchten aber auch nach der PLZ und dem Ort schnell suchen können. Ihre Stichworteinträge könnten dann so aussehen:

Bauer 8000 München
Schneider 5000 Köln

In einem anderen Fall möchten Sie eine Immobilienkartei anlegen, die nach den Objektwerten sortiert ist. Schnelles Suchen soll auch nach dem Ort möglich sein. In diesem Fall sehen Ihre Stichwortzeilen so aus:

050.000 DM Leipzig
120.000 DM Berlin

Beachten Sie, daß immer das erste Wort bzw. der erste Begriff die Reihenfolge bestimmt.

Achtung:
Zahlen werden hierbei nicht nach ihrem Wert, sondern nach der Ziffernfolge einsortiert. Daher müssen Sie gegebenenfalls mit führenden Nullen bis zur größtmöglichen Stellenzahl aufgefüllt werden.

10.2.2 Kartenteil

Der untere Kartenteil nimmt die eigentlichen Informationen auf, die gespeichert werden sollen. Der Speicherplatz je Karte reicht für 11 Zeilen zu je 40 Zeichen Text. Wenn Ihnen dieser Platz nicht ausreicht, so werden 2 oder mehr Karten für den Fortsetzungstext verwendet. Die Stichwortzeilen dieser Karten sollten dann bis auf eine fortlaufende Zahl an ihrem Ende identisch sein, etwa so:

Karteibeschreibung 01
Karteibeschreibung 02
usw.

In diesem Kartenteil können Sie neben Text aber auch Bilder und andere Objekte abspeichern oder mit Text ergänzen. Wir werden dies in diesem Kapitel am Beispiel einer Wegeskizze demonstrieren, die Sie mit dem Zubehör PAINTBRUSH erstellt haben. In Kapitel 13 zeigen wir, wie Sie Karteikarten mit dem KLANGRECORDER Sprache zufügen.

10.2.3 Telefonnummern

Für Besitzer eines Hayes- oder hayeskompatiblen Modems verfügt KARTEI über eine nützliche Zusatzeinrichtung. Es kann nämlich automatisch eine auf einer Karte gespeicherte Telefonnummer anwählen. Da es mittlerweile auch bei uns Modems gibt, die diesen Modus unterstützen, werden wir später noch hierauf eingehen.
Da eine Software jedoch eine Postleitzahl nicht von einer Telefon-

nummer unterscheiden kann, muß sie nach einem bestimmten Verfahren die Telefonnummer identifizieren. Bei KARTEI geschieht dies so: Die erste Zeichenfolge aus mehr als 3 Ziffern und eventuell auch zusätzlichen Bindestrichen, die in der Stichwortzeile oder im Kartenteil gefunden wird, wird als Telefonnummer für diese automatische Wahl benutzt.
Wenn Sie die automatische Rufnummernwahl also später nutzen wollen, so sollten Sie Telefonnummern am besten mit in die Stichwortzeile aufnehmen, um Fehlinterpretationen durch KARTEI zu verhindern.

10.3 Eine Kartei anlegen

Nun aber genug der Theorie. Fangen wir also an und erstellen als erstes eine Adreßkartei mit folgenden Daten:

Name	Anschrift	Telefon
Karl Schnieder	Wallstr. 123, W-5300 Bonn	0228-1234
Willi Bauer	Steinstr. 678, W-1000 Berlin 81	030-1234567
Carola Müller	Hauptstr. 1256, O-5010 Erfurt	003761-6668

Unsere Vorüberlegungen hatten folgende Ergebnisse:
Als Ordnungsbegriffe wählen wir die Nachnamen bzw. Firmennamen. Zusätzlich werden zum schnellen Suchen die Orte mit in die Stichwortzeile aufgenommen. Die Telefonnummern stehen am Ende der Stichwortzeile, damit keine andere Zahl, wie zum Beispiel die Postleitzahl, vorher gefunden wird.

10.3.1 Leerkarte bearbeiten

Bei jedem Anlegen einer neuen Kartei wird immer zuerst die leere Karte ausgefüllt. Wir beginnen direkt mit der ersten Adresse, denn das Einordnen übernimmt KARTEI automatisch.
Zuerst füllen wir die Stichwortzeile aus. Hierzu wählen Sie **Bearbeiten** und anschließend **Stichwort** durch Anklicken. Sie sehen im Pulldown-Menü, daß Sie auch die Funktionstaste <F6> zum schnelleren

Aufruf benutzen können. Es erscheint ein Dialogfeld, in das Sie nun den Namen, den Ort und die Telefonnummer eintragen:

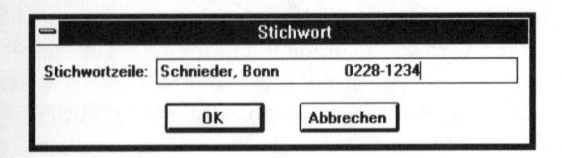

```
┌─────────────────────────────────────────────────┐
│                    Stichwort                     │
├─────────────────────────────────────────────────┤
│ Stichwortzeile: │Schnieder, Bonn    0228-1234│  │
│                                                  │
│              ┌──────┐  ┌──────────┐              │
│              │  OK  │  │ Abbrechen│              │
│              └──────┘  └──────────┘              │
└─────────────────────────────────────────────────┘
```

Wir haben nur der besseren Optik wegen etwas Zwischenraum zwischen dem Ort und der Telefonnummer gelassen. Wenn Sie hier zu oft die Leertaste drücken, dann kann es passieren, daß Sie keinen Platz mehr für die Telefonnummer haben, denn die Stichwortzeile nimmt maximal 40 Zeichen auf. Löschen Sie dann einige Zeichen, bevor Sie den Rest der Ordnungsbegriffe eingeben.

Geben Sie nun über die Tastatur die Adresse wie abgebildet ein:

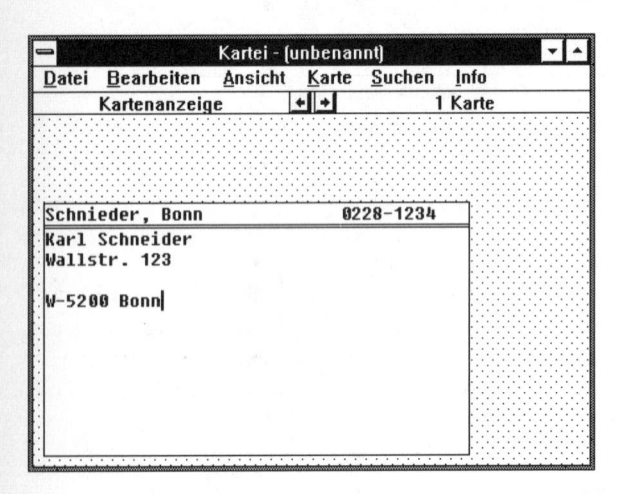

```
┌─────────────────────────────────────────────────┐
│              Kartei - (unbenannt)          ▼ ▲  │
├─────────────────────────────────────────────────┤
│ Datei  Bearbeiten  Ansicht  Karte  Suchen  Info │
│      Kartenanzeige      ← →        1 Karte      │
├─────────────────────────────────────────────────┤
│                                                  │
│   Schnieder, Bonn              0228-1234        │
│   Karl Schneider                                 │
│   Wallstr. 123                                   │
│                                                  │
│   W-5200 Bonn                                    │
│                                                  │
└─────────────────────────────────────────────────┘
```

In der Kartenansicht befindet sich der Cursor immer im Kartenteil der Vordergrundkarte, so daß alle Eingaben dort erscheinen. Alle Ergänzungen und Korrekturen können auf dieser Karte durch Positionieren des Cursors und Tastatureingaben vorgenommen werden. Jede Änderung können Sie durch Anklicken von **Bearbeiten** und **Wiederherstellen** auch rückgängig machen, solange weder die Kartei gespeichert noch die Karte selber eingeordnet wurde, das heißt solange sie im Vordergrund bleibt.

10.3.2 Neue Karten hinzufügen

Für die zweite und alle weiteren Adressen müssen nun jeweils neue Karten eingefügt werden. Hierzu wählen Sie **Karte** und **Hinzufügen** durch Anklicken mit der Maus. Wenn Sie sich, wie in der Menüliste angezeigt, die Taste <F7> merken, so geht es für die Folgekarten schneller. Für jede neue Karte erscheint zunächst das Dialogfeld für die Stichwortzeile, die Sie ausfüllen:

Bauer, Berlin   030-1234567

Wenn Sie danach OK anklicken, erscheint im Fenstervordergrund eine neue Karte, die bis auf die Stichwortzeile noch leer ist. Füllen Sie sie nun mit den restlichen Angaben aus.

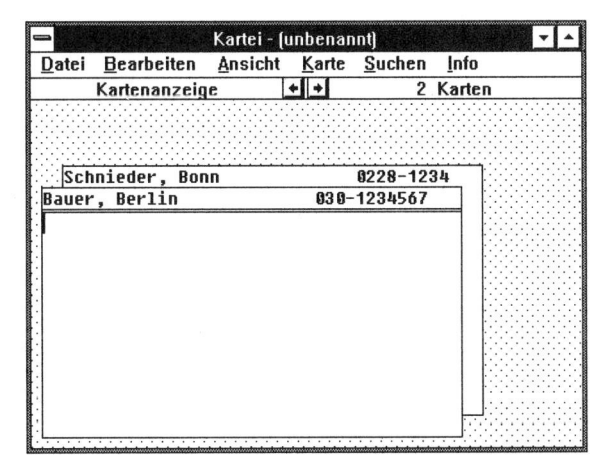

10.3.3 Text-Karten

Die bisher angelegten Karten enthalten nur Text, nämlich die Anschrift der jeweiligen Person. Wählen Sie einmal durch Anklicken **Bearbeiten** aus der Menüleiste. Sie sehen im unteren Teil des Popup-Menüs, daß **Text** durch ein Häkchen markiert ist.

Dies bedeutet, daß Sie Buchstaben über die Tastatur eingeben, Texte aus der ZWISCHENABLAGE heraus- und in sie hineinkopieren bzw. herausschneiden können. Alle Manipulationen beziehen sich also immer auf Zeichenfolgen, die einzeln oder in Gruppen markiert und bearbeitet werden.

Das Fassungsvermögen für Text ist je Karte jedoch begrenzt. Sie können maximal 11 Zeilen mit bis zu 40 Zeichen eingeben. Wenn Sie versuchen, über die ZWISCHENABLAGE einen Text aus mehr als 440 Zeichen einzufügen, so wird dies nicht ausgeführt.

10.3.4 Bild-Karten

Mit KARTEI können Sie auch Bilder und andere Objekte speichern, wie zum Beispiel Klänge und Pakete. **Bilder** werden in der Regel jedoch **nur als Ganzes** bearbeitet, das heißt Sie können ein Bild auf eine Karte kopieren, dieses Bild verschieben oder es löschen. Korrekturen am Bild sind im allgemeinen **nicht** möglich. Dazu müßten Sie das zu verändernde Bild über die Zwischenablage in PAINTBRUSH einfügen, mit PAINTBRUSH bearbeiten und dann über ZWISCHENABLAGE zurück in KARTEI einfügen. Anders verhält es sich jedoch, wenn die Grafik von einem OLE-Server-Programm, wie beispielsweise PAINTBRUSH, geliefert wird. Sie erinnern sich aus Kapitel 5, daß KARTEI ein OLE-Client-Programm ist. **Eingebettete** oder **verknüpfte Objekte** können daher direkt aus KARTEI heraus **bearbeitet** werden.

Wir wollen nun eine Bildkarte erstellen, die unsere kleine Wegeskizze enthält, die wir mit PAINTBRUSH erstellt haben. Zu diesem Zweck starten Sie bitte PAINTBRUSH, laden anschließend die Datei PLAN.BMP, markieren die Skizze mit der **Rechteckschere** und wählen dann **Bearbeiten** und **Kopieren**. Sie können PAINTBRUSH jetzt wieder schließen. Die Skizze befindet sich nun in der ZWISCHENABLAGE.

Legen Sie nun in KARTEI eine neue Karte an, und tragen Sie als Stichwörter die Angaben der Frau Müller aus unserer Liste ein. Drücken Sie nun <UMSCHALTTASTE>+<EINFG-TASTE>, um den Inhalt der ZWISCHENABLAGE zu übernehmen. Dies entspricht dem Befehl **Bearbeiten** und **Einfügen**. Ihre Skizze ist nun auf der Karte automatisch **eingebettet** worden und kann durch einen Doppelklick direkt geändert werden.

Hinweis:
Wenn Ihr Bild nicht erscheint, wählen Sie **Bearbeiten** und **Bild**.

Doppelklicken Sie auf der Skizze! PAINTBRUSH erscheint mit bereits geladenem Plan. Radieren Sie das Parkplatzzeichen, und wählen Sie aus dem PAINTBRUSH-Menü zuerst den Befehl **Aktualisieren** und dann **Beenden & Zurück zu (unbenannt)**. Speichern Sie nicht! Die Karte zeigt nun die geänderte Skizze. Starten Sie zur Kontrolle PAINTBRUSH, und öffnen Sie den Plan. Sie sehen, der Parkplatz befindet sich noch auf der Skizze. PAINTBRUSH hat also nur die Skizzen**kopie** der KARTEI bearbeitet.

Wechseln Sie zur KARTEI, und fügen Sie eine neue Karte hinzu. Da unsere Skizze sich jetzt immer noch in der ZWISCHENABLAGE befindet, können wir Sie erneut einfügen; jetzt aber mit dem Befehl **Verknüpfung einfügen** aus dem Menü **Bearbeiten**. Doppelklicken Sie erneut, und radieren Sie nun den Nord-Pfeil. Speichern Sie die Änderung, und beenden Sie PAINTBRUSH. Auf der Karte ist der Pfeil ebenfalls verschwunden. Wenn Sie mit PAINTBRUSH nun erneut die Datei PLAN.BMP kontrollieren, so stellen Sie fest, daß er auch im Original fehlt. Mit **Verknüpfung einfügen** ist also eine Verbindung zur Originaldatei hergestellt worden. Dies geht natürlich nur, nachdem eine Zeichnung **gespeichert** wurde.

Sollte die Skizze bzw. ein Bild zu groß für die Karte sein, so stellt dies kein großes Problem dar. Selbst nach dem Speichern Ihrer Kartei können Sie das Bild auf der Karte so verschieben, daß der gewünschte Ausschnitt sichtbar wird. Die Karte arbeitet also wie ein Fenster, durch das Sie auf das Bild sehen. Gegebenenfalls müssen Sie die Maus zum Verschieben mehrmals ansetzen, wenn die Verschiebung größer ist als die Kartenmaße.

Wählen Sie **Bearbeiten** und **Wiederherstellen** und dann **Bearbeiten** und **Inhalte einfügen**. Klicken Sie im Dialogfeld **Inhalte einfügen** auf **Einfügen**. Ihre Skizze ist nun eingebettet und kann direkt bearbeitet werden. Hierzu müssen Sie sie jetzt nur doppelklicken. PAINTBRUSH wird automatisch gestartet, und auf der Zeichenfläche befindet sich bereits die Skizze. Wählen Sie **Datei** und **Beenden & Zurück zu (unbenannt)**. Durch diese Technik wird jedoch nur die Skizzenkopie auf der Karte und nicht das gespeicherte Original bearbeitet.

Wählen Sie nun bitte noch einmal **Bearbeiten** und **Wiederherstellen**. Starten Sie erneut PAINTBRUSH, und wiederholen Sie die im zwei-

ten Absatz genannten Schritte, ohne PAINTBRUSH zu schließen.
Wechseln Sie zurück zu KARTEI. Wählen Sie jetzt **Bearbeiten** und
Verknüpfung einfügen. Jetzt können Sie ebenfalls die Skizze durch
Doppelklicken direkt zum Bearbeiten aufrufen, wobei jedoch nun
immer das **Original** bearbeitet wird!

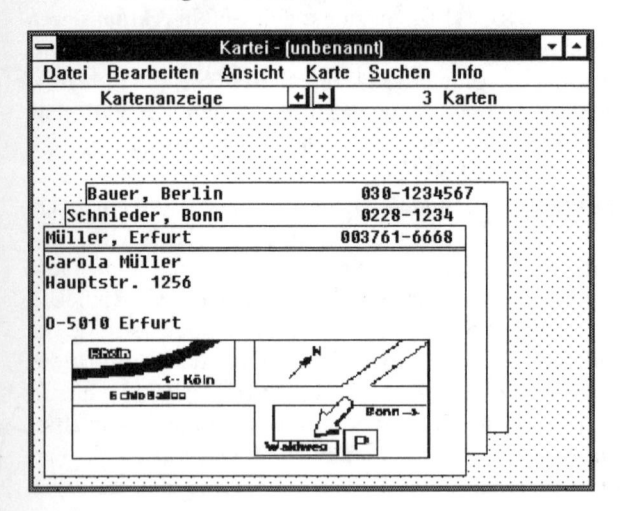

10.3.5 Gemischte Karten

Mit KARTEI sind Sie natürlich nicht auf reine Bild- bzw. Textkarten
beschränkt, sondern Sie können einem Bild auch Texterläuterungen
zufügen, also gemischte Bild- und Textkarten erstellen.
Hierzu schalten Sie durch Anklicken von **Bearbeiten** und **Text** vom
Bild- wieder in den Textmodus. Schreiben Sie jetzt folgenden Text:

    Anfahrt zu Fam. Müller

Das Ergebnis sieht etwas unübersichtlich aus; als wenn Sie auf eine
Folie geschrieben hätten, die den Lageplan enthält. KARTEI verwaltet auf den Karten zwei verschiedene "Ebenen", eine für Bilder
und eine für Text. Sie müssen also entweder durch eingefügte Zeilen-
schaltungen bzw. Leerzeichen den Text auf eine andere Position bringen oder das Bild verschieben. Denken Sie daran, daß Sie vor dem
Bearbeiten von Text oder Bild den jeweiligen Modus einschalten!

Achtung:
Wenn Sie bereits ein Bild in die "Bildebene" kopiert haben, so können Sie kein weiteres Bild auf dieser Karte speichern. Jedes neue Bild ersetzt das alte Bild – unabhängig von seiner Größe. Wenn Sie mehrere Bilder speichern wollen, so müssen Sie für jedes Bild eine eigene Karte verwenden. Denken Sie daran, daß in den Stichwortzeilen der Zusatzkarten der gleiche Text, eventuell mit einer Ergänzung, stehen muß, damit sie korrekt hinter ihre "Schwesterkarten" einsortiert werden.

10.4 Kartei speichern

Jede kleine Datenbank, die Sie mit KARTEI anlegen, wird als eigene Datei mit der Erweiterung CRD gespeichert. So kann man also thematisch getrennte Karteien erstellen und separat speichern. Hierzu wählen Sie aus der Menüleiste **Datei** und dann **Speichern unter**. Praktischerweise sollten Sie Namen wählen, die auf den Inhalt der Karteien schließen lassen, allerdings müssen Sie sich an die DOS-Konventionen halten (maximal acht Zeichen, keine Leerstellen usw.).

10.5 Kartei drucken

Manchmal benötigen Sie Ihre Daten auch auf Papier. KARTEI ermöglicht Ihnen, entweder eine einzelne, nämlich die Vordergrundkarte, oder alle Karten auszudrucken. Dabei werden die Karten untereinander in korrekter Sortierfolge gedruckt. Beim Ausdruck sollten Sie folgende Punkte in der aufgeführten Reihenfolge beachten:

10.5.1 Druckerinstallation überprüfen

Immer, wenn Sie wesentliche Einstellungen Ihres Druckers, wie zum Beispiel Druckrichtung, Schriftart-Kassetten bei Laserdruckern, Papierschachteinzug usw. verändern, bleiben diese Änderungen wirksam, bis Sie entweder den Drucker aus- und wiedereinschalten oder diese Einstellungen manuell verändern.

Bei Ausdrucken mit größerem Umfang sollten Sie daher **Datei** und **Druckereinrichtung** zur Überprüfung der Druckereinstellungen anklicken, um unerwünschte Resultate zu vermeiden.

10.5.2 Layout festlegen

Wenn Sie **Datei** und anschließend **Seite einrichten** wählen, so öffnet KARTEI ein Dialogfeld, das Sie bereits von KALENDER kennen. Sie können durch entsprechende Einträge den linken, oberen, rechten und unteren Rand sowie den Inhalt von Kopf- und Fußzeile bestimmen. Man kann die gleichen Codes wie bei KALENDER verwenden.

Achtung: Die Randeinstellungen sind hier in **cm** gemessen!

10.5.3 Drucken

Wie bereits erwähnt, stehen Ihnen zwei Druckoptionen zur Verfügung, das Drucken aller vorhandenen Karteikarten und der Druck der ausgewählten Vordergrundkarte.
Wenn Sie den **gesamten Kartenbestand** einer speziellen Datenbank-Kartei ausdrucken möchten, so wählen Sie nacheinander **Datei** und **Alles drucken**.
Für den Druck einer **einzelnen Karte** müssen Sie diese zunächst in den Vordergrund holen. Dies kann in der Kartenansicht sehr leicht durch Anklicken der Stichwortzeile bei den sichtbaren Karten oder durch Benutzung der Schaltflächen in der Statuszeile geschehen. Dann müssen Sie nur noch **Datei** und **Drucken** wählen. Danach werden exakte Abbilder Ihrer KARTEI-Karten gedruckt.

10.6 In einer Kartei suchen

Wenn Sie in einem großen Kartenbestand eine ganz spezielle Information suchen, dann ist das Blättern mit Hilfe der Schaltflächen ermüdend und zeitraubend. KARTEI bietet Ihnen für diesen Zweck zwei schnelle und nützliche Suchhilfen an.
Wählen Sie aus der Menüleiste durch Anklicken **Suchen**. Es erscheint eine Befehlsliste mit drei Einträgen: **Gehe zu**, **Suchen** und **Weitersuchen**.

10.6.1 Im Register suchen

Das Register ist die Gesamtheit aller Stichwortzeilen einer Kartei. Wenn Sie **Anzeige** und **Liste** anklicken, sehen Sie also einen Ausschnitt aus dem Register.

Falls Ihnen der Ordnungsbegriff zu einer Information bekannt ist, dann können Sie durch ihn die entsprechende Karte sofort finden, da die Ordnungsbegriffe in der Regel selten mehrmals auftreten. Dies gilt auch für unsere Adreßkartei, wenn Sie nicht gerade nach "Schmitz, Köln" oder "Huber, München" suchen.

Für das Heraussuchen einer Karte an Hand ihres vollständigen oder teilweisen Ordnungsbegriffs wählen Sie **Gehe zu**. Diese Option sucht in unserem Indexregister.

Um beispielsweise eine Anschrift mit Bonner Telefonnummer zu suchen, tragen Sie in das Dialogfeld wie dargestellt die Vorwahlnummer ein. Sobald eine Karte gefunden wird, **in deren Stichwortzeile** die Zeichenfolge 0228 vorkommt, bringt KARTEI diese in den Vordergrund.

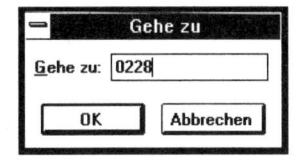

Wird **keine** Karte mit einer entsprechenden Zeichenfolge in ihrer Stichwortzeile gefunden, so wird eine Meldung zur Information ausgegeben, die Sie bestätigen müssen. Im untenstehenden Beispiel wurde nach Karl gesucht. Dieses Wort kommt in unserer Kartei jedoch nicht in einer Stichwortzeile, sondern im Kartenteil vor.

10.6.2 Im Kartenteil suchen

Für die Suche im **Kartenteil** wählen Sie **Suchen** und dann erneut **Suchen**. In das Dialogfeld tragen Sie ein, wonach gesucht werden soll. Mit den Optionsschaltflächen **Suchrichtung** bestimmen Sie, ob KARTEI aufwärts oder abwärts sucht. Wenn Sie das Kontrollkästchen **Groß-/Kleinschreibung** aktivieren, findet KARTEI nur die Begriffe, die in der Schreibweise exakt mit Ihrem Suchbegriff übereinstimmen. Klicken Sie auf **Weitersuchen**. KARTEI sucht nun Karte für Karte vollständig nach diesem Text ab. Verständlicherweise kann das etwas länger dauern.

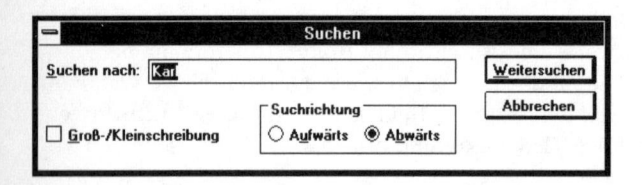

Wenn KARTEI einen Begriff gefunden hat, so wird die entsprechende Karte in den Vordergrund geholt und der Begriff markiert. Das Dialogfeld **Suchen** bleibt geöffnet. Durch fortgesetztes Anklicken der Schaltfläche **Weitersuchen** können Sie KARTEI weitersuchen lassen, bis die gewünschte Karte gefunden wurde.

Der Befehl **Weitersuchen** aus dem Menü **Suchen** wird immer dann hilfreich sein, wenn KARTEI Ihnen eine gefundene Karte präsentiert, die aber noch nicht die gewünschte ist. KARTEI sucht daraufhin im Bestand nach einer weiteren Karte, die den gleichen Text enthält, öffnet aber nicht das Dialogfeld **Suchen**. Dies gilt natürlich auch für die Suche im Register, wenn Sie mit einem Teil eines Ordnungsbegriffs suchen, wie in Abschnitt 10.6.1 dargestellt.

Wenn Sie nach einem vollständigen Ordnungsbegriff oder seinem **Anfangsteil**, wie beispielsweise "Schneider,", gesucht haben, ist diese Option nicht notwendig, denn dann befinden sich gleiche bzw. ähnliche Karten auf Grund der Sortierung ja hintereinander und können schnell durchgesehen werden.

10.7 Automatische Rufnummernwahl

Wenn Ihr Computer an ein spezielles Modem angeschlossen ist, das nach einem Industriestandard der USA arbeitet, dem sogenannten Hayes-Standard, so können Sie sich das manuelle Anwählen Ihres Ansprechpartners ersparen. KARTEI übernimmt diese Aufgabe für Sie.

Stellen Sie sich vor, Sie möchten Herrn Schneider in Bonn anrufen. Sie brauchen natürlich seine Rufnummer. Also wird zuerst seine Karte gesucht. Sie haben in der Menüliste gesehen, daß <F4> das Dialogfeld für die Registersuche aktiviert. Sie drücken diese Taste und tragen "Schneider, Bonn" ein. KARTEI präsentiert Ihnen die gespeicherten Informationen.

Wählen Sie nun **Karte** und dann **Automatisch wählen**. Folgendes Fenster erscheint:

In dem Dialogfeld **Tel.-Nr.** steht die Rufnummer, die KARTEI wählen wird. Sofern dies Ihr erster Anruf durch KARTEI mit Hilfe des Modems ist, so müssen Sie nun die Schaltfläche **Einrichten** anklicken. Das Dialogfeld wird daraufhin vergrößert und sieht folgendermaßen aus:

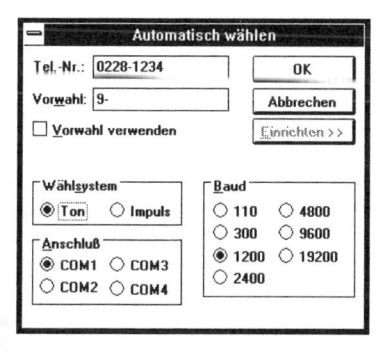

Sie sehen drei Optionsgruppen, aus denen jeweils eine einzige Möglichkeit durch Anklicken des jeweiligen Optionsschaltfeldes aktiviert werden kann. In unserem Fall geht KARTEI davon aus,
- daß ein Tonwählsystem von der Fernmeldegesellschaft eingesetzt wird,
- daß das Modem an der 1. seriellen Schnittstelle (COM1) angeschlossen ist,
- daß die Daten mit einer Geschwindigkeit von 1200 Bit/sec übertragen werden sollen, das sind etwa 120 Buchstaben je Sekunde.

Sie müssen diese Optionen nun entsprechend Ihrem Modem bzw. der Vorgaben der Fernmeldegesellschaft, bei uns der Telekom, genau einstellen, da KARTEI sonst nicht wählen kann.
Ist dies geschehen, so können Sie die OK-Schaltfläche anklicken, und KARTEI wählt. Nach kurzer Zeit haben Sie die gewünschte Verbindung. Dies funktioniert – wie gesagt – nur, wenn Sie ein hayeskompatibles Modem verwenden. Bei späteren WINDOWS-Versionen mag es möglich sein, beliebige Modems einzusetzen.
Wenn Sie mehr über den Modemeinsatz und die vorzunehmenden Einstellungen wissen möchten, so müssen wir Sie noch etwas vertrösten. Das Zubehör TERMINAL nutzt die Möglichkeiten der Modemanpassung und der Datenfernübertragung intensiv. Da die meisten Leser wahrscheinlich die automatische Anwahl durch KARTEI nicht nutzen können, gehen wir hier nicht näher darauf ein, sondern erläutern Ihnen alles Notwendige, wenn Sie in Kapitel 12 mit TERMINAL arbeiten.
In unserem Beispiel haben wir ausgenutzt, daß KARTEI selbst nach einer sinnvollen Telefonnummer sucht. Wenn Sie selbst bestimmen wollen, welche Nummer gewählt werden soll, so müssen Sie vor dem Anklicken der Option **Karte** und **Automatisch wählen** diese Nummer mit der Maus markieren (Doppelklicken auf der Nummer geht am schnellsten!). Versuchen Sie dies mit der Postleitzahl 5300!

10.8 Eine Kartei bearbeiten

Jede kleine Datenbank muß hin und wieder geändert werden, nicht nur, weil sich Fehler eingeschlichen haben, sondern weil die Angaben auf den neuesten Stand gebracht werden müssen.

10.8.1 Stichwortzeile ändern

Selten muß die Stichwortzeile geändert werden. In unserem Fall kann dies jedoch notwendig werden, wenn jemand umzieht oder die Rufnummer sich ändert oder so eingegeben wurde, daß Sie nicht zur automatischen Wahl verwendet werden kann.
Wie solche Änderungen durchgeführt werden, haben Sie bereits im vorherigen Abschnitt kennengelernt.
Durch Anklicken von **Bearbeiten** und **Stichwort** wird in einem Dialogfeld die Stichwortzeile der ausgewählten Vordergrundkarte zur Korrektur präsentiert.

10.8.2 Kartenteil ändern

Im Kartenteil der Vordergrundkarte können Sie alle gewünschten Änderungen so vornehmen, wie Sie es beim Zubehör WRITE (siehe Kapitel 5) gelernt haben. Insbesondere können Sie hier ebenfalls die Möglichkeiten des OLE nutzen. Denken Sie bitte daran, daß Sie vorher den Bearbeitungsmodus einstellen müssen, je nachdem, ob Sie die Bild- oder die Textebene der Karte bearbeiten wollen.

10.8.3 Karten wiederherstellen

Solange Sie weder speichern noch die bearbeitete Karte in den Hintergrund gebracht haben, können Sie jederzeit diese einzelne Karte wieder in den Zustand vor der Änderung zurücksetzen.
Sollte dies erforderlich sein, so wählen Sie **Bearbeiten** und **Wiederherstellen**. Es gehen dann nur die letzten Änderungen auf der Vordergrundkarte verloren. Die Änderungen auf allen anderen Karten bleiben erhalten.
Wenn Sie jedoch nicht alle Änderungen einer Karte verwerfen wollen, sondern nur die letzte, dann wählen Sie aus dem Menü **Bearbeiten** den Befehl **Rückgängig**.

10.8.4 Karten löschen

Für den Fall, daß Sie eine Karteninformation nicht mehr benötigen, wird diese gelöscht. Wählen Sie **Karte** und **Löschen**, um die Vordergrundkarte zu entfernen. Es wird zur Sicherheit ein Dialogfeld erscheinen, in dem Sie mit OK bestätigen müssen, wenn Sie die Vordergrundkarte wirklich löschen wollen.

Achtung:
Einmal gelöschte Karten können nicht wiederhergestellt werden!

10.8.5 Karten duplizieren

Manchmal haben mehrere Karten nahezu den gleichen Inhalt, etwa wenn Sie verschiedene Ansprechpartner in ein und demselben Unternehmen speichern wollen. Für derartige Fälle stellt KARTEI eine Eingabehilfe zur Verfügung.

Beispiel:
Zu unserer Kartei möchten Sie drei neue Karten hinzufügen: Frau Weiß, Herr Braun und Frau Schwarz, alle tätig bei der Firma Gold in Dresden.

Was machen Sie zunächst? Richtig, eine neue Karte hinzufügen durch Anklicken von **Karte** und **Hinzufügen**. Sie tragen in die Stichwortzeile ein:

    Weiß, Dresden

Nach Anklicken von OK können Sie die Anschrift in den Kartenteil eingeben:

    Firma
    Gold
    Postfach

    Dresden

Nun bereiten Sie zwei weitere Karten für die anderen beiden Ansprechpartner vor, indem Sie diese Karte entsprechend oft duplizieren. Wählen Sie also zweimal nacheinander **Karte** und **Duplizieren**. Jetzt müssen Sie nur noch die Stichwortzeilen dieser beiden Karten ändern.

10.8.6 Karteien zusammenführen

Vielleicht stellt Ihnen ein freundlicher Kollege einmal seine Adreßkartei zur Verfügung. Sicher überlegen Sie es sich zweimal, sein Angebot anzunehmen, wenn Sie alle Angaben abtippen müßten. Sicher, Sie haben gelernt, daß KARTEI viele kleine Datenbanken verwalten kann. Also, warum nicht einfach nur die Datei Ihres Kollegen kopieren und los geht es? Ganz einfach, wenn Sie eine spezielle Anschrift suchen, müßten Sie immer in beiden Karteien nachsehen. Besser ist es also, eine größere Adreßkartei mit allen Informationen zu verwenden.

Um aus zwei Karteidateien eine einzige zu machen, muß immer zuerst diejenige geöffnet sein, die später alle Karten enthalten soll. Wählen Sie danach **Datei** und **Zusammenführen**. Es erscheint ein Dialogfeld, wie Sie es vom Laden einer Datei her schon oft verwendet haben. Markieren Sie die Datei, die zugefügt werden soll, und klicken Sie auf OK. Jetzt werden beide Karteien so miteinander gemischt, daß jede Karte auf ihren richtigen Platz einsortiert wird. Speichern Sie! Sie erhalten eine neue Datenbank mit allen Adressen.

10.9 Übungen 34–35

34) Versuchen Sie, unsere Vorüberlegungen zu einer Artikelkartei nachzuvollziehen. Legen Sie Sortierfolge und Inhalt der Stichwortzeilen fest.
35) Erstellen Sie eine Artikelkartei für Bücher, Zeitschriften, Videos und Schallplatten.

11 EDITOR

11.1 Gebrauch und Aussehen

Immer wieder gilt es, etwas schnell schriftlich festzuhalten: einen Telefonanruf, zu Erledigendes, Ideen und vieles mehr. Hierfür stellt WINDOWS das Zubehör EDITOR zur Verfügung.
Bei EDITOR handelt es sich um ein kleines Programm, das überall dann eingesetzt werden kann, wenn man die Leistungsfähigkeit eines Textverarbeitungssystems wie WORD, WORDPERFECT oder andere nicht benötigt, ja wo sie eventuell auf Grund ihrer Größe, Bedienung und Verarbeitungsgeschwindigkeit eher hindern.

11.1.1 Icon-Darstellung

Sie finden EDITOR in der Gruppe ZUBEHÖR. Dort wird das Programm grafisch durch folgendes Icon dargestellt:

Starten Sie dieses Zubehör durch Doppelklicken auf dem Icon!

11.1.2 Fenster-Darstellung

Nach dem Start öffnet sich das Standardfenster von EDITOR. Es besteht aus einer freien Eingabefläche, ähnlich einem Notizblockblatt, und den üblichen Fensterelementen wie Menüleiste, Bildlaufleisten usw. Folgendes Bild stellt dieses Fenster dar:

In der Titelleiste erkennen Sie an dem Text "(unbenannt)", daß es sich hier um eine freie, noch nicht gespeicherte "Seite" handelt.

11.1.3 Editor-Dateien

Jede "Seite" des Anwendungsfensters wird als eigene Datei gespeichert. Diese Datei erhält von EDITOR die Erweiterung TXT, wenn Sie selbst nichts anderes festlegen.
EDITOR kann aber auch andere Dateien, wie zum Beispiel die Dateien AUTOEXEC.BAT, CONFIG.SYS, WIN.INI oder SYSTEM.INI usw. bearbeiten. Wichtig ist nur, daß es sich bei diesen Dateien um sogenannte Textdateien handeln muß. Das sind solche Dateien, die nur druckbare Zeichen enthalten und durch ein Endekennzeichen markiert sind. Im Gegensatz dazu werden Dateien, die auch nicht druckbare Zeichen enthalten und denen das spezielle Endekennzeichen fehlt, Binärdateien genannt. Binärdateien sind beispielsweise alle Programme. Sie können von EDITOR natürlich nicht bearbeitet werden.

11.2 Datei anlegen

Wenn Sie EDITOR gestartet haben, so ist alles vorbereitet, um eine neue Datei zu erstellen. Schreiben Sie Ihren gewünschten Text einfach in das Anwendungsfenster. Dabei können Sie die Tastatur in der bisher erlernten Weise einsetzen. Mit den Bildlaufleisten kann man das Fenster schnell über den Text bewegen. Folgende Tasten erlauben zusätzlich zur Maus ein schnelles Positionieren des Cursors:

Taste	Wirkung
<Pos1>	auf Zeilenanfang
<Ende>	auf Zeilenende
<STRG>+<Pos1>	auf Textanfang
<STRG>+<Ende>	auf Textende

Wenn Sie jedoch bereits einen Text bearbeiten und eine neue Notiz erfassen möchten, so wählen Sie **Datei** und **Neu**. Wenn der Text, den Sie vorher bearbeitet haben, Änderungen enthält, die noch nicht gespeichert worden sind, so erscheint ein Dialogfeld, das Sie darauf aufmerksam macht. Wählen Sie Ja, wenn Sie speichern möchten, Nein, wenn Sie nicht speichern, aber eine neue Datei erfassen möchten, und Abbrechen, wenn Sie das Erfassen der neuen Datei abbrechen und Ihren bisherigen Text weiterbearbeiten wollen.

Wenn Sie Text eingeben, so wird sich bei Erreichen des linken Randes automatisch das Fenster verschieben, damit Sie Ihre Eingabe weiter verfolgen können. Erst wenn Sie die <EINGABETASTE> betätigen, gelangen Sie an den Anfang einer neuen Zeile.

Ein etwas anderes Verhalten von EDITOR erreichen Sie, wenn Sie **Zeilenumbruch** aus dem Menü **Bearbeiten** wählen. Nun gelangen Sie beim Schreiben immer dann an den Beginn einer neuen Zeile, wenn das Wort, das Sie gerade schreiben, nicht mehr in die aktuelle Zeile paßt. Die Zeilen werden ebenfalls umbrochen, wenn Sie das Fenster von EDITOR schmaler oder breiter machen. Der Text wird also immer der aktuellen Fensterbreite angepaßt. Dieses Verhalten ist dem Zeilenumbruch eines Textverarbeitungsprogramms ähnlich. EDITOR wird diesen Zeilenumbruch beim Drucken berücksichtigen.

11.3 Datei speichern

Zum Speichern Ihrer Notizen wählen Sie **Datei** und **Speichern** bzw. **Speichern unter**. Die letztere Möglichkeit wird beim erstmaligen Speichern entweder von Ihnen oder vom Programm automatisch gewählt, auch dann, wenn Sie **Speichern** wählen oder wenn Sie eine durchgeführte Änderung unter einem neuen Namen speichern möchten. Dabei bleibt Ihre vorherige Fassung der Notiz unter dem alten Namen erhalten.

11.4 In Editor-Dateien suchen

Wenn die Texte größer sind, ist eine Suchfunktion nützlich, um bestimmte Stellen Ihrer Notiz schnell zu erreichen. Wählen Sie aus der Menüleiste **Suchen** und aus der daraufhin angezeigten Liste erneut **Suchen**. Sie sehen dann das folgende Dialogfeld, in dessen Eingabefeld Sie den Text eingeben, auf den positioniert werden soll.

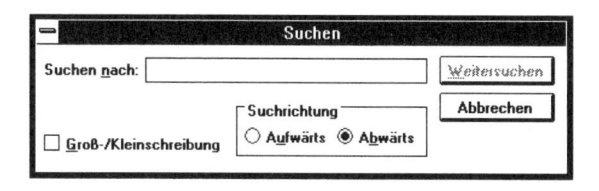

Denken Sie daran, daß dieser Suchtext als eine Zeichenfolge interpretiert wird, die mit dem Text verglichen wird. Sie sollten also einen möglichst eindeutigen Text eingeben, wobei Sie weder ganze Sätze noch ganze Wörter eingeben müssen.

Das Kontrollfeld **Groß-/Kleinschreibung** bestimmt, ob die verwendete Groß-/Kleinschreibung beim eingegebenen Suchtext zur Suche berücksichtigt werden soll. Wenn Sie es nicht ankreuzen, so wird EDITOR nach allen möglichen Schreibweisen des Suchtextes suchen.

Mit den beiden Optionsschaltflächen **Aufwärts** und **Abwärts** legen Sie die **Suchrichtung** ab der Cursorposition fest. Wenn Sie im gesamten Text suchen möchten, so positionieren Sie am besten zuerst den

Cursor auf den Anfang des Textes und suchen nach unten. Natürlich können Sie den Cursor auch auf das Textende positionieren und nach oben suchen. Zum Starten des Suchvorgangs klicken Sie auf **Weitersuchen**; das Dialogfeld bleibt geöffnet.

Wenn EDITOR den Suchtext gefunden hat und es sich hierbei noch nicht um die gewünschte Stelle handelt, so klicken Sie erneut auf **Weitersuchen**.

Ist der Suchtext nicht vorhanden oder kann EDITOR keine weitere Fundstelle finden, so erscheint ein Dialogfeld mit einer Fehlermeldung. Bestätigen Sie sie durch Klicken auf OK.

Sie können auch bei geöffnetem Dialogfeld den Text bearbeiten. Klicken Sie auf das EDITOR-Fenster oder drücken Sie <ALT>+<F6>. Mit der gleichen Tastenkombination oder Klicken auf das SUCHEN-Fenster gelangen Sie zurück. Sie schließen das Fenster durch Betätigen von **Abbrechen**.

Mit dem Befehl **Weitersuchen** aus dem Menü **Suchen** bzw. durch Drücken der Taste <F3> sucht EDITOR ab der aktuellen Position des Cursors in der angegebenen Richtung weiter nach dem nächsten Auftreten des gesuchten Textes, ohne das Dialogfeld erneut zu öffnen.

11.5 Datei drucken

Das Drucken eines Textes mit EDITOR erfolgt nahezu genauso, wie Sie es bereits von anderen ZUBEHÖR-Anwendungen kennen.

11.5.1 Druckereinrichtung prüfen

Sofern Sie nicht sicher sind, daß bei mehreren angeschlossenen Druckern der richtige aktiviert oder bei einem einzigen dieser auch korrekt eingestellt ist, sollten Sie zunächst die Druckereinstellung prüfen und gegebenenfalls verändern. Wählen Sie hierzu aus der Menüleiste **Datei** und aus dem sich dann öffnenden Popup-Menü **Druckereinrichtung**. Hier können Sie jetzt alle notwendigen Veränderungen vornehmen.

11.5.2 Layout festlegen

Als nächsten Schritt bestimmen Sie das Layout des Ausdrucks. Wählen Sie hierzu den Befehl **Seite einrichten** aus dem Menü **Datei**. Das folgende Fenster erscheint:

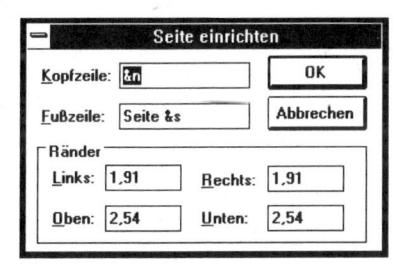

```
┌─ Seite einrichten ──────────────────┐
│ Kopfzeile: [&n]        [   OK    ]  │
│ Fußzeile:  [Seite &s]  [ Abbrechen ] │
│ ┌Ränder────────────────────────┐    │
│ │ Links: [1,91]  Rechts: [1,91]│    │
│ │ Oben:  [2,54]  Unten:  [2,54]│    │
│ └──────────────────────────────┘    │
└─────────────────────────────────────┘
```

Hier legen Sie fest, wie die Kopf- und Fußzeilen aussehen sollen und wie breit die Papierränder, in **cm** gemessen, sein sollen.
Innerhalb dieser Ränder druckt EDITOR die Datei, wobei bei eingeschaltetem Zeilenumbruch so gedruckt wird, wie auf dem Bildschirm dargestellt. Voraussetzung ist, daß die Fensterzeile nicht breiter ist als der Abstand zwischen rechtem und linkem Rand.
Abschließend wählen Sie **Datei** und **Drucken**. EDITOR druckt nun den Dateiinhalt unter Berücksichtigung von Drucker- und Layouteinstellungen.

11.6 Text ändern

Um Texte zu verändern, laden Sie zunächst die gewünschte Datei. Klicken Sie dazu auf **Datei** und anschließend auf **Öffnen**. In dem Dialogfeld, das Sie nun sicher schon auswendig kennen, wählen Sie die Datei aus oder geben ihren Namen ein. Ihr Inhalt erscheint dann im Fenster. Sie können den Text nun über die Tastatur verändern, indem Sie Zeichen löschen und/oder hinzufügen.
Größere Textabschnitte werden zunächst mit der Maus markiert. Dann können Sie die markierten Stellen löschen oder mittels ZWISCHENABLAGE kopieren bzw. ausschneiden. Zum Verschieben eines Textteils wird dieser zum Beispiel zuerst durch **Bearbeiten** und **Ausschneiden** in die ZWISCHENABLAGE transportiert. Dann po-

sitionieren Sie den Cursor auf die neue Stelle und wählen **Bearbeiten** und **Einfügen**.

Mit **Bearbeiten** und **Rückgängig** können Sie die **letzte** Änderung rückgängig machen. Wenn Sie zum Beispiel nach dem Verschieben eines Textes diese Befehle anklicken, so wird nur das letzte Einfügen zurückgenommen. Wählen Sie diese Befehle erneut, so wird wieder eingefügt; sie wirken also wie ein Schalter zwischen dem aktuellen und dem letzten Stand der Änderung.

Als letztes steht Ihnen noch die Möglichkeit zur Verfügung, mit Hilfe von **Bearbeiten** und **Alles markieren** sehr schnell den gesamten Textumfang für Manipulationen zu markieren. Dies können Sie natürlich auch durch folgende Befehle erreichen:

<STRG>+<POS1>,<UMSCHALT>+<STRG>+<ENDE>

Wenn Sie so den gesamten Text auf die eine oder andere Art markiert haben, können Sie ihn in die ZWISCHENABLAGE kopieren. Wenn Sie zum Beispiel zwei Dateien zu einer großen zusammenfügen möchten, so öffnen Sie nun die neue Datei und benutzen **Bearbeiten** und **Einfügen**, um die Zusammenführung abzuschließen.

11.7 Speicherbedarf

Sie können mit EDITOR Dateien bis zu einer Größe von ca. 50.000 Zeichen bearbeiten. Wenn Sie einen neuen Text erstellen und dieser zu groß wird, erscheint ein Mitteilungsfenster, das etwa folgendermaßen aussieht:

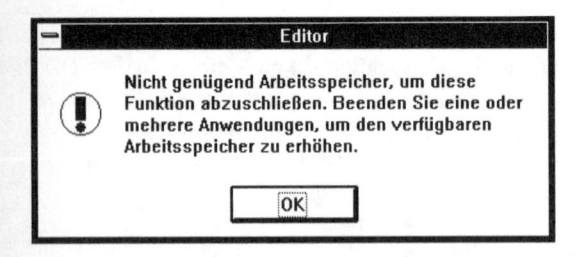

```
┌─────────────────────────────────────┐
│ ─           Editor                  │
├─────────────────────────────────────┤
│                                     │
│  ⊙  Nicht genügend Arbeitsspeicher, um diese │
│     Funktion abzuschließen. Beenden Sie eine oder │
│     mehrere Anwendungen, um den verfügbaren │
│     Arbeitsspeicher zu erhöhen.     │
│                                     │
│           ┌────────┐                │
│           │   OK   │                │
│           └────────┘                │
│                                     │
└─────────────────────────────────────┘
```

Wenn Sie versuchen, eine Datei zu öffnen, die zu groß für EDITOR ist, so erhalten Sie eine Meldung.

```
┌─────────────────────────────────────┐
│ ─                Editor             │
├─────────────────────────────────────┤
│                                     │
│    ⚠  C:\WINDOWS\SETUP.TXT          │
│       ist zu groß für den Editor.   │
│                                     │
│       Benutzen Sie bitte einen Editor, um │
│       diese Datei zu bearbeiten.    │
│                                     │
│              ┌──────┐               │
│              │  OK  │               │
│              └──────┘               │
│                                     │
└─────────────────────────────────────┘
```

Hier wurde versucht, die mit WINDOWS mitgelieferte Datei SETUP.TXT zu öffnen.

11.8 Protokoll-Dateien

Eine interessante Möglichkeit bieten sogenannte Protokoll-Dateien, die mit EDITOR erstellt und bearbeitet werden. Dies sind Dateien, in denen jede Ergänzung mit Datum und Uhrzeit festgehalten wird. Sie ähneln also einem Schiffs-Logbuch oder einem Tagebuch.
Sie erstellen eine Protokoll-Datei, indem Sie EDITOR starten bzw., wenn Sie bereits Dateien mit EDITOR bearbeiten, **Datei** und **Neu** wählen.

Tragen Sie nun am Anfang der ersten Zeile den folgenden Text ein:

.LOG

Vergessen Sie dabei nicht den führenden Punkt und in Großbuchstaben zu schreiben!
Erstellungsuhrzeit und -datum können Sie anschließend in die nächste Zeile eintragen. Betätigen Sie hierzu <EINGABETASTE>, und klicken Sie anschließend auf **Bearbeiten** und **Uhrzeit/Datum,** oder drücken Sie <F5>.

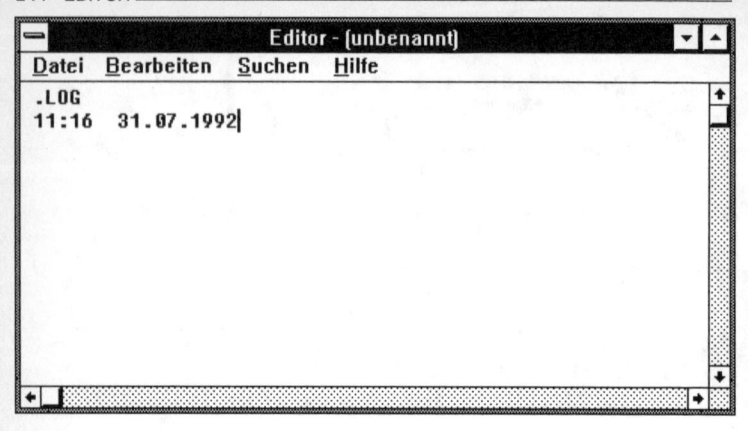

```
┌─────────────────────────────────────────────┐
│ ━         Editor - (unbenannt)       ▼ ▲   │
│ Datei  Bearbeiten  Suchen  Hilfe           │
├─────────────────────────────────────────────┤
│ .LOG                                      ↑ │
│ 11:16   31.07.1992|                         │
│                                             │
│                                             │
│                                           ↓ │
└─────────────────────────────────────────────┘
```

Schreiben Sie nun Ihre Notiz und speichern Sie danach. Wenn Sie diese Notiz nun erneut öffnen, wird EDITOR am Textende das aktuelle Systemdatum und die aktuelle Systemzeit einfügen.

11.9 Übungen 36–37

36) Drucken Sie die WINDOWS-Datei BOOTLOG.TXT. Schalten Sie hierzu den Zeilenumbruch ein. Legen Sie das Layout so fest, daß der Dateiname in der Fußzeile und die Seitennummer in der Kopfzeile gedruckt werden.
37) Erstellen Sie eine Protokoll-Datei mit dem Namen FAHRTEN. Sie soll als Fahrtenbuch dienen, in das Sie nur noch Fahrtziel, km und Dauer eintragen müssen, nachdem Sie die Datei geöffnet haben.

12 TERMINAL

Die Anwendung TERMINAL stellt Ihnen alle Funktionen zur Verfügung, um mit Ihrem PC die Verbindung zu anderen Computern aufzunehmen. Aus Online-Datenbanken oder Mailboxen können Sie dann beispielsweise Informationen abrufen. Wie auch KLANGRECORDER und MEDIEN-WIEDERGABE benötigt TERMINAL zusätzlich Hardware, nämlich entweder ein Modem oder einen Akustikkoppler.
Damit auch die Leser, die diese Ausrüstung nicht besitzen, die Möglichkeiten der Datenfernübertragung und die Arbeitsweise von TERMINAL verstehen können, haben wir dieses Kapitel besonders ausführlich gestaltet.

12.1 Gebrauch und Aussehen

Wenn nicht bereits geschehen, aktivieren Sie die Gruppe ZUBEHÖR. In diesem Fenster finden Sie TERMINAL als folgendes Symbol dargestellt.

Wenn Sie auf diesem Symbol doppelklicken, so startet TERMINAL. Beim ersten Start erfragt WINDOWS, welchen Anschluß Sie für das Modem oder den Akustikkoppler benutzen.

Wählen Sie aus der Liste den Anschluß, und klicken Sie auf OK. Haben Sie sich dabei geirrt und beispielsweise den Anschluß angeklickt, der von der Maus benutzt wird, so erscheint das Fehler-Dialogfeld.

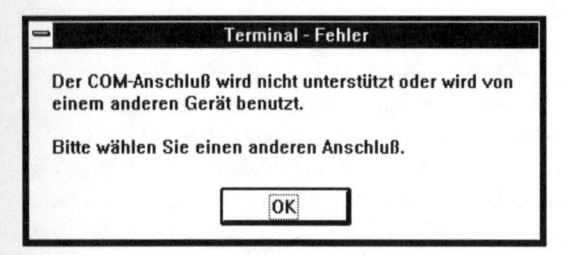

Bestätigen Sie dann mit OK und wählen aus dem nun erscheinenden Dialogfeld die richtige Schnittstelle. Bestätigen Sie erneut mit OK. Nun wird das Standardfenster geöffnet. Es ist im folgenden Bild dargestellt.

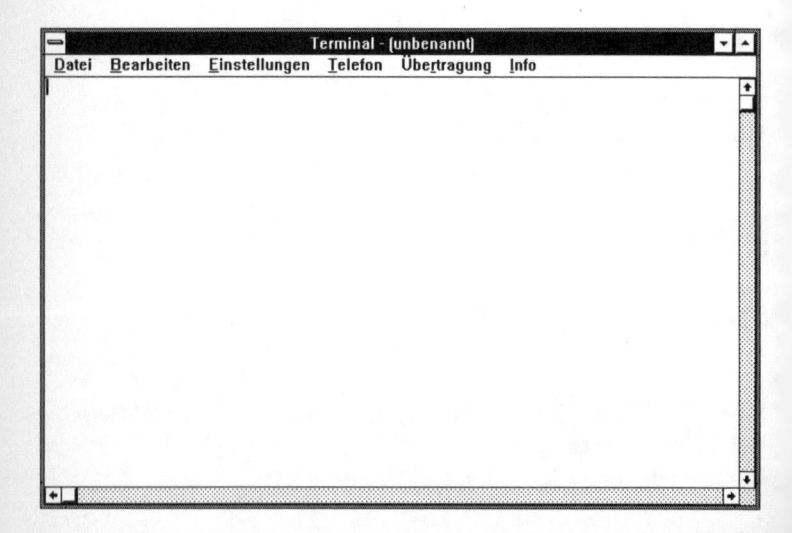

Unterhalb der Menüleiste erkennen Sie ein freies Fenster, in dem während einer Verbindung zu einem anderen Computer der übertragene und empfangene Text angezeigt werden.

12.2 Notwendige Hardware

Sie können TERMINAL nur in Verbindung mit zusätzlicher Hardware nutzen. Wenn die Verbindung zu anderen Rechnern über eine Leitung der Deutschen Bundespost TELEKOM oder anderer Betreiber von Datenübertragungsnetzen hergestellt wird, müssen Sie Ihren PC mit diesem Netz verbinden.

Modem
Dies geschieht über ein zusätzliches Gerät, das sogenannte Modem. Dieser Begriff steht für **Mo**dulator und **Dem**odulator. Externe Modems haben drei Anschlüsse, einen für die Stromversorgung, einen für den Anschluß an das Netz, zum Beispiel das Telefonnetz, und einen weiteren zum Anschluß an Ihren PC. Dieser letzte Anschluß wird beim PC mit einer freien seriellen Schnittstelle verbunden; meistens ist dies die Schnittstelle COM1. Es gibt auch interne Modems, die in PC eingebaut werden.

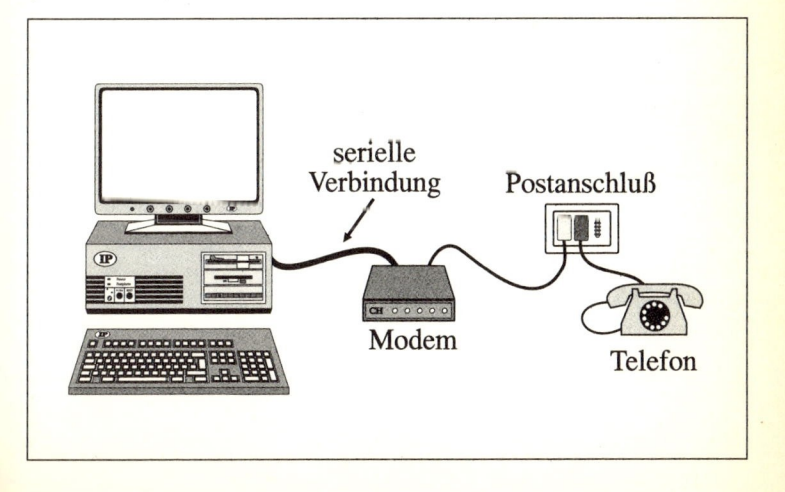

Nullmodem

Wenn sich der Rechner, zu dem Sie eine Verbindung herstellen möchten, im gleichen Raum mit Ihrem PC befindet, so können Sie ein sogenanntes Nullmodem verwenden, um die seriellen Schnittstellen beider Rechner zu verbinden. Ein Nullmodem ist ein Kabel oder Kästchen, in dem einige Drähte miteinander so verlötet sind, daß jede Sendeleitung mit der entsprechenden Empfangsleitung verbunden ist.

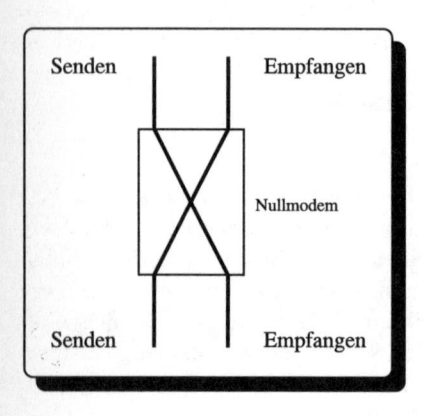

```
Senden        Empfangen


            Nullmodem


Senden        Empfangen
```

Ein Nullmodem benötigen Sie beispielsweise, wenn Sie Daten vom PC auf einen Laptop übertragen möchten.

Akustikkoppler

Da Telefonleitungen zur Übertragung von Sprache geschaffen sind, werden auch die Computersignale als Töne auf diesen Leitungen übertragen. Ein Akustikkoppler wandelt dabei die Signale in Töne und Töne in Signale zurück, so daß er direkt in den Telefonhörer "sprechen" kann. Dabei ist es wichtig, daß keine Umweltgeräusche mitübertragen werden. Der Telefonhörer sollte daher exakt in die Dichtungen des Kopplers passen.

12.3 Sonstige Voraussetzungen

Um eine Verbindung zu einem anderen Rechner aufbauen zu können, benötigen Sie einige Angaben, wie dieser Rechner seine Daten sendet.

Übertragungsrate
Die Übertragung findet bei Ihrem PC über die serielle Schnittstelle statt. Die einzelnen Bits eines jeden Zeichens bzw. Steuerkommandos werden **nacheinander** gesendet. Ihr PC muß nun auf die **Geschwindigkeit**, mit der dies geschieht, eingestellt sein. Angegeben wird diese Geschwindigkeit in übertragenen Bits pro Sekunde oder Baud.

Startbit, Datenbits, Stoppbits
Wie Sie wissen, besteht jedes Zeichen im Computer aus einer bestimmten Anzahl Bits, zum Beispiel 7 oder 8 Bits. Stellen Sie sich nun einmal vor, Sie könnten die übertragenen Einer- und Null-Bits auf der Leitung als eine ununterbrochene Kette sehen. Welche 7 oder 8 Bits gehören nun zusammen? Auch Ihr PC könnte das nicht erkennen. Daher braucht er zusätzlich eine Start- und Stopp-Information, die den Anfang und das Ende eines jeden Zeichens markiert. Die Start-Information besteht immer aus einem einzigen **Startbit**. Dann folgt die festgelegte Anzahl **Datenbits**. Den Abschluß bilden ein bis zwei **Stoppbits** als Ende-Information. Dann folgt das Startbit des nächsten Zeichens usw.

Parität
Ein Computer interpretiert Leitungsstörungen unter Umständen als Datenbits. Daher werden bei der Rechner-Rechner-Kommunikation spezielle Verfahren eingesetzt, die helfen sollen, solche Störungen zu erkennen und nach Möglichkeit zu eliminieren. Eine der einfachsten Methoden ist es, den Bits eines jeden Zeichens vor dem Senden ein weiteres Bit entsprechend einer **Paritäts**-Vorschrift anzuhängen, das sogenannte Prüf- oder Paritätsbit. Mit Hilfe dieses Bits wird nach der gleichen Vorschrift vom Empfänger die Richtigkeit der Übertragung geprüft.

Protokoll
Abschließend muß noch festgelegt werden, wie zwischen den Rechnern verfahren werden soll, wenn die Verarbeitung bei einem Rechner langsamer abläuft, als Daten bei ihm eintreffen. Dies ist oft dann der Fall, wenn die Daten beim Empfänger sofort gedruckt werden. Es muß also geregelt sein, wann Daten von einer Station zur anderen fließen und wann eine Pause einzulegen ist. Man spricht in der Fachwelt hier von **Datenflußsteuerung**. Diese wird bei TERMINAL Protokoll genannt, obwohl dieser Fachbegriff eigentlich umfassender ist.

Vertrag, Paßwort
Woher bekommen Sie nun alle diese Angaben? Wenn Sie die Dienstleistung eines fremden Rechners in Anspruch nehmen wollen, müssen Sie die Nutzung vertraglich vereinbaren. Dies ist oft nicht einmal mit hohen Kosten verbunden; es kommt darauf an, welche Dienste Sie in Anspruch nehmen wollen. Diesen gastgebenden Rechner nennt man übrigens Host (engl. Gastgeber, Wirt). Nach Abschluß des Vertrags erhalten Sie vom Betreiber des Host alle erforderlichen Angaben. Hierzu gehört auch ein geheimes Codewort, das nur Ihnen bekannt sein sollte, da sonst der Host unter Ihrem Namen illegal genutzt werden könnte. Die Kosten müßten Sie tragen!

12.4 Erste Sitzung vorbereiten

Für die erste Sitzung – so wird oft eine Aufgabe bezeichnet, zu der man sich mit einem anderen Computer verbinden läßt – wählen wir die Verbindung zu Fernmelde-Computern der TELEKOM, die den Zugang von Privatrechnern zum DATEX-P-Netz kontrollieren, einem Spezialnetz für die Datenübertragung. Sie werden zwar, wenn Sie mit der TELEKOM keinen Vertrag über die Nutzung dieses Netzes abgeschlossen haben, nur die Statusmeldungen dieser Rechner empfangen, aber für unsere Zwecke genügt dies erst einmal.
Zunächst müssen Sie die Rufnummer dieser Rechner kennen. Da jeder Rechner nur mit einer Übertragungsgeschwindigkeit arbeitet, gibt es mehrere Rufnummern je Ort. In der folgenden Tabelle sind die Rufnummern aller Rechner aufgeführt, die den Zugang zum DATEX-P-Netz der TELEKOM über das Telefonnetz ermöglichen.

Standort	Vorwahl	300 Bit/sec	1200 Bit/sec	2400 Bit/sec
Augsburg	0821	36791	36781	36761
Berlin	030	210601	210681	210211
Bielefeld	0521	59011	59021	59061
Bremen	0421	170131	14291	-
Chemnitz	0371	445221	445221	445221
Cottbus	0355	535353	535353	535353
Dortmund	0231	57011	52011	52021
Dresden	0351	4960610	4960610	4960610
Düsseldorf	0211	329318	8631	134533
Erfurt	0361	669434	669434	669434
Erfurt/Oder	0335	311401	311401	311401
Essen	0201	787051	791021	-
Frankfurt	069	20281	20291	20251
Gera	0365	38116	38116	38116
Halle/Saale	0345	37641	37641	37641
Hamburg	040	441231	441261	441291
Hannover	0511	326651	327481	548181
Karlsruhe	0721	60241	60381	358780
Kiel	0431	17740	17740	17740
Köln	0221	2911	2931	2971
Leipzig	0341	2113526	2113526	2113526
Magdeburg	0391	0151	0151	0151
Mannheim	0621	409085	39941	416081
München	089	228730	228630	299978
Neubrandenburg	0395	442780	442780	442780
Nürnberg	0911	20571	20541	66081
Potsdam	0331	27677	27677	27677
Rostock	0381	455485	455485	455485
Saarbrücken	0681	810011	810031	810081
Schwerin	0385	5812720	5812720	5812720
Stuttgart	0711	2567571	2567861	2567781

Standort	Vorwahl	300Bit/sec	1200Biit/sec	2400Bit/sec
Suhl	0368	5607	5607	5607
Wiesbaden	0611	36011	36041	-

Zur Kommunikation mit diesen Rechnern ist es notwendig zu wissen, daß sie mit acht Datenbits, einem Stoppbit und ohne Parität arbeiten.
Bevor eine Verbindung hergestellt werden kann, müssen Sie diese Einstellungen beim Programm TERMINAL vornehmen. Wählen Sie hierzu durch Anklicken mit der Maus **Einstellungen** und dann **Datenübertragung**. Im daraufhin erscheinenden Dialogfeld klicken Sie auf die jeweilige Option der Gruppen **Übertragungsrate**, **Datenbits**, **Stoppbits** und **Parität**.

Achtung:
Die Wahl der Übertragungsrate hängt von den Fähigkeiten Ihres Modems ab. Wählen Sie aus den drei möglichen (siehe Tabelle) diejenige aus, die Ihr Modem unterstützt.

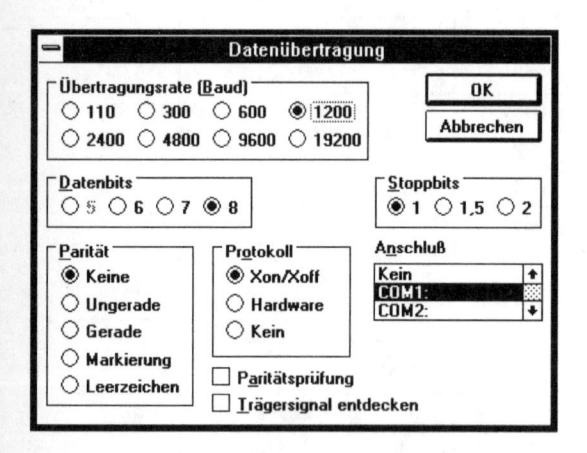

Nun ist Ihr PC auf die Arbeitsweise des Host eingestellt. Wenn Sie über ein spezielles Modem verfügen, das eine automatische Wahl der Telefonnummer vornehmen kann, so müssen Sie als nächstes diese

Telefonnummer eingeben, die gewählt werden soll. Schauen Sie in der obigen Tabelle nach, welcher Rechner in Ihrer Nähe liegt und welche Rufnummer für die eingestellte Geschwindigkeit gilt.
Wählen Sie dann **Einstellungen** und **Telefonnummer**. Es erscheint das folgende Fenster, in das Sie unter "Wählen" diese Rufnummer eintragen.

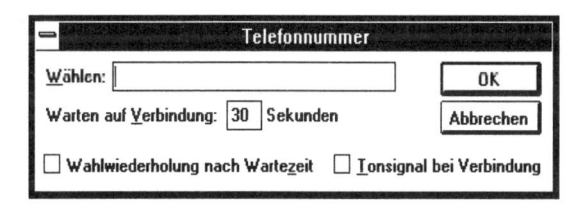

Sie müssen sich nun über einen wichtigen Punkt im klaren sein: Nicht Ihr PC wird diese Nummer wählen, sondern Ihr Modem. Der PC bzw. TERMINAL übergibt dem Modem lediglich die Rufnummer, die zu wählen ist!
TERMINAL muß aber nicht nur die Rufnummer dem Modem mitteilen, sondern muß auch den Wählvorgang auslösen können. Dazu muß der modemspezifische Befehl bekannt sein. Um diesen einzugeben, schlagen Sie in Ihrem Modemhandbuch nach und klicken dann auf **Einstellungen** und aus der Menüliste auf **Modembefehle**. Nun erscheint das folgende Dialogfeld:

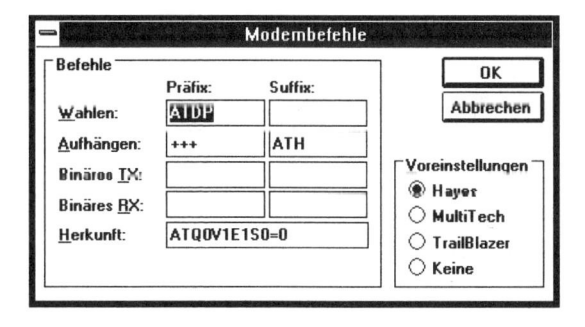

Wählen Sie in der Optionsgruppe **Voreinstellungen Keine,** und tragen Sie hier zunächst die Befehle für **Wählen** und **Aufhängen** ein. Bei

Wählen tragen Sie unter **Präfix** die Zeichenfolge ein, die der Rufnummer vorausgehen muß, und unter **Suffix** diejenige, die der Rufnummer folgen muß.

Wenn Sie zum Beispiel in der Nähe von Hamburg wohnen und Ihr Modem mit einer Geschwindigkeit von 1200 Bit/sec arbeitet, so muß TERMINAL bei der im Bild dargestellten Einstellung folgende Zeichenfolge an das Modem senden, um das Wählen auszulösen:

```
ATDP040441261
```

Nur wenn das Modem diese Zeichenfolge tatsächlich versteht, wird auch gewählt!

12.5 Eine Rechner-Verbindung herstellen

12.5.1 Der Modem-Einsatz

Jetzt, nachdem alle notwendigen Einstellungen vorgenommen worden sind, können wir den Befehl eingeben, der die Verbindung herstellt.

Klicken Sie nacheinander auf **Telefon** und **Wählen**. Es wird Ihnen dann in einem Informationsfenster die Nummer angezeigt, die das Modem wählen soll. Außerdem läuft in der Standardeinstellung ein Minimal-Count-down ab 30. Normalerweise sollte innerhalb dieser Zeit eine Verbindung hergestellt werden. Haben Sie vorher noch keine Telefonnummer – wie im vorherigen Abschnitt beschrieben – definiert, so erscheint automatisch zuerst das Dialogfeld zur Eingabe einer Telefonnummer.

```
┌─────────────────────────────────────────┐
│               Terminal                  │
├─────────────────────────────────────────┤
│  📠  Wählen: 02212971      [Abbrechen]  │
│      Verbleibende Zeit: 27              │
└─────────────────────────────────────────┘
```

Hinweis:
Verfügt Ihr Modem nicht über die Möglichkeit, eine automatische Rufnummernwahl durchzuführen, so müssen Sie mit einem **Telefon mit einer sogenannten Datentaste** arbeiten. Dies ist eine Umschaltta-

ste zwischen Telefon und Modem. Sie wählen dann manuell die gewünschte Rufnummer und warten, bis der Host sich mit einem Pfeifton meldet. Dann drücken Sie die Datentaste und legen danach den Hörer auf. Ihr PC ist mit dem Host verbunden.

Sobald der Wählvorgang abgeschlossen ist, muß man die Folge <.>, <EINGABETASTE> drücken, sonst legen die Hostrechner von DATEX-P wieder auf. Dies können Sie nötigenfalls mehrmals nacheinander eingeben.

Das folgende Bild zeigt Ihnen ein Beispiel einer Verbindung mit DATEX-P. Die Zeichen Stern (*) und Unterstrich (_) sind Modemsignale, die beim Verbindungsaufbau mit unserem speziellen Modem erzeugt werden; ebenso die Meldung "Verbindung aufgebaut". Diese sind natürlich bei jedem Modemtyp anders.

Die Zeichenfolge <.>,<EINGABETASTE> ist hier eingegeben worden, daher die Meldung des Host "Datex-P: 44 2210 39239". Auch diese Meldung sieht bei Ihnen wahrscheinlich anders aus; nur der Teil "Datex-P: 44 " bleibt stets derselbe.

Danach ist im Beispiel der Befehl **stat** eingegeben worden, der den Host veranlaßt, die darunterstehende Meldung zurückzusenden.

```
Terminal - ZYXEL.TRM
Datei  Bearbeiten  Einstellungen  Telefon  Übertragung  Info
*
Verbindung aufgebaut
.
DATEX-P: 44 2210 39239
stat
DATEX-P: frei 44 2210 39239
        Merkmale, gehend:   Gegenstelle zahlt
                            Tlnkg dheibo01 zahlt *
                            normal * -auch int. Verbindungen
                            keine Vorzugs-RPOA
                            keine RPOA-Auswahl
        Merkmale, kommend:  kommende Rufe sind unzulaessig
```

Da Sie an dieser Stelle ohne eine Vereinbarung über die Nutzung von DATEX-P mit der TELEKOM nicht viel weiterkommen, wählen Sie nun **Telefon** und **Aufhängen**. Wenn Sie als Modembefehl die korrekte Zeichenfolge eingetragen haben, die das Modem veranlaßt, die Verbindung zu unterbrechen, so wird "der Hörer aufgelegt".

Hinweis:
Sollte Ihr Modem jetzt nicht auf dieses Kommando reagieren, so ziehen Sie kurz den Netzstecker des Modems; dies hat in der Regel zur Folge, daß die Verbindung unterbrochen wird.

12.5.2 Die Handhabung eines Akustikkopplers

Da ein Akustikkoppler nur eine Kopplungseinrichtung zum Telefon darstellt, kann er natürlich nicht wählen. Wenn Sie also einen Koppler einsetzen, so können Sie alle mit der Rufnummernwahl in Zusammenhang stehenden Optionen von TERMINAL nicht nutzen.
Sie stellen eine Verbindung her, indem Sie selbst die Rufnummer des Host oder DATEX-P-Computers wählen. Sobald Sie den charakteristischen Pfeifton hören, pressen Sie den Telefonhörer fest in die Dichtungen des Kopplers. Achten Sie darauf, daß Sie den Hörer richtig herum einlegen! Dann drücken Sie <.>,<EINGABETASTE> und geben die gewünschten Befehle ein.
Sie **unterbrechen die Verbindung** wie ein Telefonat, indem Sie den Hörer aus dem Akustikkoppler nehmen und auflegen.

12.6 Ablauf einer Sitzung

Nach diesem ersten Gehversuch mit TERMINAL wollen wir uns einmal genauer ansehen, wie eine Sitzung, das heißt eine Verbindung mit einem Host, abgewickelt wird.
Eine solche Sitzung besteht aus mehreren Schritten, die immer in der gleichen Reihenfolge ablaufen. Jeder Schritt besteht wiederum oft aus einer Vielzahl von Einzelbefehlen, die in unterschiedlichen Kombinationen auftreten können.
Schauen wir uns dies an einem Beispiel an, das Sie nachvollziehen können, vorausgesetzt natürlich, Sie verfügen über ein Modem. Wir werden den Ablauf einer Sitzung mit KomCom darstellen. KomCom ist eine Mailbox des WDR, die es jedem erlaubt, mittels eines speziellen Codes in ihr ein wenig zu schnuppern.

12.6.1 Login

Eine jede Sitzung, im englischen "Session" genannt, beginnt mit dem Einloggen. Hierzu zählen folgende Aufgaben:
1) Herstellung der Verbindung, ggf. über ein Datennetz, wobei dann für das Datennetz ein separates Login durchzuführen ist.
2) Identifizierung gegenüber dem Host durch einen Code, meistens eine Kombination aus einem Namen, der sogenannten User-Identifikation, und einem Paßwort.

Für unser Beispiel sieht das Login folgendermaßen aus:
Zunächst wird die Verbindung zum Host über das normale Telefonnetz durchgeführt. Wählen Sie die Rufnummer: 0221210516.

Sobald die Verbindung aufgebaut ist, antwortet der Host. Diese Antwort sieht ungefähr so aus:

> Verbindung hergestellt mit KomCom,
> dem Kommunikationscomputer des WDR-Computerclubs
>
> Bitte Namen eingeben:

An dieser Stelle beginnt die Identifikation. Der Schnuppercode, den Sie hier eingeben müssen, lautet:

> GAST <EINGABETASTE>

Ein Paßwort ist nicht notwendig.
Damit ist das Login abgeschlossen, und wir treten in die zweite Phase der Sitzung ein.

12.6.2 Dialog

Nach dem Login ist es möglich, dem Host Befehle zu senden, worauf dieser bei gültigen Befehlen eine Aktion durchführt und das Resultat Ihrem PC zuschickt. TERMINAL macht dieses Resultat auf dem Bildschirm sichtbar. Bei ungültigen Befehlen erscheint auf dem Bildschirm im Fenster von TERMINAL eine Fehlermeldung, die von Host zu Host verschieden ist. Diese Meldung stammt vom Host, nicht von TERMINAL.
Warten Sie mit Ihrer Befehlseingabe, bis der Host mit seiner Mel-

dung fertig ist. Der Host wiederum wartet mit seiner Meldung, bis Sie mit Ihrer Eingabe fertig sind. Woran aber können Sie und der Host erkennen, wann der jeweils andere fertig ist? Für Sie schickt der Host einen sogenannten Prompt, ähnlich dem, den sie vom Betriebssystem Ihres Computers her kennen. Sie signalisieren dem Host durch Drücken von <EINGABE>, daß Sie fertig sind.

Der Prompt ist von Host zu Host verschieden; KomCom meldet sich mit dem Prompt "Befehl:".

Für unser Beispiel können Sie bei KomCom zwischen verschiedenen "Brettern" wählen und aus diesen dann Infos abrufen.

Oftmals ist die Phase des Dialogs die Hauptphase einer Sitzung. Sie kann aber auch zur Vorbereitung der nächsten Phase dienen, die jedoch nicht bei jeder Sitzung vorkommen muß.

12.6.3 Datei-Übertragung

Während bei einem Dialog normalerweise die empfangenen und gesendeten Informationen nur auf dem Bildschirm erscheinen, ist es oft notwendig, komplette Dateien auszutauschen und zu speichern. Der Unterschied zwischen einem Dialog und einer Dateiübertragung entspricht ungefähr dem Unterschied zwischen einem Telefongespräch und einem Brief.

Eine Dateiübertragung läuft immer in zwei Schritten ab.

Zuerst wird der Host darüber informiert, was übertragen werden soll. Ihm wird im Dialog quasi eine Anforderung zum Senden oder Speichern gesendet.

Dann wird der TERMINAL-Befehl eingegeben, um eine empfangene Datei zu speichern bzw. eine vorher erstellte Datei zu senden. Hierzu klicken Sie auf den Menübefehl **Übertragung**, der die folgenden Möglichkeiten bereitstellt:

```
Übertragung
 Textdatei senden...
 Textdatei empfangen...
 Textdatei ansehen...

 Binärdatei senden...
 Binärdatei empfangen...

 Anhalten
 Fortsetzen
 Abbrechen
```

Diese Optionen sprechen wohl für sich. Wenn Sie eine von den ersten fünf wählen, muß TERMINAL den Namen der Datei kennen, die anzuzeigen, zu senden oder neu zu erstellen ist. Nach dem Anklicken des jeweiligen Befehls öffnet sich ein Dateiauswahlfenster. Diese Fenster ähneln einander alle; das umfangreichste erscheint jedoch durch Klicken auf **Textdatei empfangen**.

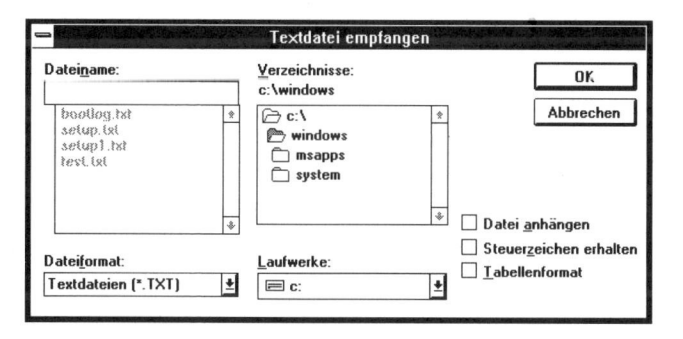

Mit den drei Kontrollfeldern steuern Sie die Art der Speicherung.
Mit dem ersten können Sie den Inhalt einer empfangenen Datei an eine bereits existierende **Datei anhängen**.
Wenn einige empfangene Zeichen, deren ASCII-Codes im Bereich der Werte 0 – 31 liegen, mitgespeichert werden sollen, müssen Sie **Steuerzeichen erhalten** ankreuzen.
Mit **Tabellenformat** können Sie festlegen, daß bei der Speicherung zwei und mehr nacheinander empfangene Leerzeichen durch ein Tabulatorzeichen ersetzt werden.

12.6.4 Logoff

Als letzte Phase einer jeden Sitzung muß das Logoff durchgeführt werden. Logoff bedeutet, daß der Gast sich vom Host ordnungsgemäß "verabschieden" muß. Sie schalten Ihren Computer ja auch nicht einfach mitten in einem laufenden Programm ab. Sie sollten die Verbindung auch nicht gewaltsam durch **Aufhängen** oder Ziehen des Modem-Netzsteckers trennen. Dies sind Maßnahmen, die nur in Notsituationen angewendet werden sollten.
Ähnlich wie das Login besteht auch das Logoff aus zwei Schritten:

1) Abmelden vom Host.
2) Trennen der Verbindung; bei einer Sitzung über ein Datennetz muß vorher auch noch das Logoff vom Netz durchgeführt werden.

Für unser Beispiel bedeutet dies, daß Sie sich zuerst von KomCom abmelden müssen. Dies wird als Dialog durchgeführt. Geben Sie als Abmeldung ein:

    Ende <EINGABE-TASTE>

Nach der Abmeldung sendet der Host, hier KomCom, die Bestätigung:

    Anruf um hh:mm:ss Uhr beendet!
    Dauer der Verbindung: mm Min

Für hh:mm:ss und mm werden natürlich die aktuellen Zeitangaben eingesetzt.
Jetzt können Sie die Verbindung trennen, indem Sie **Telefon** und **Auflegen** wählen.

12.7 Drucken

Das Zubehör TERMINAL bietet Ihnen zwei Möglichkeiten, während einer Sitzung Informationen zu drucken. Einerseits können Sie eine komplette Sitzung, während sie durchgeführt wird, auf einem angeschlossenen Drucker mitprotokollieren, andererseits ist es möglich, Teilinformationen zu drucken, die im Fenster von TERMINAL noch sichtbar oder erst vor kurzem sichtbar gewesen sind.
Wenn Sie Informationen erst später drucken wollen, so müssen Sie diese zunächst als Datei empfangen, um sie dann hinterher durch ein anderes Programm, eventuell EDITOR oder WRITE, drucken zu lassen.

12.7.1 Ankommende Nachrichten mitdrucken

Wenn Sie bestimmt haben, welcher Drucker wie arbeiten soll, so können Sie durch Anklicken von **Einstellungen** und **Druckerecho** Ihren Drucker zur Übertragungsleitung zu- und abschalten. Alles, was nun

empfangen wird, wird gleichzeitig auf dem Bildschirm erscheinen und auf dem Drucker gedruckt.
Informationen, die bei Auswahl dieser Befehle bereits auf dem Bildschirm sichtbar sind oder gerade sichtbar werden, werden nicht mehr gedruckt. Wählen Sie daher das **Druckerecho** rechtzeitig. Wenn Sie also den gesamten Sitzungsablauf mitdrucken möchten, so sollten Sie diesen Befehl auswählen, bevor Sie den Wählvorgang starten.
Das Anklicken von **Einstellungen** und **Druckerecho** wirkt als Schalter. Ist das Drucken eingeschaltet, so ist **Druckerecho** durch ein Häkchen markiert; durch erneutes Anklicken werden der Drucker angehalten und das Häkchen entfernt.

12.7.2 Textteile drucken

Oft ist es nicht notwendig, den gesamten Ablauf einer Sitzung oder einen Teil hiervon zu drucken, sondern es geht nur um eine spezielle Information, etwa um eine Nachricht in einer Mailbox oder eine Information aus einer Online-Datenbank. Da diese Informationen meist in anderem Text eingebettet sind, wissen Sie nicht unbedingt, wann diese Information gesendet wird. Sie können daher erst drukken, wenn sie bereits auf dem Bildschirm sichtbar ist. In diesem Fall versagt die im vorherigen Abschnitt beschriebene Druckmethode.
Um einen solchen bereits empfangenen Text zu drucken, müssen Sie ihn markieren. Keine Angst, wenn der Text nach oben aus dem Fenster rollt. TERMINAL puffert ihn, das heißt speichert diesen Text noch im Arbeitsspeicher. Allerdings ist dieser Speicher nicht unbegrenzt groß; deshalb sollten Sie möglichst sofort drucken, nachdem Sie den Text als die gewünschte Information erkannt haben.
Da meistens die Übertragung noch läuft, das heißt der Host also noch Daten sendet, halten Sie zunächst die Sitzung an. Während einer Dateiübertragung erreichen Sie dies durch Anklicken von **Übertragung** und **Anhalten**. Während eines Dialogs hilft in der Regel <STRG>+<S>. Verwenden Sie dann zum Markieren ggf. die Bildlaufleisten. Falls Sie alles markieren wollen, was noch im Puffer und auf dem Bildschirm gespeichert ist, wählen Sie **Bearbeiten** und **Alles markieren**.
Mit **Bearbeiten** und **Kopieren** kopieren Sie die gewünschte Information in die ZWISCHENABLAGE, von wo aus Sie diese nun speichern und später drucken können.

Sie setzen die Sitzung bei einer Dateiübertragung fort durch Anklikken von **Übertragung** und **Fortsetzen**. Den Dialog nehmen Sie durch <STRG>+<Q> wieder auf.

12.8 Mehr Komfort

Bis jetzt haben wir nur die Standard- bzw. notwendigsten Einstellungen von TERMINAL genutzt. Dieses Kommunikationszubehör kann jedoch wesentlich mehr leisten. Es kann eine Sitzung in der ersten und letzten Phase nahezu vollautomatisch abwickeln und Dialog bzw. Dateiübertragung wesentlich vereinfachen und beschleunigen. Dazu wollen wir uns die verschiedenen Einstellungsmöglichkeiten im einzelnen ansehen.

12.8.1 Telefonnummern einstellen

Mit Hilfe der Befehle **Einstellungen** und **Telefonnummer** können Sie eine Rufnummer eingeben oder ändern, die von TERMINAL dem Modem für den Wählvorgang übergeben werden soll.

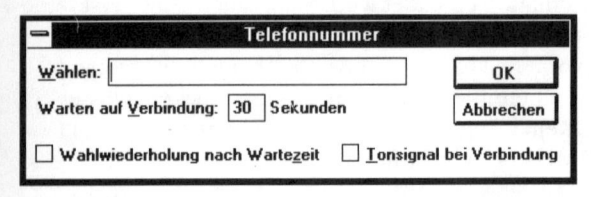

In das Eingabefeld wird eine Telefonnummer eingegeben, die bei Hayes-kompatiblen Modems Klammern und Bindestriche enthalten darf. Bei manchen Fernverbindungen ist es oft sinnvoll, während des Wählens Pausen einzulegen. Hierzu wird bei diesen Modems das Komma verwendet, wobei jedes Komma für eine Pause von etwa zwei Sekunden steht. Gültige Formate von Telefonnummern sind also (die Nummern selbst sind fiktiv):

- 030456789
- (030)456789
- 0304567-89
- (030)4567-89
- (030),,45,67-,89

Bei anderen Modemtypen müssen andere Pausenzeichen verwendet werden; Klammern und Bindestriche sind vielleicht nicht erlaubt.

Sie können natürlich nicht immer damit rechnen, daß eine Verbindung zum Host sofort hergestellt wird. Daher können Sie TERMINAL veranlassen, automatisch so lange erneut zu wählen, bis eine Verbindung erfolgreich hergestellt wurde. Hierzu geben Sie bei **Warten auf Verbindung** eine Zeitspanne zwischen 30 und 99 Sekunden ein, nach der bei eventuell besetzter Gegenstelle erneut gewählt werden soll, und kreuzen das Kontrollfeld **Wahlwiederholung nach Wartezeit** an.

In solchen Situationen werden Sie wohl kaum vor dem Bildschirm warten, bis TERMINAL die Verbindung hergestellt hat. Kreuzen Sie daher das Kontrollfeld **Tonsignal bei Verbindung** an, und der bekannte Computer-Piepton wird Sie darauf aufmerksam machen, daß die Verbindung zum anderen Computer hergestellt worden ist.

12.8.2 Terminal-Emulationen

Manche Hosts erwarten, daß die angeschlossenen Geräte, denen sie Daten senden und von denen sie Daten empfangen sollen, ganz bestimmte Eigenschaften haben. Diese Eigenschaften beziehen sich in erster Linie auf die Zeichenfolge, die beim Drücken einer jeden Taste, insbesondere einer Funktionstaste, tatsächlich gesendet wird. In zweiter Linie sind dadurch auch die Kommandos für diese Geräte zur Positionierung des Cursors, Löschung des Bildschirms usw. festgelegt.

TERMINAL kann drei verschiedene Gerätetypen dem Host simulieren. Wählen Sie zunächst **Einstellungen** und dann **Terminal-Emulation**. Ein Fenster mit drei Optionsschaltflächen erscheint.

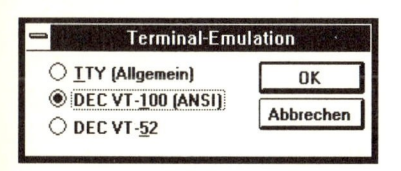

```
┌─ Terminal-Emulation ──────────┐
│ ○ TTY (Allgemein)      ┌─────────┐
│ ● DEC VT-100 (ANSI)    │   OK    │
│ ○ DEC VT-52            ├─────────┤
│                        │Abbrechen│
│                        └─────────┘
└───────────────────────────────┘
```

Welche dieser Emulationen Sie wählen müssen, können Sie nur vom Betreiber des Hostrechners erfahren. Standardmäßig ist **DEC VT-100** ausgewählt, womit wohl die meisten Hosts arbeiten können.

Wenn Sie keine Information über die einzusetzende Emulation bekommen oder wenn Sie mit Ihrem PC nur Mailboxrechner anwählen, so klicken Sie auf die Optionsschaltfläche **TTY**. In diesem Fall werden keine speziellen Funktionen unterstützt; Ihr PC arbeitet fast wie ein Fernschreiber. Es werden nur noch die normalen Schreibmaschinenfunktionen benutzt, daher stammt auch die Abkürzung TTY (TeleTYpe).

12.8.3 Terminaleinstellungen

Wenn Sie die Bildschirmdarstellung oder die Tastaturübersetzung verändern wollen, so wählen Sie **Einstellungen** und dann **Terminal-Einstellungen**.
Sie erkennen daraufhin das folgende Dialogfeld. Die Einstellungen können Sie zum großen Teil nach Ihrem persönlichen Geschmack vornehmen. Nur bei den ersten drei Gruppen kann es zu einem Datenverlust kommen.

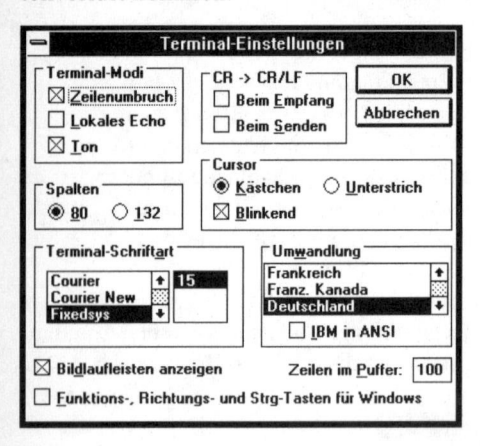

Terminal-Modi
Mit dem ersten der drei Kontrollfelder dieser Gruppe können Sie festlegen, ob ein **Zeilenumbruch** von TERMINAL vorgenommen wird, wenn die empfangene Zeile über den definierten rechten Rand hinausgeht. Wenn zu erwarten ist, daß dies passiert, so muß dieses Kontrollfeld aktiviert sein. Anderenfalls gehen alle Zeichen verloren, die über den rechten Rand hinausragen.

Das zweite Kontrollfeld, **Lokales Echo**, sorgt dafür, daß immer, wenn Sie es aktiviert haben, auch jedes Zeichen, das Sie auf der Tastatur Ihres PC eingeben, nicht nur gesendet wird, sondern zusätzlich auf dem Bildschirm erscheint. Das Druckerecho kann nur die auf dem Bildschirm erscheinenden Daten drucken. Daher kontrollieren Sie hiermit auch, ob Ihre Eingaben mitgedruckt werden können.

Aktivieren Sie **Ton**, wenn Ihr PC auf Anforderung des Host einen Piepton abgeben soll.

CR->CR/LF

In dieser Gruppe existieren zwei Kontrollfelder. Eines legt fest, wie das Zeichen CR (CARRIAGE RETURN, ASCII-Code 13) **beim Empfang,** ein anderes, wie es **beim Senden** behandelt werden soll. Ist das jeweilige Kontrollfeld aktiviert, so werden aus diesem einen Byte zwei Bytes, nämlich CR (ASCII-Code 13), gefolgt von LF (LINE FEED, ASCII-Code 10). Das Zeichen CR bewirkt bei Druckern und auf dem Bildschirm das Zurückfahren des Druckkopfes bzw. des Cursors auf den Zeilenanfang der gerade gedruckten Zeile. LF sorgt dafür, daß das Papier bzw. der Bildschirm eine Zeile vorgeschoben wird. Damit also nicht immer in derselben Zeile gedruckt bzw. ausgegeben wird, muß diese Umsetzung immer geschehen. Da dies aber meistens bereits von den Hosts übernommen wird, brauchen Sie diese Kontrollfelder nur zu setzen, wenn Ihr PC selbst Host spielen soll (zum Beispiel bei einer Übertragung von PC zu PC) oder der Host diese Umsetzung nicht vornimmt.

Spalten

Durch die beiden Optionsschaltflächen können Sie TERMINAL so einstellen, daß im Fenster bis zu **80** oder bis zu **132** Stellen in einer Zeile dargestellt werden können. Wenn Sie unsicher sind, so wählen Sie 132 Spalten. So gehen keine Daten verloren.

Cursor

Mit dieser Gruppe können Sie zwischen einem einfachen oder blinkenden **Kästchen** und einem einfachen oder blinkenden **Unterstrich** als Cursor wählen.

Terminal-Schriftart

In diesen beiden Auswahllisten können Sie sowohl die Schriftart als auch die Schriftgröße in Punkt festlegen, die von TERMINAL für die in seinem Fenster erscheinenden Zeichen verwendet werden soll. Dies hat nur Einfluß auf die Bildschirmdarstellung, nicht auf die tatsächlich gesendeten Zeichen.

Umwandlung

Durch diese Auswahlliste sind in erster Linie **nationale Sonderzeichen**, bei uns also die Umlaute und das Zeichen ß, betroffen. Sie geben hier an, welchem nationalen ISO-Zeichensatz die übertragenen Daten voraussichtlich angehören.

Mit dem Kontrollfeld **IBM in ANSI** können Sie die Zeichensatzkonvertierung zwischen dem unter MS-DOS gebräuchlichen erweiterten IBM-Zeichensatz und dem unter WINDOWS verwendeten ANSI-Zeichensatz einschalten. Aktivieren Sie dieses Kontrollfeld, wenn Umlaute nicht korrekt übertragen werden.

Bildlaufleisten anzeigen

Dieses Kontrollfeld dient zum Ein- und Ausschalten der Bildlaufleisten von TERMINAL. Bei eingeschalteten Bildlaufleisten können Sie bestimmte Textstellen wesentlich schneller einsehen oder markieren.

Zeilen im Puffer

Hier geben Sie die Anzahl Zeilen an, die temporär von TERMINAL zwischengespeichert werden sollen. Es sind hier Werte zwischen 25 (normale Bildschirmgröße) und 244 bzw. 399 erlaubt, je nachdem, ob Sie 132 oder 80 Spalten eingestellt haben. Sie können so zum Beispiel festlegen, daß Sie, um markierten Text zu drucken, bis zu 400 Zeilen zurückblättern können.

Funktions-, Richtungs- und Strg-Tasten für Windows

Die genannten Tasten und ihre Kombinationen werden bei aktiviertem Kontrollfeld von WINDOWS "abgefangen" und interpretiert. Deaktivieren Sie dieses Kontrollfeld, so werden diese Tasten übertragen.

12.8.4 Datenübertragungsparameter

Mit den Befehlen **Einstellungen** und **Datenübertragung** müssen Sie immer die technischen Voraussetzungen für die Verbindung eingeben. Wenn Sie hier falsche Optionen auswählen, so kann eine Verbindung meistens überhaupt nicht, auf jeden Fall jedoch nur mangelhaft hergestellt werden.
Die einzustellenden Optionen entnehmen Sie der Dokumentation Ihres Modems und den Angaben des jeweiligen Host- oder Mailboxbetreibers.

Achtung:
Nicht alle denkbaren Kombinationen der Optionen sind auch gültig. TERMINAL setzt bei Auswahl einer ungültigen Option automatisch andere Optionsgruppen. Kontrollieren Sie also unbedingt noch einmal alle Gruppen, bevor Sie auf OK klicken.

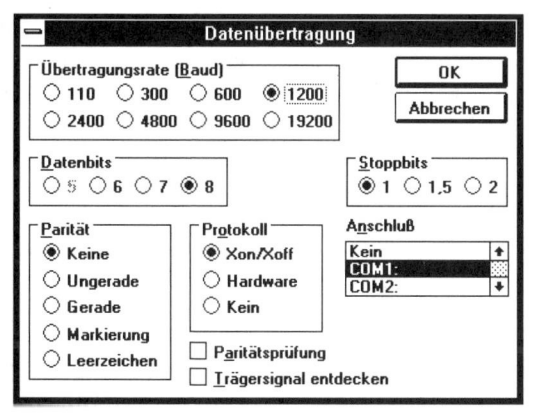

Übertragungsrate
Die Übertragungsrate kann zwischen 110 Baud und 19200 Baud gewählt werden. Die am häufigsten verwendeten Geschwindigkeiten sind 300, 1200 und 2400 Baud. Die Geschwindigkeit von 110 Baud wird nur bei langsam druckenden Terminals verwendet. Benutzen Sie die hohen Geschwindigkeiten von 4800 bis 19200 Baud nur bei direkten Rechnerverbindungen über Nullmodems. Sie müssen hier immer die Übertragungsrate einstellen, die sowohl von Ihrem Modem verarbeitet als auch vom Host gesendet wird.

Datenbits
In dieser Optionsgruppe legen Sie fest, aus wie vielen Bit jedes übertragene Zeichen besteht. Wenn die übertragenen Daten Zeichen mit ASCII-Werten über 127 enthalten, so müssen Sie unbedingt **8** auswählen, sonst werden die Zeichen verfälscht. Da dies bei Textübertragungen selten vorkommt, können meistens **7** Datenbits eingestellt werden. Sehr selten werden **5** oder **6** Datenbits übertragen. Bei einer Verbindung zum Host gibt dieser vor, welche Zeichenlänge benutzt wird.

Stoppbits
Die Optionsgruppe **Stoppbits** definiert die Länge des Ende-Signals für ein jedes Zeichen (siehe Abschnitt 12.3). Als Dauer kann **ein**fache, **eineinhalb**- und **zwei**fache Länge angegeben werden. Auch hier müssen Sie sich nach den Hostvorgaben richten.

Parität
Mit der **Parität** legen Sie fest, wie das Prüfbit verwendet werden soll. **Keine** muß gewählt werden, wenn Sie **8 Datenbits** verwenden wollen. Es wird dann kein Prüfbit gesetzt. Bei der Parität **Ungerade** setzt TERMINAL das Prüfbit so, daß insgesamt, einschließlich Prüfbit, für jedes Zeichen immer eine ungerade Anzahl Einer-Bits übertragen werden. Bei der Parität **Gerade** ist dies immer eine gerade Zahl, bei **Markierung** ist das Prüfbit grundsätzlich immer ein Einer-Bit, bei **Leerzeichen** immer ein Null-Bit. Die Art der Parität wird vom Host festgelegt.

Protokoll
Hierunter wird bei TERMINAL die Methode der Datenflußsteuerung verstanden, das heißt das Anhalten und Fortsetzen der Übertragung, beispielsweise bei überlastetem Empfänger. Drei Auswahlmöglichkeiten werden Ihnen angeboten.
Bei **Xon/Xoff** benutzt TERMINAL zwei spezielle Zeichen, nämlich die ASCII-Codes 17 und 19 zum Anhalten und Fortsetzen der Übertragung. Dieses Verfahren wird auch **Software-Handshake** genannt. Da diese Zeichen genauso wie die Daten übertragen werden, dürfen diese natürlich nicht anderweitig in den Daten vorkommen, sonst führt dies zum Beispiel zum unerwarteten Anhalten der Übertragung.

Bei **Hardware** wird ein spezieller Draht Ihrer seriellen Schnittstelle benutzt, um ein Sperrsignal zu übermitteln.
Mit **Kein** verzichten Sie auf eine Datenflußsteuerung. Dies kann jedoch u. U. zu Datenverlust führen.
Es kann nur die Datenflußsteuerung ausgewählt werden, die der Host verwendet.

Anschluß
In dem Listenfeld **Anschluß** wählen Sie die serielle Schnittstelle aus, an der Ihr Modem angeschlossen ist. Wählen Sie **Kein**, dann prüft TERMINAL selbst, ob COM1 verfügbar ist, und benutzt automatisch COM2, wenn dies nicht der Fall ist.

Paritätsprüfung
Wenn Sie dieses Kontrollfeld markieren, so wertet TERMINAL jedes Zeichen entsprechend der Paritätsvorschrift aus. Wird dabei festgestellt, daß das Prüfbit nicht mit dieser vereinbarten Vorschrift übereinstimmt, zeigt TERMINAL ein Fragezeichen statt des empfangenen Zeichens an.

Trägersignal entdecken
Mit diesem Kontrollfeld können Sie eine spezielle Hardwaresteuerung zwischen TERMINAL und Modem einschalten, die so ähnlich wie das Hardware-Protokoll arbeitet. TERMINAL prüft dann, ob das Modem über einen separaten Draht im Verbindungskabel dem PC signalisiert, daß die Verbindung hergestellt wurde. Das funktioniert natürlich nur, wenn das Modem dieses Signal auch tatsächlich verwendet. Sehen Sie dazu am besten in Ihrer Modem-Dokumentation nach.

12.8.5 Modembefehle

Sie müssen die Befehle **Einstellungen** und **Modembefehle** anklicken, um TERMINAL an die Funktionalität Ihres Modems anzupassen. In dem Dialogfeld ist dies besonders einfach, wenn Sie über ein Modem der folgenden Typen verfügen:
- Hayes
- MultiTech
- TrailBlazer

Sie klicken lediglich auf die dazugehörige Optionsschaltfläche. Sie können dann, bevor Sie auf OK klicken, noch notwendige Änderungen in einzelnen Eingabefeldern vornehmen.

Achtung:
Ein erneutes Anklicken einer der Schaltflächen aus der Gruppe **Voreinstellungen** macht diese Änderungen rückgängig. Es werden wieder die Standardeinstellungen für den angeklickten Modemtyp vorgenommen.

Für jedes andere Modem klicken Sie auf **Keine**. Sie erhalten dann leere Eingabefelder, in die Sie die notwendigen Zeichenfolgen eintragen müssen, die Ihr Modem als entsprechenden Befehl versteht.

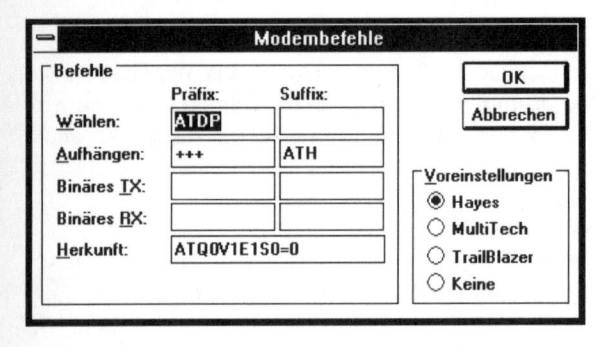

Modembefehle	Präfix	Suffix
Wählen:	ATDP	
Aufhängen:	+++	ATH
Binäres TX:		
Binäres RX:		
Herkunft:	ATQ0V1E1S0=0	

Voreinstellungen:
- ● Hayes
- ○ MultiTech
- ○ TrailBlazer
- ○ Keine

Unter **Wählen** ist der Modembefehl für die Auslösung des Wählvorgangs einzutragen. Dabei wird später von TERMINAL zwischen **Präfix** und **Suffix** die Rufnummer eingefügt.
Unter **Aufhängen** tragen Sie den Befehl ein, auf den hin das Modem die Telefonverbindung unterbricht. Als **Präfix** tragen Sie den Befehlsteil ein, der das Modem veranlaßt, in den sogenannten Befehlsmodus zu wechseln, was bedeutet, daß es alle folgenden Zeichen von TERMINAL nicht überträgt, sondern als Anweisung versteht. Als **Suffix** tragen Sie dann den eigentlichen Befehl zum Aufhängen ein.
Binäres TX steht für binäres Transmit bzw. Senden. Unter **Präfix** tragen Sie den Modembefehl ein, der das Senden einer Binärdatei vorbereitet. Als **Suffix** wird der Befehl zum Aufheben dieses Modus eingetragen.

Entsprechend werden bei **Binäres RX** unter **Präfix** und **Suffix** die Befehle für binäres **R**eceive bzw. Empfangen eingetragen.

Bei dem letzten Feld **Herkunft** handelt es sich um eine etwas unglückliche Übersetzung des englischen Fachausdrucks **Origin**. Den Befehl für diese Modembetriebsart finden Sie in Ihrer Modembeschreibung.

12.8.6 Übertragungsprotokolle

Wie Sie bereits kennengelernt haben, können Sie mit TERMINAL nicht nur einen Dialog mit einem Host durchführen, sondern auch Dateien empfangen und senden. Hierbei müssen Sie jedoch zwischen zwei Dateitypen unterscheiden.

Eine **Text- oder auch ASCII-Datei** enthält ausschließlich Zeichen, die Sie auch über eine Schreibmaschinentastatur eingeben könnten, also Buchstaben, Ziffern, Tabulator und Zeilenschaltung.

Eine **Binärdatei** darf dagegen jedes beliebige Zeichen aus dem eingesetzten Code, beim PC also dem ASCII-Code enthalten. Hierzu zählen Programmdateien, Daten für Grafiken, komprimierte Dateien usw.

Beachten Sie, daß Textdateien nur eine Einschränkung bezüglich der Binärdateien sind. Sie können jede Datei als Binärdatei übertragen, wenn der Host wenigstens eines der hierzu notwendigen Protokolle unterstützt.

Bevor eine Dateiübertragung gestartet werden kann, müssen Sie das spezielle Verfahren, in der Fachwelt auch Protokoll genannt, festlegen, das von TERMINAL benutzt werden soll. Dies muß getrennt für Text- und Binärdateien erfolgen.

Zur Definition des Protokolls für Textdateien wählen Sie **Einstellungen** und dann **Textübertragung**. Daraufhin wird das Fenster auf Seite 272 geöffnet.

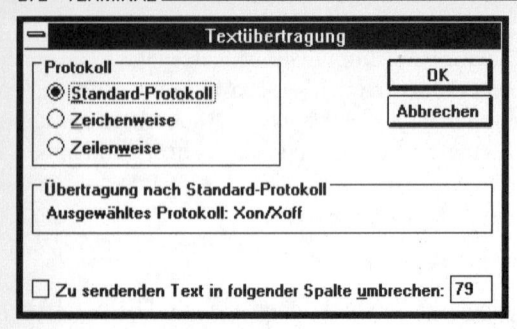

```
┌─────────────────────────────────────────────────┐
│ —              Textübertragung                  │
│ ┌─Protokoll──────────────┐  ┌────────────┐     │
│ │ ◉ Standard-Protokoll   │  │     OK     │     │
│ │ ○ Zeichenweise         │  ├────────────┤     │
│ │ ○ Zeilenweise          │  │  Abbrechen │     │
│ └────────────────────────┘  └────────────┘     │
│ ┌─Übertragung nach Standard-Protokoll─────────┐ │
│ │ Ausgewähltes Protokoll: Xon/Xoff            │ │
│ └─────────────────────────────────────────────┘ │
│                                                 │
│ ☐ Zu sendenden Text in folgender Spalte umbrechen: 79 │
└─────────────────────────────────────────────────┘
```

Sie können als **Protokoll** zwischen drei Möglichkeiten wählen. Zunächst ist das **Standard-Protokoll** ausgewählt. Das bedeutet, daß nach dem Verfahren übertragen wird, das bei den Protokoll-Optionen beim Befehl **Einstellungen** und **Datenübertragung** festgelegt wurde. Dieses wird im mittleren Kasten des Dialogfeldes angezeigt.

Wenn der zu sendende Text mit Textverarbeitungsprogrammen wie WRITE oder mit EDITOR erstellt wurde, sind die Zeilen des Textes unter Umständen länger als die Bildschirmbreite des Rechners, der den Text empfängt. Da dies zu Problemen, nämlich zu Datenverlust führen kann, müssen Sie in solchen Fällen das Kontrollfeld im unteren Teil des Dialogfeldes aktivieren. Danach kann nun die Spaltennummer neben **Zu sendenden Text umbrechen in Spalte** eingetragen werden. Geben Sie hier **immer ein Zeichen weniger** ein, als in eine Zeile paßt, denn TERMINAL muß noch das Zeichen ^M für den Zeilenumbruch einfügen.

Wenn Sie als Protokoll **Zeichenweise** auswählen, so wird TERMINAL das Fenster wie dargestellt verändern.

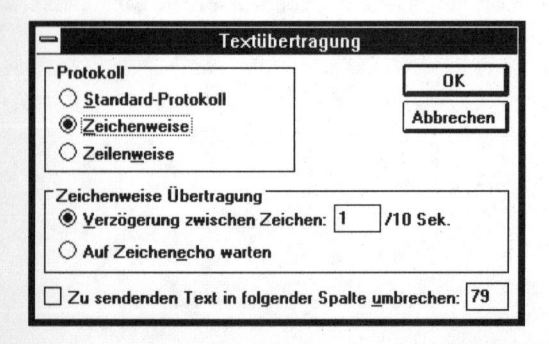

```
┌─────────────────────────────────────────────────┐
│ —              Textübertragung                  │
│ ┌─Protokoll──────────────┐  ┌────────────┐     │
│ │ ○ Standard-Protokoll   │  │     OK     │     │
│ │ ◉ Zeichenweise         │  ├────────────┤     │
│ │ ○ Zeilenweise          │  │  Abbrechen │     │
│ └────────────────────────┘  └────────────┘     │
│ ┌─Zeichenweise Übertragung────────────────────┐ │
│ │ ◉ Verzögerung zwischen Zeichen: │ 1 │ /10 Sek. │ │
│ │ ○ Auf Zeichenecho warten                    │ │
│ └─────────────────────────────────────────────┘ │
│ ☐ Zu sendenden Text in folgender Spalte umbrechen: 79 │
└─────────────────────────────────────────────────┘
```

Im mittleren Teil des Fensters können Sie nun zwischen zwei Varianten dieses Protokolls wählen. Entweder werden die Zeichen kontinuierlich mit einer **Verzögerung zwischen Zeichen** gesendet, bei der die Verzögerungszeit in **Zehntelsekunden** angegeben werden kann, oder es wird mit dem Senden eines jeden Zeichens auf das Zurücksenden des vorherigen Zeichens durch den Host gewartet. Dies erreichen Sie durch Auswahl von **Auf Zeichenecho warten**.

Bei der zweiten Methode wird nicht nur das übertragene, sondern auch das geechote Zeichen mit dem gesendeten verglichen. So wird eine echte Kontrolle durchgeführt, ob die Übertragung einwandfrei funktioniert hat. Wegen dieser Kontrolle ist diese Übertragungsvariante besonders langsam.

Das folgende Bild zeigt, wie Terminal das Fenster verändert, wenn Sie die dritte Protokollmöglichkeit **Zeilenweise** auswählen.

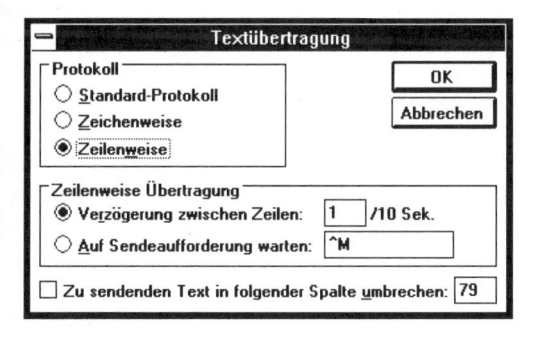

Auch hier werden im mittleren Teil wieder zwei Varianten angeboten. Die erste Variante arbeitet ebenfalls mit einer Verzögerungszeit, nur jetzt nicht zwischen den einzelnen Zeichen, sondern zwischen ganzen Zeilen.

Mit **Auf Sendeaufforderung warten** wird nicht auf ein Echo gewartet, sondern auf eine genau festgelegte Zeichenfolge, die bei jeder übertragenen Zeile gleich ist. Vorgeschlagen wird hier mit ^M das Zeichen <EINGABETASTE>.

Für die Definition des Protokolls bei der Übertragung von Binärdateien wählen Sie **Einstellungen** und **Binärübertragung**. Im erscheinenden Dialogfeld können Sie zwischen zwei industriellen Standardprotokollen auswählen.

Das erste Protokoll **XModem/CRC** arbeitet mit 8 Datenbits und ohne Parität, während das zweite, **Kermit**, wahlweise mit 7 (Parität gerade, ungerade oder keine) oder 8 Datenbits (Parität keine) arbeitet.

Die Funktionsweise dieser Protokolle können wir an dieser Stelle nicht weiter beschreiben. Sie setzt sehr viel Fachkenntnisse der Datenübertragung voraus und würde den Rahmen dieses Buches sprengen.

Eine Dateiübertragung wird gestartet, wenn Sie aus der Menüliste für **Übertragung** einen der aktiven Befehle auswählen. Als erstes erscheint ein Dateifenster, damit Sie die jeweilige Datei und ihr Verzeichnis bestimmen können.

Oberhalb des unteren Fensterrahmens von TERMINAL erscheinen dann Informationen über den Namen der Datei, ihren gesendeten bzw. empfangenen Umfang sowie Schaltflächen zum Anhalten bzw. Abbrechen der Übertragung.

Teile einer Datei können Sie mit folgender Vorgehensweise senden: Sie klicken in der Menüleiste auf **Übertragung** und dann auf **Textdatei ansehen**. Sobald der gewünschte Textteil auf dem Bildschirm angezeigt wird, klicken Sie auf die Schaltfläche **Abbrechen**. Sie können jetzt den gewünschten Text markieren und durch **Bearbeiten** und **Kopieren** in die ZWISCHENABLAGE übernehmen. Nun können Sie mit **Bearbeiten** und **Puffer löschen** den Bildschirm und die von TERMINAL zwischengespeicherten Zeilen löschen.

Wenn bereits eine Verbindung besteht, so bewirkt der Befehl **Bearbeiten** und **Einfügen**, daß die von der ZWISCHENABLAGE eingefügten Daten bei lokalem Echo auf dem Bildschirm erscheinen und sofort an den Host gesendet werden. Sie können auch direkt markierten Text senden, indem Sie nach dem Markieren **Bearbeiten** und dann **Senden** anklicken.

12.8.7 Logische Funktionstasten belegen

Das Zubehör TERMINAL verfügt über 32 logische Funktionstasten. Diese haben nichts mit den Funktionstasten der Tastatur zu tun, sondern sind vier Gruppen von je acht Schaltflächen, denen Sie selbst individuelle Kommandos zuordnen können.

Diese Zuordnung ist möglich, wenn Sie auf **Einstellungen** und anschließend auf **Funktionstasten** klicken. Im folgenden Bild sehen Sie das Dialogfeld, in das Sie nun die Schaltflächen-Definitionen eintragen können.

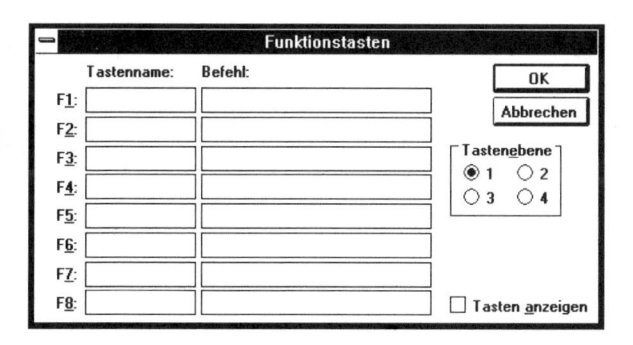

Die Bezeichnungen F1 bis F8 stehen nicht für die Funktionstasten Ihres PC, sondern sind hier die Bezeichnungen für die acht Schaltflächen, die im Fenster von TERMINAL angezeigt werden können.

Zu jeder dieser Schaltflächen geben Sie in das Eingabefeld unterhalb von **Tastenname** einen Text ein, der auf der Schaltfläche angezeigt wird. In die Eingabefelder unterhalb von **Befehl** werden die eigentlichen Kommandos eingegeben.

Dabei können folgende Codes verwendet werden:

Code	Bedeutung	Beispiel
^A ... ^Z	<STRG>+<A> ... <STRG>+<Z>	^M für <EINGABE>
^^	Das Zeichen ^	
^@	NULL-Zeichen	
^$B	Breaksignal von 117 msec	
^$C	Wählvorgang auslösen	
^$Dnn	Wartezeit von nn Sekunden	^$D04 wartet vier Sekunden
^$H	Telefon aufhängen	
^$L1 ... ^$L4	auf Schaltflächen des Levels 1 ... 4 umschalten	
^[	ESC-Zeichen	^[A für ESC-A

Tragen Sie doch einfach einmal einige Befehle ein, die den Umgang mit KomCom erleichtern. Hierzu wollen wir das Login, einen Dialogbefehl und das Logoff als Funktionstaste realisieren.

Zunächst zum **Login**. Was muß TERMINAL automatisch durchführen? Wenn wir davon ausgehen, daß die Einstellungen der Telefonnummer, der Datenübertragung und der Modembefehle bereits vorgenommen sind, so muß TERMINAL zuerst den Wählvorgang auslösen (siehe Tabelle) und dann nach einer kleinen Pause den Identifizierungscode übertragen. Zwecks Vereinfachung der Bedienung soll danach automatisch auf die Ebene 2 der Funktionstasten umgeschaltet werden. Hier definieren wir dann die Tasten, die für den Dialog und das Logoff benötigt werden.

Diese Befehlsfolge für das Login lautet also zum Beispiel für F1:

^$C^$D10GAST^M^$L2

Als Tastenname geben Sie bei F1 ein:

Login

Nun zum Dialogbefehl. Klicken Sie zunächst auf **2** aus der Optionsgruppe **Tastenebene**. Geben Sie als Tastennamen für F1

Hilfe

ein und als Befehl:

?^M

Für F2 definieren wir das Logoff. Als Namen verwenden wir

Logoff

und als Befehl wird eingegeben:

Ende^M^$H^$L1

Der letzte Code ^$L1 schaltet zurück, so daß wieder unsere Login-Taste sichtbar wird.
Klicken Sie abschließend auf OK. Wenn Sie das Kontrollfeld **Tasten anzeigen** auswählen, können Sie sich den Schritt ersparen, der im nächsten Absatz beschrieben wird.
Um diese Schaltflächen ein- und ausblenden zu können, wählen Sie **Einstellungen** und **Funktionstasten einblenden**. TERMINAL zeigt dann die logischen Funktionstasten, die hier noch leer sind, wie im folgenden Bild an.
Ein erneutes Auswählen blendet die Tasten aus.

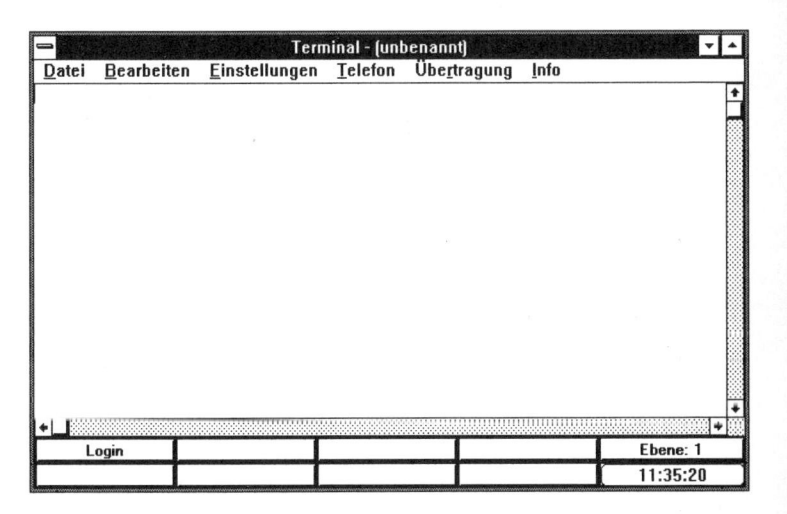

Durch einfaches Klicken auf die jeweilige Schaltfläche wird das dazu gespeicherte Kommando von TERMINAL gesendet. Wollen Sie die Schaltflächen über die Tastatur benutzen, so müssen Sie

<STRG>+<ALT>+<Fn> drücken; <Fn> steht hier für eine der Funktionstasten <F1> bis <F8>.
Sie wechseln die Ebene der Schaltflächen durch Anklicken auf die rechte obere Schaltfläche **Ebene: 1**. Sofort werden die Schaltflächen der nächsthöheren definierten Ebene angezeigt. Wenn Sie nochmals klicken, wird zyklisch die nächste Ebene dargestellt.

12.9 Terminal-Dateien speichern

Nachdem wir nun so umfangreiche Einstellungen vorgenommen haben, werden diese für eine spätere erneute Verwendung mit TERMINAL gespeichert. Wählen Sie **Datei** und **Speichern** bzw. **Speichern unter**. Als Namen können Sie zum Beispiel KOMCOM eingeben. TERMINAL speichert dann alle Einstellungen und Definitionen in einer Datei KOMCOM.TRM.

12.10 Mit Terminal-Dateien arbeiten

Diese TERMINAL-Dateien können für spätere Sitzungen wieder herangezogen werden. Bei jedem Laden einer solchen Datei werden alle Einstellungen automatisch so vorgenommen, wie sie beim letzten Speichern der TERMINAL-Datei bestanden haben.

Laden
Eine TERMINAL-Datei wird geladen, wenn Sie **Datei** und **Öffnen** wählen. Wenn Sie **Datei** und **Neu** wählen, so werden alle Einstellungen wieder auf den Standard zurückgestellt.

Ändern
Wenn Sie Einstellungen in einer TERMINAL-Datei ändern möchten, so laden Sie diese zunächst. Dann können Sie die Einstellungen, die geändert werden sollen, durch **Einstellungen** und Auswahl aus der Menüliste modifizieren. Vergessen Sie nicht, danach wieder die TERMINAL-Datei zu speichern.

Zeit ist Geld
Bei unseren Beispielen sind wir bis jetzt noch nicht auf die Kosten eingegangen, die mit solchen Übertragungen verbunden sind. Sie

können beruhigt sein; alle Beispiele haben höchstens die Telefongebühr gekostet. Aber auch hierbei ist es sinnvoll, auf die Verbindungszeit zu achten. Dies ist möglich, wenn Sie **Einstellungen** und **Zeitmessen** auswählen. Nun beginnt auf einer Schaltfläche rechts unten im TERMINAL-Fenster eine Stoppuhr zu laufen. Allerdings funktioniert dies nur bei eingeblendeten Funktionstasten. Durch Klicken auf diese Schaltfläche können Sie zwischen der Anzeige der aktuellen Uhrzeit und der Stoppuhranzeige wechseln. Durch erneutes Auswählen von **Einstellungen** und **Zeitmessen** wird die Stoppuhr wieder auf Null gestellt.

12.11 Übung 38

Benutzen Sie die Ebene 4 der Funktionstasten, um sich ein **Telefonverzeichnis** für Datenübertragungen zu erstellen. Tragen Sie als Namen den Host ein und als Befehl die Rufnummer oder Befehlssequenz.

13 MULTIMEDIA

Dieses Kapitel setzt voraus, daß Sie Ihren PC speziell für Multimedia eingerichtet haben. Sofern Sie keine Zusatzgeräte eingebaut haben, können Sie direkt mit Kapitel 14 fortfahren.

13.1 Voraussetzungen

Der KLANGRECORDER und die MEDIEN-WIEDERGABE aus der ZUBEHÖR-Gruppe gehören zur Multimedia-Erweiterung für WINDOWS. Das Komplettpaket mit zusätzlichen Erweiterungen kann separat erworben werden und enthält noch weitere Programme. KLANGRECORDER und MEDIEN-WIEDERGABE können erst dann genutzt werden, wenn Ihr Rechner mit den entsprechenden Zusatzgeräten ausgerüstet ist.
Dazu zählen zum Beispiel auch eine Soundkarte oder ein CD-ROM-Laufwerk. Mit einer Soundkarte kann Ihr Rechner Sprache und Musik aufnehmen, speichern und wiedergeben. Mit Hilfe eines CD-ROM-Laufwerks, dies ist ein Gerät ähnlich Ihrem CD-Player, können beispielsweise die großen Datenmengen von Bildern verwaltet werden.

Um in den Genuß der neuen Tonfähigkeiten des Computers zu kommen, benötigen Sie folgende zusätzliche Hardware:
- Eine Soundkarte, beispielsweise Sound Blaster Pro oder Pro Audio Spectrum,
- ein Paar einfache externe Lautsprecher von der Art, die auch an einem Walkman betrieben werden können und
- ein preiswertes Mikrophon zum Anschluß an die Soundkarte.

Soll das Ganze noch mit einem CD-ROM-Laufwerk abgerundet werden, sollte man eventuell gleich einen kompletten Bausatz wählen, dessen Komponenten aufeinander abgestimmt sind.

Nach dem Einbau der neuen Hardware muß WINDOWS erst mitgeteilt werden, um welche Art von Geräten es sich handelt. Diese Einstellungen werden mit der SYSTEMSTEUERUNG durchgeführt. Eine detaillierte Beschreibung finden Sie in Kapitel 6.2.

13.2 KLANGRECORDER

Der KLANGRECORDER dient der Aufnahme und Wiedergabe von Klangdateien. Die maximale Aufnahmedauer beträgt ca. 60 Sekunden. Sie finden KLANGRECORDER in der Gruppe ZUBEHÖR als folgendes Icon:

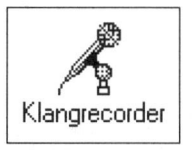

Nach einem Doppelklick öffnet sich das Anwendungsfenster von KLANGRECORDER.

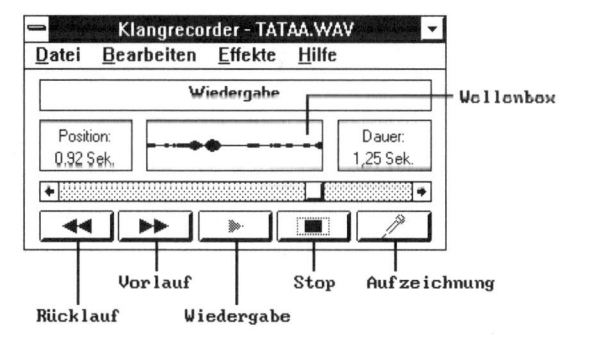

Neben den Menüpunkten **Datei**, **Bearbeiten**, **Effekte** und **Hilfe** finden Sie die Schaltflächen **Rücklauf**, **Vorlauf**, **Wiedergabe**, **Stop** und **Aufzeichnung**, die der Aufnahme und dem Abspielen von Klangdateien dienen. Außerdem enthält das Fenster noch eine **Bildlaufleiste**, die die Abspielposition innerhalb einer Klangdatei anzeigt, und eine **Wellenbox**, die die exakte Bearbeitung des Klangs erlaubt.

13.2.1 Klangdateien öffnen und abspielen

Wählen Sie den Befehl **Öffnen** aus dem Menü **Datei**, und laden Sie die Datei TATAA.WAV. Wie Sie sehen, ist die Dateiendung WAV für Klangdateien standardmäßig vorgegeben. Zum Lieferumfang von WINDOWS gehören die vier Klänge AKKORD, DING, TATAA und XYLOPHON. Sie können für verschiedene Systemereignisse – wie beispielsweise Start und Ende von WINDOWS, Fehlermeldungen usw. – benutzt werden. Dazu müssen sie mit Hilfe der SYSTEMSTEUERUNG diesen Ereignissen zugeordnet werden.

Zum Abspielen des Klangs klicken Sie jetzt auf die **Wiedergabe**-Taste. Während des Spielens zeigt das **Bildlauffeld** die Position innerhalb der Klangdatei an. Mit jedem Druck auf die Wiedergabetaste wird der Klang erneut abgespielt.

13.2.2 Klänge bearbeiten

Klänge können mit Hilfe des KLANGRECORDERS bearbeitet werden. Sie können gemischt werden, man kann sie mit einem Echo versehen und ihre Wiedergabegeschwindigkeit verändern. Sie sollten jedoch berücksichtigen, daß es sich hier nicht um ein professionelles System zur Klangbearbeitung handelt. Die Möglichkeiten sind also begrenzt.

Hinweis:
Wenn Sie Klänge aufnehmen, dann speichern Sie diese sofort ab! Ansonsten können einige Änderungen, wie zum Beispiel ein hinzugefügtes Echo, nicht wieder rückgängig gemacht werden.

In einer Klangdatei bewegen
Durch Klicken auf den Bildlaufpfeilen wird die Wiedergabestelle um 0,1 Sekunden verschoben. Durch Klicken auf der Bildlaufleiste wird die Wiedergabestelle um 1 Sekunde verschoben. Durch Klicken auf

die **Vorlauf**- oder die **Rücklauf**-Taste gelangt man wie bei einem Kassettenrecorder ans Ende bzw. an den Anfang der Klangdatei.

Lautstärke ändern
Mit den Befehlen **Lautstärke erhöhen** und **Lautstärke verringern** aus dem Menü **Effekte** können Sie den Klang variieren. Die größere Lautstärke wird auch in der Wellenbox angezeigt.

Achtung:
Durch Verringern der Lautstärke und anschließendes Erhöhen auf den alten Wert gehen Klanginformationen verloren! Dadurch verschlechtert sich die Klangqualität.

```
Effekte
Lautstärke erhöhen (um 25%)
Lautstärke verringern

Geschwindigkeit erhöhen (um 100%)
Geschwindigkeit verringern

Echo hinzufügen
Umkehren
```

Geschwindigkeit ändern
Mit den Befehlen **Geschwindigkeit erhöhen** und **Geschwindigkeit verringern** aus dem Menü **Effekte** ändern Sie die Wiedergabegeschwindigkeit.

Achtung:
Beachten Sie auch hier, daß nach Erhöhen und anschließendem Verringern der Geschwindigkeit Informations-, d.h. Qualitätsverluste auftreten!

Echo hinzufügen
Der Befehl **Echo hinzufügen** aus dem Menü **Effekte** fügt dem Klang einen Halleffekt hinzu. Dieser Befehl kann nur durch **Wiederherstellen** zurückgenommen werden.

Rückwärts abspielen
Mit dem Befehl **Umkehren** aus dem Menü **Effekte** wird der Klang bei der Wiedergabe rückwärts abgespielt. Bei nochmaliger Auswahl des Befehls wird der Klang wieder in der richtigen Richtung gespielt.

Klänge einfügen und einmischen

Um aus zwei Klangdateien eine einzige zu machen, laden Sie zuerst eine der beiden Dateien. Dann bewegen Sie das Bildlauffeld an die gewünschte Stelle in dieser Datei, an der Sie die andere Datei einfügen wollen. Hierbei ist die Anzeige in der Wellenbox sehr hilfreich. Laden Sie jetzt die zweite Datei mit dem Befehl **Datei einfügen** aus dem Menü **Bearbeiten**. Die so erzeugte Datei ist so lang wie beide Einzeldateien zusammen.

```
Bearbeiten
  Kopieren                        Strg+C
  Datei einfügen...
  Datei einmischen...
  Löschen vor aktueller Position
  Löschen nach aktueller Position
```

Sollen beide Klänge überblendet werden, dann laden Sie wieder eine der beiden Dateien. Bewegen Sie das Bildlauffeld an die Stelle, ab der die beiden Klänge überblendet werden sollen. Fügen Sie die zweite Datei mit dem Befehl **Datei einmischen** aus dem Menü **Bearbeiten** ein. Ab dieser Stelle werden beide Klänge gleichzeitig gespielt.

Klänge vorn oder hinten abschneiden

Diese Befehle bieten eine simple Methode, die Klangdateien zu "schneiden". Bewegen Sie dazu das Bildlauffeld an die gewünschte Position. Mit Hilfe der Wellenbox können Sie die genaue Einstellung kontrollieren. Wählen Sie dann entweder den Befehl **Löschen vor aktueller Position** oder **Löschen nach aktueller Position** aus dem Menü **Bearbeiten**.

Änderungen rückgängig machen

Wenn Sie die Änderungen an einem Klang wieder rückgängig machen wollen, benutzen Sie den Befehl **Wiederherstellen** aus dem Menü **Datei**.

Achtung:
Diese Funktion steht nur zur Verfügung, wenn der Klang zuvor gespeichert wurde!

13.2.3 Klänge aufnehmen und speichern

Um Musik aufzunehmen, können Sie zum Beispiel einen CD-Spieler anschließen, oder Sie benutzen ein Mikrophon, um gesprochene Sprache mitzuschneiden. Für eine Aufnahme mit dem Mikrophon schließen Sie es nach den Herstellerangaben an die Soundkarte an. Klicken Sie auf der Schaltfläche **Aufzeichnung**. Um die Aufnahme zu beenden, betätigen Sie die Schaltfläche **Stop**.
Zur Sicherheit sollten Sie die Aufnahme jetzt speichern, damit Sie bei Bedarf Änderungen wieder rückgängig machen können. Wählen Sie dazu den Befehl **Speichern unter** aus dem Menü **Datei**. Sie sollten dabei die vorgeschlagene Dateinamensendung WAV beibehalten. Sie können zwar jede beliebige gültige Endung wählen, Sie erschweren sich dadurch jedoch das Wiederfinden der Datei.

13.2.4 Anwendungsbeispiele für Klangdateien

Im folgenden möchten wir Ihnen drei Anregungen geben, wie Sie Klangdateien in WINDOWS und WINDOWS-Anwendungen einsetzen können. Probieren Sie sie aus, und experimentieren Sie!

Persönliche Begrüßung beim WINDOWS-Start
Nehmen Sie mit dem Mikrophon eine persönliche Begrüßung auf, und speichern Sie diese. Starten Sie nun die SYSTEMSTEUERUNG und dann KLANG. Aus dem Feld **Ereignisse** wählen Sie den WINDOWS-Start und aus dem Feld **Dateien** Ihren Begrüßungstext. Bestätigen Sie mit OK. Ab jetzt ist bei jedem WINDOWS-Start dieser Begrüßungstext zu hören.

Sprechendes Vokabelheft
Mit KARTEI können Sie ein "sprechendes" Vokabelheft erstellen. Legen Sie dazu jeweils eine Karteikarte mit dem gewünschten Stichwort an. Damit nachher das gesprochene Wort eingefügt werden kann, muß die Option BILD aus dem Menü Bearbeiten gewählt werden, denn der Klang wird als Icon eingefügt. Wechseln Sie zum KLANGRECORDER, und nehmen Sie die Aussprache des Wortes auf. Wählen Sie **Bearbeiten** und **Kopieren**, und wechseln Sie zur KARTEI zurück. Durch **Bearbeiten** und **Einfügen** erscheint nun das Mikrophon-Icon als Zeichen für den eingefügten Klang. Wenn Sie jetzt darauf doppelklicken, ertönt die Aussprache des Wortes.

Hinweis:
Achten Sie darauf, daß beim nächsten Starten der Vokabelkartei die Option **Bild** eingeschaltet wird, denn so paradox es klingen mag, ansonsten hören Sie keinen Ton!

Beim Einfügen von Klängen können Sie natürlich auch direkt den Befehl **Bearbeiten Objekt einfügen** benutzen und dann die Option Klang wählen.

Sprachnotizen in Excel 4
Sie können den Excel-Benutzern gesprochene Anweisungen zum Ausfüllen von Tabellen hinterlegen. Nehmen Sie diese Anweisungen mit dem KLANGRECORDER auf, und speichern Sie. Starten Sie Excel mit der gewünschten Tabelle. Wählen Sie dann **Formel**, **Notiz** und aus der Gruppe **Ton-Notiz Importieren**. Sie können jetzt die gewünschte Klangdatei auswählen, und nach Bestätigung erscheint die Notizmarke im Feld, wenn die **Bildschirmanzeige** korrekt eingestellt worden ist. Ein Doppelklick auf diese Marke läßt die akustische Hilfe ertönen.

13.3 MEDIEN-WIEDERGABE

Mit der MEDIEN-WIEDERGABE können Sie Mediendateien abspielen und Wiedergabegeräte steuern. Sie finden MEDIEN-WIEDERGABE in der ZUBEHÖR-Gruppe als folgendes Icon:

Mit der MEDIEN-WIEDERGABE können ebenfalls Klänge und MIDI-Dateien oder Animationen wiedergegeben werden. Außerdem können CD-ROM-Laufwerke und Bildplatten gesteuert werden.

Starten Sie MEDIEN-WIEDERGABE. Sie erkennen daraufhin im Anwendungsfenster neben der Menüleiste Bedienungselemente ähnlich denen des KLANGRECORDERS.

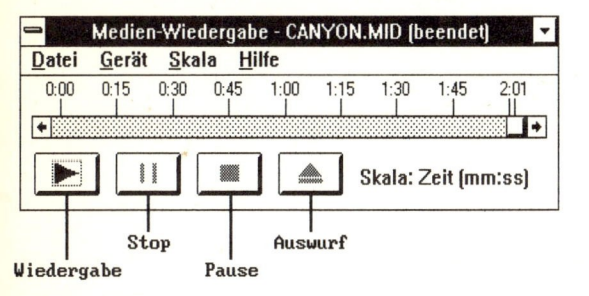

13.3.1 Mediengerät wählen

Im ersten Schritt legen Sie das Gerät fest, auf dem die Medien abgespielt werden sollen. Dazu wählen Sie aus dem Menü **Gerät** die gewünschte Hardware. Die Geräte, die Ihnen hier angeboten werden, entsprechen der Hardware, die Sie installiert und eingerichtet haben. Die MEDIEN-WIEDERGABE unterstützt zwei Gerätetypen, die sogenannten Simple- und Compound-Geräte.

Bei **Simple-Geräten**, wie zum Beispiel einem CD-Player, wird einfach nur wiedergegeben, was in das Gerät eingelegt wurde. Der Computer steuert also nur die Bedienelemente des Simple-Gerätes.

Bei den **Compound-Geräten** werden Dateien wiedergegeben. Daher muß hier zuerst die Datei ausgewählt werden, die abzuspielen ist. Hier werden also die Töne und Bilder im Computer erzeugt und vom Gerät gespielt. Im Menü sind diese Geräte durch drei **Auslassungspunkte ...** markiert.

13.3.2 Mediendatei wiedergeben

Nach dem Auswählen des Geräts muß bei Compound-Geräten noch die abzuspielende Datei angegeben werden. Das erfolgt durch den Befehl **Datei Öffnen**. Falls Sie den **MIDI-Sequenzer** gewählt haben, können Sie die Datei CANYON.MID laden. Haben Sie jedoch **Klang** gewählt, können Sie eine der WAV-Dateien öffnen.

Mit der Schaltfläche **Wiedergabe** wird das Abspielen gestartet. Mit **Pause** und **Stop** kann die Wiedergabe unterbrochen oder beendet werden. Wenn die Hardware zum Beispiel eines CD-Spielers eine entsprechende Ansteuerung erlaubt, kann mit dem Schaltfeld **Auswurf** die CD aus dem Gerät ausgeworfen werden.

Skala

Mit dem Befehl **Skala Zeit** bzw. **Skala Titel** schalten Sie zwischen der Zeit- und der Titelanzeige um. Eine Titelanzeige ist bei spurorientierten Geräten, wie beispielsweise CD-Spielern, vorteilhafter.

14 RECHNER

14.1 Gebrauch und Aussehen

WINDOWS bietet Ihnen mit dem Zubehör RECHNER einen Taschenrechner an, mit dem Sie nahezu alle Berechnungen anstellen können, die im täglichen privaten und geschäftlichen Alltag anfallen; angefangen von kleinen Additionen bis hin zu technischen Berechnungen und statistischen Auswertungen.

14.1.1 Icon-Darstellung

In der Gruppe ZUBEHÖR wird der RECHNER durch folgendes Icon dargestellt:

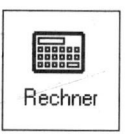

Durch Doppelklicken auf diesem Symbol startet der RECHNER.

14.1.2 Fenster-Darstellung

Nach dem Start präsentiert RECHNER sich in einer seiner beiden Darstellungsformen, entweder als Standard- oder als technisch-wissenschaftlicher Rechner. Wenn er zum erstenmal gestartet wird, erscheint er als Standardrechner:

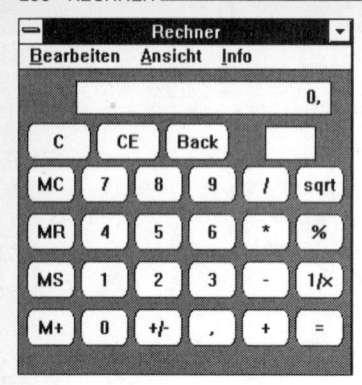

Wählen Sie einmal aus der Menüleiste **Ansicht**. Sie sehen, daß in der Menüliste **Standard** mit einem Häkchen versehen, also aktiviert ist. Solange Sie diese Ansicht-Einstellung nicht verändern, wird beim Start von RECHNER immer der Standardrechner aufgerufen.

Wählen Sie nun **Ansicht** und **Wissenschaftlich**. Jetzt wird im Fenster das Tastenfeld eines technisch-wissenschaftlichen Taschenrechners angezeigt:

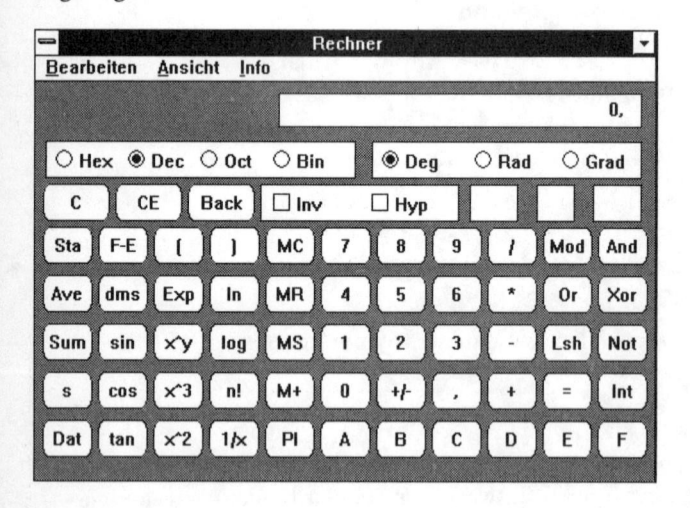

Schalten Sie nun aber zunächst zurück zur **Standard**-Anzeige.

14.2 Der Standardrechner

Als erstes wollen wir uns den Standardrechner und seine Arbeitsweise näher ansehen. Sie können RECHNER, wie alle anderen WINDOWS-Programme auch, sowohl über die Tastatur als auch mittels Maus bedienen.

Der Standardrechner erlaubt die vier Grundrechenarten, Prozent-, Kehrwert- und Quadratwurzelberechnung. Zusätzlich verfügt er über einen internen Speicher für Zwischenergebnisse. Er zeigt maximal dreizehnstellige Zahlen in Festkommadarstellung an. Größere Zahlen werden in der sogenannten Exponentialdarstellung angezeigt, wobei die ersten 14 Ziffern dargestellt werden.

Geben Sie nun diese Ziffernfolge ein:

    1234567890123

Wenn Sie jetzt noch die 4 eingeben, schaltet RECHNER auf Exponentialdarstellung um:

    1,2345678901234e+013

Geben Sie nun noch die Ziffer 5 ein! Sie sehen, daß nur der Exponent sich erhöht:

    1,2345678901234e+014

Intern rechnet er jedoch mit der eingegebenen Zahl.

14.2.1 Mit Tastatureingabe rechnen

Jeder Schaltfläche von RECHNER entspricht auch eine Taste auf der Tastatur. Der Einfachheit halber stellen wir diese Tasten mit ihrer jeweiligen Bedeutung in folgender Tabelle dar.

Rechner-schaltfläche	Tastatur	Bedeutung
C	<ESC-TASTE>	löscht Anzeige und laufende Berechnung
CE	<ENTF-TASTE>	löscht nur Anzeige
BACK	<RÜCKTASTE> <NACH LINKS>	löscht letzte Ziffer der Anzeige

Rechner-schaltfläche	Tastatur	Bedeutung
MC	\<STRG\>+\<C\>	Memory Clear
MR	\<STRG\>+\<R\>	Memory Recall
MS	\<STRG\>+\<M\>	Memory Store
M+	\<STRG\>+\<P\>	Memory Plus/Addieren
0... 9	\<0\>... \<9\>	Ziffer
+/–	\<F9\>	Vorzeichenwechsel in Anzeige
,	\<.\> oder \<,\>	Dezimaltrenner
/	\</\>	Dividieren/Geteilt durch
*	\<*\>	Multiplizieren/Mal
–	\<-\>	Subtrahieren/Minus
+	\<+\>	Addieren/Plus
sqrt	\<@\>	Quadratwurzel ziehen
%	\<%\>	Prozentberechnung
1/x	\<r\>	Reziproker Wert / Kehrwert
=	\<=\> oder \<EINGABETASTE\>	zeigt Ergebnis der letzten eingegebenen Operation (+–*/) mit der Anzeige und der davor eingegebenen Zahl an

Probieren wir einmal das Rechnen mit der Tastatur! Wir wollen als Beispiel den Gesamtpreis eines Artikels inklusive 14 % Mehrwertsteuer berechnen. Der Artikel kostet 12,95 DM.

Als erstes löschen wir zur Sicherheit im Taschenrechner die letzte Operation (C) und den Speicher (MC). Dann tippen wir unsere Rechnung ein, wobei wir die errechnete Mehrwertsteuer in den Speicher übernehmen (MS):

```
<ESC-Taste>, <STRG>+<C>,<1>,<2>,<,>,<9>,<5>, <+>,
<1>,<4>,<%>,<STRG>+<M>,<EINGABETASTE>
```

Hinweis:
Mit <STRG>+<EINFG-TASTE> können Sie die Anzeige in die ZWISCHENABLAGE kopieren, von wo aus Sie sie mit <UM-SCHALT>+<EINFG-TASTE> in andere Anwendungen übernehmen können.

Das Ergebnis der obigen Rechnung sollte 14,763 betragen. Beachten Sie, daß rechts unterhalb der Anzeige ein M erschienen ist. Dies ist der Hinweis, daß der Speicher einen Wert enthält. Rufen Sie nun dieses gespeicherte Zwischenergebnis mit <STRG>+<R> ab. Sie sehen den Mehrwertsteueranteil von 1,813.

14.2.2 Mit Mauseingabe rechnen

Mit der Maus läßt der RECHNER sich natürlich erheblich einfacher, sprich intuitiver bedienen. Betrachten Sie die Maus als verlängerten Zeigefinger, und klicken Sie auf die jeweilige Rechner-Schaltfläche, die Sie auch bei einem richtigen Rechner drücken würden. Wiederholen Sie zur Übung bitte einmal das letzte Beispiel.

14.3 Der technisch-wissenschaftliche Rechner

Der wissenschaftliche RECHNER verfügt gegenüber dem Standard-RECHNER über einen erheblich erweiterten Funktionsumfang. Neben den Möglichkeiten des Standard-RECHNERS erlaubt er erweiterte Potenzrechnung, die Verwendung aller trigonometrischen Funktionen (Winkelfunktionen), Logarithmus- und Exponentialrechnung sowie statistische Auswertungen. Zusätzlich kann er, was gerade für manche Programmierer sehr interessant ist, in verschiedenen Zahlensystemen rechnen und logische Operationen durchführen.

14.3.1 Einfache Berechnungen mit Tastatureingabe

Der wissenschaftliche RECHNER läßt sich über die Tastatur in der gleichen Weise bedienen, wie Sie es soeben kennengelernt haben. Die Tabelle auf Seite 294 f gibt Ihnen eine Übersicht über die **zusätzlichen** Tasten und zugehörigen RECHNER-Schaltflächen.

Achtung:
Die Kehrwert-Schaltfläche (1/x) befindet sich im Vergleich zum Standard-RECHNER an einer anderen Stelle. Die Schaltflächen für Quadratwurzel- (sqrt) und Prozentrechnung (%) existieren beim wissenschaftlichen RECHNER nicht. Sie werden durch kombinierte Funktionen realisiert:

sqrt :   Inv x^2
% :   /100 (je nach Operation)

Die beim Standard-RECHNER hiermit verbunden Tasten werden beim wissenschaftlichen RECHNER **anderweitig verwendet**.

Rechner-schaltfläche	Tastatur	Bedeutung
Hex	<F5>	mit Hexadezimalzahlen rechnen
Dec	<F6>	mit Dezimalzahlen rechnen
Oct	<F7>	mit Oktalzahlen rechnen
Bin	<F8>	mit Binärzahlen rechnen
Deg	<F2>	Anzeige wird für trigonometrische Funktionen im Dezimalsystem als Altgrad (0 ... 360) interpretiert
Rad	<F3>	Anzeige wird für trigonometrische Funktionen im Dezimalsystem als Bogenmaß (0 ... 2*PI) interpretiert
Grad	<F4>	Anzeige wird für trigonometrische Funktionen im Dezimalsystem als Neugrad (0 ... 400) interpretiert
Dword	<F2>	Anzeige in 32-Bit-Darstellung
Word	<F3>	Anzeige in 16-Bit-Darstellung (schneidet obere 16 Bit ab; Wert bleibt erhalten)
Byte	<F4>	Anzeige in 8-Bit-Darstellung (schneidet obere 24 Bit ab; Wert bleibt erhalten)

Inv	\<i\>	Umkehrfunktionen für
		sin (arcsin),
		cos (arccos),
		tan (arctan),
		PI (2*PI),
		x^y (x^(1/y)),
		x^2 (sqrt),
		x^3 (x^(1/3)),
		ln (e^anzeige),
		log (10^anzeige),
		Int (Bruchzahl berechnen),
		Lsh (Rsh),
		dms (umw. in Altgrad),
Hyp	\<h\>	Hyperbelfunktion für sin (sh), cos (ch), tan (th)
F-E	\<v\>	schaltet im Dezimalsystem zwischen Festkomma- und Exponential-darstellung um
dms	\<m\>	wandelt Altgradanzeige in Grad-Minute-Sekunde um
sin	\<s\>	berechnet den Sinus
cos	\<o\>	berechnet den Cosinus
tan	\<t\>	berechnet den Tangens
(	\<(\>	öffnet eine von max. 25 Klammerebenen
)	\<)\>	schließt eine Klammerebene
Exp	\<x\>	wird vor Eingabe des Exponenten einer Zehnerpotenz im Exponentialformat betätigt
ln	\<n\>	berechnet den natürlichen Logarithmus
x^y	\<y\>	berechnet x zur y-ten Potenz
x^3	\<#\>	berechnet die dritte Potenz von x
x^2	\<@\>	berechnet das Quadrat von x

log	<l>	berechnet den dekadischen Logarithmus
n!	<!>	berechnet die Fakultät der Anzeige
PI	<p>	zeigt Zahl Pi an (3,14159265359)
A ... F	<A>... <F>	hexadezimale Ziffern A ... F (für 10 ...15)
Mod	<%>	Restwertberechnung (Modulo) einer Ganzzahldivision
And	<&>	bitweises UND
Or	<l>	bitweises ODER
Xor	<^>	bitweises EXKLUSIV-ODER
Lsh	<<>	Bitweises Links-Shift der Anzeige um y Stellen
Not	<~>	Bitweise Negation
Int	<;>	Berechnet ganzzahligen Teil der Anzeige

Sicher ist Ihnen diese Art der Bedienung zu lästig, wenn Sie eine Maus haben.
Wir benötigen die korrespondierenden Tasten zu den RECHNER-Funktionen jedoch, wenn wir automatische Berechnungen durchführen wollen. Wie Sie dann sehen werden, verwendet RECHNER für seine Steuerung Zeichencodes, nämlich die Tastaturzeichen.

14.3.2 Berechnungen mit Mauseingabe

Um die erweiterten Möglichkeiten von RECHNER in der wissenschaftlichen Anzeige etwas genauer kennenlernen, wollen wir uns nur der Maus bedienen. Diese Bedienung ist einfach und kommt der natürlichen Art der Taschenrechnerbedienung am nächsten.

Umwandlung von einem Zahlensystem in ein anderes
Wie Sie wissen, werden Zeichen im Computer codiert dargestellt. Bei WINDOWS stellt die ANSI-Tabelle (siehe Anhang) diese Codierungsvorschrift dar. Schauen Sie einmal nach dem Zeichen A. Als

ANSI-Code wird der dezimale Wert 65 angegeben. Diesen Wert wandeln wir nun in andere Zahlensysteme um.
Geben Sie 65 ein, indem Sie mit der Maus die Schaltflächen anklikken. Klicken Sie nun auf das Optionsfeld **Hex**. Sie erhalten die hexadezimale Zahl 41, die den gleichen Wert wie die dezimale Zahl 65 hat.
Klicken Sie nun auf **Bin**. Sie bekommen die Dualzahl mit dem gleichen Wert oder, wie man auch sagt, die Binärdarstellung 1000001. Dies entspricht der internen Codierung des Zeichens A im PC.
Beachten Sie bitte, daß sich die rechten drei Optionsschaltflächen geändert haben. Hier sind statt Deg, Grad und Rad nun Dword, Word und Byte erschienen. Diese stehen für die Länge der entsprechenden Dualzahl: Doubleword (32 Bit), Word (16 Bit) und Byte (8 Bit). Wenn Sie diese Schaltflächen anklicken, wird nur die Anzeige verändert, nicht aber der Wert. Geben Sie einmal die Zahl 650000 ein! Denken Sie daran, vorher auf **Dec** zu klicken, sonst ertönt ein Warnton, denn im Dualsystem sind die Ziffern 6 und 5 ungültig. Klicken Sie dann auf **Bin** und nacheinander auf **Word**, **Byte** und wieder auf **Dword**. Sie sehen, es werden jeweils nur die rechten 16 bzw. 8 Stellen dargestellt. Zum Schluß entspricht die Anzeige aber wieder dem korrekten Wert.

Logische Operationen
RECHNER erlaubt auch, das Ergebnis von logischen Operationen zu ermitteln. Dadurch stellt er auch für Programmierer eine nützliche Hilfe dar. Schauen wir uns einmal drei Beispiele an:
Die Schaltfläche Lsh steht für Left Shift, also für Linksschieben. Schalten Sie bitte RECHNER in das Dezimalsystem, und geben Sie 16 ein. Schalten Sie nun in das Binärsystem. Sie sehen die entsprechende Dualzahl. Um diese einzelnen Bits nun alle um eine Stelle nach links zu verschieben, klicken Sie nacheinander auf Lsh, 1 und =. Sie sehen, alle Ziffern sind um eine Stelle verschoben, wobei rechts außen eine 0 zugefügt worden ist.
Wozu ist das nun gut? Schalten Sie wieder in das Dezimalsystem zurück. Die Zahl 32 wird angezeigt. Die Verschiebung um eine Stelle im Dualsystem entspricht also einer Multiplikation mit der Zahl 2. Probieren Sie es einmal aus; jede weitere Verschiebung entspricht einer weiteren Multiplikation mit 2. Sie haben hier ganz nebenbei kennengelernt, wie einfach ein Computer Multiplikationen durchführen kann, wenn der Multiplikator eine Potenz von 2, also 2, 4, 8, 16 usw. ist.

Die Schaltfläche Or steht für Bitweise Oder. Bei dieser logischen Operation werden von rechts nach links zwei Dualzahlen Stelle für Stelle verarbeitet. Dabei erhält das Ergebnis an der jeweiligen Stelle eine 1, wenn wenigstens eine der beiden Zahlen an dieser Stelle eine 1 enthält. Steht in beiden Zahlen an einer Stelle eine 0, so erhält das Ergebnis hier auch eine 0. Geben Sie einmal den ANSI-Code für A ein, und schalten in das Dualsystem. Merken Sie sich bitte die Zahl. Jetzt zurück ins Dezimalsystem, Or anklicken und 32 eingeben. Schalten Sie ins Dualsystem. Schreiben Sie die Zahl nun zur Kontrolle unter die erste. Jetzt klicken Sie = an. Sie sehen, es wurde genau nach der oben genannten Vorschrift gearbeitet:

```
1000001
 100000
_____
1100001
```

Wenn Sie in das Dezimalsystem zurückschalten, stellen Sie fest, daß das Ergebnis der Zahl 97 entspricht. Doch Vorsicht! Es hat keine Addition stattgefunden. Dies ist reiner Zufall. Wiederholen Sie die Berechnung, und geben Sie statt 32 die Zahl 33 ein.
Sehen Sie bitte einmal in der ASCII-Tabelle unter dem Dezimalcode unseres vorherigen Ergebnisses 97 nach. Dies entspricht dem Zeichen a, also dem korrespondierenden Kleinbuchstaben. Dieses Verfahren können Sie für beliebige Buchstaben außer den Umlauten wiederholen; Sie erhalten durch Or mit 32 immer den zugehörigen Kleinbuchstaben. Mit diesem Kniff wandeln Programmierer Großbuchstaben in Kleinbuchstaben um.
Natürlich kann man auch Klein- in Großbuchstaben umwandeln. Hierzu verwendet man die Operation Xor mit 32. Xor bedeutet, daß Stelle für Stelle zwei Zahlen von rechts nach links verarbeitet werden, wobei das Ergebnis immer dann eine 1 enthält, wenn nur eine einzige Zahl an dieser Stelle eine 1 enthält. Enthalten beide eine 1 oder eine 0, so erhält das Ergebnis hier eine 0.

Inverse Funktionen
Wenn Sie eine Umkehrfunktion benutzen wollen, so klicken Sie vorher auf das Kontrollfeld **Inv**. Dieses Feld bleibt so lange angekreuzt, bis Sie eine Schaltfläche angeklickt haben, zu der eine Umkehrfunk-

tion existiert. So können Sie zum Beispiel die dritte Wurzel aus 27 ziehen, indem Sie 27 eingeben und dann **Inv** und **x^3** anklicken.

14.3.3 Statistische Berechnungen

Mit dem wissenschaftlichen RECHNER können Sie auch statistische Berechnungen durchführen. Er erlaubt im einzelnen folgende Auswertungen aus einer Liste von Einzelwerten:
- die Summe aller Einzelwerte
- die Summe der Quadrate aller Einzelwerte
- den Mittelwert der Einzelwerte
- den Mittelwert aus den Quadraten der Einzelwerte
- die Standardabweichung, basierend auf n Werten
- die Standardabweichung, basierend auf n-1 Werten

Da diese Statistikfunktionen ebenfalls über die Tastatur bedient werden können, hier zunächst wieder die tabellarische Aufstellung der jeweiligen Tasten:

Rechner-schaltfläche	Tastatur	Bedeutung
Sta	<STRG>+<S>	aktiviert das Statistiksystem
Ave	<STRG>+<A>	Mittelwert berechnen
Inv Ave	<i>,<STRG>+<A>	Mittelwert der Quadrate berechnen
Sum	<STRG>+<T>	Summe berechnen
Inv Sum	<i>,<STRG>+<T>	Summe der Quadrate berechnen
s	<STRG>+<D>	Standardabweichung berechnen mit n-1
Inv s	<i>,<STRG>+<D>	Standardabweichung berechnen mit n
Dat	<EINFG-TASTE>	Anzeigezahl übernehmen

Wir bedienen uns aber der Einfachheit halber wiederum der Maus, um die Bedienung der Statistikfunktionen kennenzulernen. Als Beispiel verwenden wir den Kraftstoffverbrauch eines PKW. Es liegen aus Tankberichten folgende Verbrauchszahlen aus der letzten Zeit vor:

- 9,4 l/100 km
- 9,7 l/100 km
- 11,2l/100 km
- 9,1 l/100 km
- 8,9 l/100 km

Um eine Auswertung durchzuführen, gehen wir folgendermaßen vor: Zuerst klicken wir auf die Schaltfläche **Sta** (links oben), um den Statistikteil zu aktivieren. Es erscheint das folgende Datenfenster für unsere Einzelwerte:

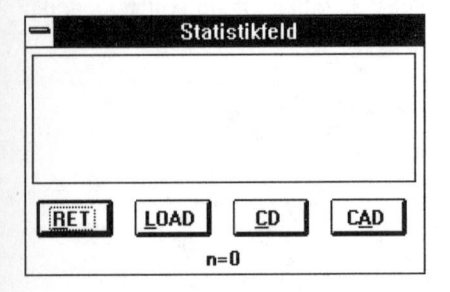

Verschieben Sie zunächst das Statistikfeld und gegebenenfalls RECHNER, so daß beide Fenster gleichzeitig sichtbar sind. Am besten plazieren Sie sie übereinander auf dem Bildschirm. Wechseln Sie dann zu RECHNER durch Anklicken von **Ret** oder durch Anklicken des Fensters von RECHNER. Beide Methoden führen zum gleichen Ergebnis. Nun geben wir die fünf Einzelwerte ein. Hierzu wird die Verbrauchszahl eingegeben und dann auf **Dat** geklickt. Die Zahl erscheint sofort im STATISTIKFELD. Verfahren Sie so mit allen Werten! Im unteren Teil des Statistikfeldes wird immer die Anzahl der bereits eingegebenen Werte angezeigt. Nach Abschluß der Eingabe sehen Sie "n=5".

Nun können Sie den Mittelwert bestimmen. Klicken Sie auf **Ave**. Der Durchschnittsverbrauch wird mit 9,66 l/100 km angezeigt. Zur Bestimmung der Standardabweichung klicken Sie auf **s**. Sie beträgt 0,9126883367284.

Wenn wir nachträglich die Daten, die unserer Statistik zugrunde liegen, verändern wollen, so bedienen wir uns des STATISTIKFELDES. Sie aktivieren es durch Klicken auf **Sta** oder durch Anklicken des STATISTIKFELDES selbst. Da der Wert 11,2 offensichtlich nicht repräsentativ ist und unsere Statistik nur verfälscht, wollen wir ihn entfernen. Markieren Sie diesen Wert, indem Sie ihn anklicken. Klicken Sie dann auf **CD**. Der Wert ist gelöscht, und an der Anzeige "n=4" erkennen Sie ebenfalls, daß nur noch vier Werte berücksichtigt werden.

Wenn Sie erneut den Mittelwert berechnen, erhalten Sie 9,275 l/100 km mit einer Standardabweichung von nur noch 0,35.

Falls Sie einen Wert nicht so wie hier löschen, sondern nur ändern wollen, müssen Sie den alten Wert entfernen und den neuen eingeben. Die Schaltfläche **LOAD** ermöglicht es, einen markierten Wert aus dem STATISTIKFELD für weitere Berechnungen in die RECHNER-Anzeige zu übernehmen.

Bevor Sie selbst nun für Ihren eigenen PKW Statistik betreiben können, müssen Sie das STATISTIKFELD löschen. Klicken Sie hierzu auf **CAD**. Jetzt kann es losgehen.

14.4 Automatische Berechnungen

Wir haben bereits erwähnt, daß Sie mit RECHNER auch automatische Berechnungen durchführen können, wobei Sie die äquivalenten Tasten zu den RECHNER-Schaltflächen kennen müssen. Das Grundprinzip ist sehr einfach!

Starten Sie EDITOR (RECHNER nicht schließen!), und geben Sie folgende Aufgabe ein:

   12+3=

Wählen Sie bei EDITOR **Bearbeiten**, **Alles markieren** und dann **Bearbeiten** und **Kopieren**. Wechseln Sie nun zu RECHNER, und wählen Sie **Bearbeiten** und **Einfügen**. RECHNER hat schneller, als Sie sehen konnten, die Rechnung durchgeführt und zeigt das Ergebnis 15 an. Wählen Sie bei RECHNER **Bearbeiten** und **Kopieren**, wechseln Sie zum EDITOR, und wählen Sie **Bearbeiten** und **Einfügen**. Das Ergebnis steht nun in der Notiz.

Statt EDITOR können Sie natürlich auch andere Anwendungen einsetzen, so zum Beispiel WRITE oder WINWORD. Wichtig ist nur, daß die markierte Zeichenfolge jeweils eine korrekte Aktion bei RECHNER auslöst. Dies wollen wir an einem komplizierteren Beispiel demonstrieren. Geben Sie folgende Zeile ein, markieren und kopieren Sie sie:

:cq:612:m24:p36:p:rr

Wechseln Sie zu RECHNER, und fügen Sie diese Zeichenfolge durch **Bearbeiten** und **Einfügen** ein. Das entsprechende Ergebnis lautet 0,01388888888889. Was hat der RECHNER hier gemacht?

Für automatische Berechnungen über die ZWISCHENABLAGE durch Kopieren und Einfügen hat der **Doppelpunkt** eine spezielle Bedeutung. Vor einem Buchstaben bedeutet er <STRG> und vor einer Zahl steht er für FUNKTIONSTASTE; so bedeuten also :c <STRG>+<c> und :6 entsprechend <F6>. Die folgende Tabelle enthält Tastencodes, die nur gültig sind, wenn sie aus der ZWISCHENABLAGE eingefügt werden:

Zeichen	Simulierte Taste
q	<ESC>
\	<EINFG>

Die obige Zeichenkette führt also folgende Aktionen aus:

<STRG>+<c>,<ESC-Taste>,<F6>,<1>,<2>,<STRG>+<m>, <2>,<4>,<STRG>+<p>,<3>,<6>,<STRG>+<p>, <STRG>+<r>,<r>

Dies entspricht (siehe Tabelle):

MC, C, Dec, 1, 2, MS, 2, 4, M+, 3, 6, M+, MR, 1/x

Es werden also zunächst Speicher und RECHNER gelöscht, dann wird in das Dezimalsystem geschaltet, 12 durch MS in den Speicher übernommen, nacheinander 24 und 36 auf den Speicher addiert und dann durch MR als Ergebnis abgerufen. Zum Schluß wird der Kehrwert ermittelt.

14.5 Übungen 39–42

39) Addieren Sie die folgenden hexadezimalen Zahlen: 3F56AD, FF65 und 451A.
40) Welches Ergebnis liefert die logische Operation 10010010 And 10110000?
41) Berechnen Sie die statistischen Angaben zu den folgenden Werten: 11,3; 17,331; 9,7 und 14,23.
42) Schreiben Sie mit EDITOR die Zeichenkette, die die Aufgabe 39 automatisch löst.

15 RECORDER

15.1 Gebrauch und Aussehen

Wenn Sie mit WINDOWS arbeiten, benutzen Sie verschiedene Eingabegeräte: die Tastatur und die Maus. Jedes dieser Geräte steuert WINDOWS, indem es spezielle Informationen, sogenannte Messages oder Nachrichten an das WINDOWS-Programm sendet, auf die WINDOWS dann reagiert.
Mit dem Zubehör RECORDER stellt WINDOWS nun eine einfache Hilfe zur Verfügung, mit der man Routineaufgaben automatisieren kann. RECORDER nimmt, wie sein Name bereits ahnen läßt, die Nachrichten der Eingabegeräte auf, speichert sie also, so daß sie jederzeit und beliebig oft in genau der gleichen Reihenfolge wiederholt werden können. Eine solche Aufnahme von RECORDER wird **Makro** genannt.
Im Gruppenfenster ZUBEHÖR finden Sie RECORDER als ein Icon, das eine Filmkamera darstellt:

Durch Doppelklicken auf diesem Symbol starten Sie das Zubehör RECORDER.
Nach dem Start von RECORDER sehen Sie das Standardfenster. Unterhalb der Menüzeile im jetzt noch freien Bereich des Fensters werden die verfügbaren Makros angezeigt.

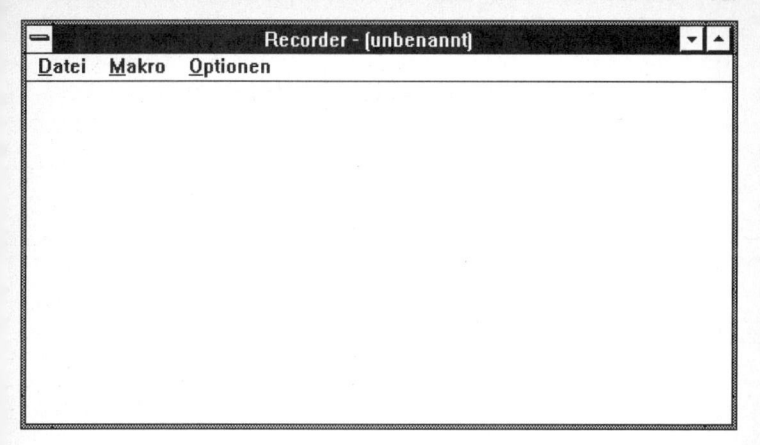

Zu jedem verfügbaren Makro werden im Fenster die Tastenkombination für den Aufruf und sein Name angezeigt.

Die Makros sind, wie bereits erwähnt, die gespeicherten Tastaturanschläge, Mausbewegungen und Klicke mit den Maustasten. Solche Makros können durchaus einen beachtlichen Umfang haben, nämlich bis zu 64 KB. Zusätzlich ist es möglich, Makros zu verschachteln. Dies geschieht dann, wenn Sie während einer Aufnahme eines Makros eine Tastenkombination drücken, die ein anderes Makro startet. In diesem Fall wird nur die gedrückte Kombination, also der Aufruf selbst aufgenommen, nicht die Tastaturanschläge und Mausaktionen, die durch das aufgerufene Makro simuliert werden. Es ist dabei möglich, daß dieses Makro ebenfalls automatisch wiederum ein anderes Makro aufruft. Diese Aufrufe dürfen bis zu viermal verschachtelt werden; man spricht von einer Verschachtelung in fünf Ebenen.

Aufgenommene Makros werden von RECORDER in Dateien gespeichert, die die Endung REC erhalten, wenn Sie selbst nichts anderes angeben. RECORDER kann immer nur eine dieser Dateien laden. Alle Makros, die gleichzeitig verfügbar sein sollen, müssen also in ein und derselben Datei gespeichert werden. Dies gilt natürlich insbesondere für verschachtelte Makros.

Obwohl Sie andere Anwendungen wie zum Beispiel RECHNER oder EDITOR unter WINDOWS mehrmals starten können, kann **immer nur eine Fassung von RECORDER** laufen!

15.2 Makro-Planung

Lassen Sie uns nun zuerst einige Überlegungen anstellen, bevor wir unser erstes Makro aufnehmen. Wie ein Regisseur sollten auch Sie an die spätere Wiedergabe und die Wirkung auf die Umgebung, hier WINDOWS und seine unterschiedlichen Gruppen- und Anwendungsfenster, denken und dies bereits bei der Aufnahme berücksichtigen.

Mausbenutzung
RECORDER kann zwar die Aktionen beider Eingabegeräte, der Maus und der Tastatur, gleichzeitig aufnehmen. Die Mausbenutzung ist jedoch problematisch. Welche Schwierigkeiten können dabei nun im einzelnen auftreten? Sie Klicken beispielsweise während der Aufnahme auf die Titelleiste eines Fensters, um dieses zu aktivieren. Aber wo liegt die Titelleiste bei einem späteren Makrostart? Eventuell ist das Fenster ja verschoben oder auf Symbolgröße verkleinert worden. Oder Sie setzen das auf einem PC mit VGA-Bildschirm aufgenommene Makro später auf einem Computer mit Hercules-Grafik ein. Auf Grund der unterschiedlichen Bildschirmauflösung haben alle Fenster andere Abmessungen. Es ist also sehr genau zu überlegen, ob die Mausbewegungen und, wenn ja, welche aufgenommen werden sollen. RECORDER bietet daher drei Aufnahmekombinationen:
1) Alles, das heißt Tastatur, Mausbewegung, Klicken und Ziehen
2) Klicken und Ziehen sowie Tastatur
3) Maus übergehen, nur Tastatur

Da alle Aktionen von WINDOWS sowie auch der Anwendungen mit der Tastatur allein durchgeführt werden können, besteht eigentlich kein Grund, die Maus mit aufzunehmen, es sei denn, daß Sie ein DEMO aufnehmen möchten, doch dazu später.

Anwendungsmakros
Des weiteren kann die Mausbewegung **relativ zum Fenster** bzw. **relativ zum Bildschirm** aufgenommen werden. Im ersteren Fall werden sich die Koordinaten der Maus dann mit dem Verschieben eines Fensters mit verschieben. Dadurch funktioniert ein Makro, das Mausbewegungen enthält, auch bei verschobenem Fenster. Es sollte dann jedoch nur Aktionen für dieses eine Anwendungsfenster enthalten.

Generelle Makros
Generelle Makros unterliegen dieser Einschränkung nicht. Sie werden **bezogen auf den gesamten Bildschirm** aufgenommen, da sie ja unterschiedliche Anwendungen starten, wechseln, bearbeiten und beenden können.

15.3 Makros aufnehmen

Jetzt wollen wir aber endlich ein Makro aufnehmen.
Es wäre doch sicher praktisch, wenn Sie während der Arbeit mit WINDOWS zwischendurch schnell eine Telefonnotiz aufnehmen könnten. Hierzu müßten Sie normalerweise zunächst zu EDITOR wechseln, eine neue Notiz öffnen und Datum und Uhrzeit eintragen. Diese Aktionen sollen nun durch eine Tastenkombination abgerufen werden können.
Dieses Makro soll später aus allen beliebigen Anwendungen heraus funktionieren und mehrere Anwendungen steuern. Um irgendwelchen Problemen von vornherein aus dem Weg zu gehen, werden wir nur die Tastatur aufnehmen, die Maus also bei der Aufnahme übergehen.
1) Starten Sie EDITOR, falls dieses Zubehör noch nicht läuft.
2) Wechseln Sie anschließend wieder zu RECORDER.
3) Wählen Sie für den Start der Aufnahme **Makro** und **Aufzeichnen**. Es erscheint folgendes Dialogfeld, das Sie wie dargestellt ausfüllen:

Makro aufzeichnen

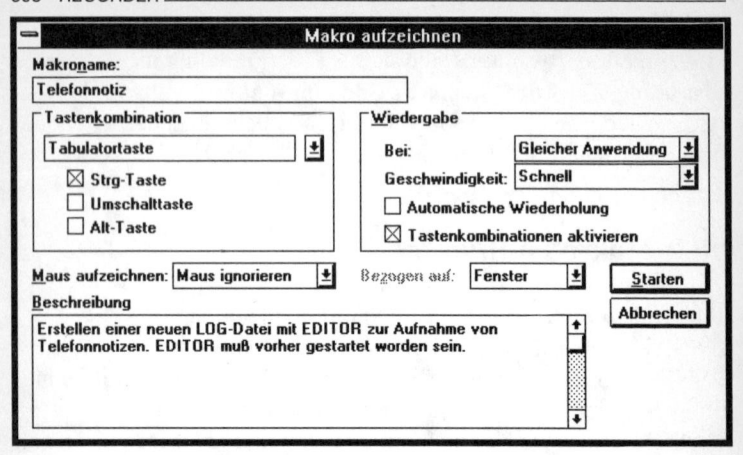

Makroname: Telefonnotiz

Tastenkombination: Tabulatortaste
- ☒ Strg-Taste
- ☐ Umschalttaste
- ☐ Alt-Taste

Wiedergabe
- Bei: Gleicher Anwendung
- Geschwindigkeit: Schnell
- ☐ Automatische Wiederholung
- ☒ Tastenkombinationen aktivieren

Maus aufzeichnen: Maus ignorieren   **Bezogen auf:** Fenster

[Starten] [Abbrechen]

Beschreibung
Erstellen einer neuen LOG-Datei mit EDITOR zur Aufnahme von Telefonnotizen. EDITOR muß vorher gestartet worden sein.

Von den beiden Eingabefeldern **Makroname** und **Tastenkombination** muß mindestens eines ausgefüllt werden; sonst kann RECORDER die Aufnahme nicht durchführen. Als Tastenkombinationen stehen zur Verfügung:

- <ESC-TASTE>
- <F1 bis F16>
- <FESTSTELLTASTE>
- <NUM-FESTSTELLTASTE>
- <ROLLEN-FESTSTELLTASTE>
- <EINFG-TASTE>
- <ENTF-TASTE>
- <POS1-TASTE>
- <ENDE-TASTE>
- <BILD-NACH-UNTEN-TASTE>
- <BILD-NACH-OBEN-TASTE>
- <NACH-OBEN-TASTE>
- <NACH-UNTEN-TASTE>
- <NACH-LINKS-TASTE>
- <NACH-RECHTS-TASTE>
- <TABULATORTASTE>
- <RÜCKTASTE>
- <EINGABETASTE>
- <LEERTASTE>

Alle vorgenannten Tasten können für sich allein oder in Kombination mit einer der folgenden Tasten als Tastenkombination verwendet werden:
- <STRG-TASTE>
- <ALT-TASTE>
- <UMSCHALTTASTE>

Es bestehen also 272 Möglichkeiten, was wohl reichen dürfte.

Hinweis:
Berücksichtigen Sie jedoch, daß WINDOWS und seine Anwendungen selbst bereits einige dieser Tastenkombinationen benutzen. Wenn Sie für ein Makro eine dieser Kombinationen verwenden, ist unter Umständen die dazugehörige Funktion von WINDOWS nicht mehr aufzurufen. Die WINDOWS-Hilfe ist zum Beispiel nicht mehr durch <F1> aufzurufen, wenn Sie <F1> allein als Tastenkombination für ein Makro verwenden.

4) Wenn Sie mit dem Ausfüllen fertig sind, klicken Sie **Starten** an. RECORDER verkleinert sich auf Symbolgröße und blinkt ständig als Zeichen dafür, daß die Aufnahme läuft. Alle Tasten, die Sie jetzt betätigen, werden gespeichert.
5) Betätigen Sie <STRG>+<ESC-TASTE>, um die Task-Liste aufzurufen. Mit der Taste <e> markieren Sie EDITOR. Dies setzt natürlich voraus, daß keine andere Anwendung aktiviert wurde, die mit E beginnt. Drücken Sie die <EINGABETASTE>! Der EDITOR erscheint.
6) Da eventuell von EDITOR später bei den Makroaufrufen noch Dateien mit nicht gespeicherten Änderungen bearbeitet werden, drücken Sie <ALT>+<D> und <S>, dann <ALT>+<D> und <N>. Geben Sie danach .LOG, <EINGABETASTE> und <F5> ein.
7) Da das Makro jetzt vollständig ist, müssen Sie die Aufnahme beenden. Dies erreichen Sie durch Anklicken des blinkenden RECORDER-Symbols oder – besser noch – durch Drücken von <STRG>+<UNTERBR>. Während bei Aufnahmen, die auch Mausbewegungen speichern, das Anklicken natürlich mitgespeichert wird und zu Fehlern beim Makroablauf führen kann, funktioniert die zweite Methode immer.
8) Es erscheint jetzt ein Dialogfeld mit drei Optionsschaltflächen.

Sie haben die Wahl zwischen dem Verwerfen der Aufnahme (**Makro abbrechen**), dem Fortsetzen der Aufnahme (**Makro fortsetzen**) und dem Abschließen der Aufnahme (**Makro speichern**). Speichern Sie das Makro als RECORDER-Datei, indem Sie **Datei** und **Speichern** wählen. Als Namen könnten Sie zum Beispiel **DESKTOP** wählen, um auszudrücken, daß diese Datei DESKTOP.REC Makros enthält, die Schreibtischarbeiten automatisieren.

15.4 Makros starten

Makros können Sie auf zwei Arten starten:
1) Wenn das Makro nicht bereits geladen ist, müssen Sie die Datei, die das gewünschte Makro enthält, durch Anklicken von **Datei** und **Öffnen** laden. Markieren Sie das Makro, das Sie aufrufen möchten, mit der Maus durch Anklicken, und wählen Sie **Makro** und **Ausführen**. Mit dieser Methode können Sie jedes Makro starten.
2) Für den Fall, daß Sie eine Tastenkombination für ein Makro definiert haben, brauchen Sie nur diese Tastenkombination zu drükken. Um unser erstes Makro zu starten, drücken Sie <STRG>+<TABULATORTASTE>.

Die Wiedergabe wird durch die Einstellungen beeinflußt, die Sie bei der Aufnahme in der Kontrollgruppe **Wiedergabe** festgelegt haben.
Durch **Bei** legen Sie fest, ob das Makro nur in einer bestimmten Anwendung, nämlich in der es aufgenommen wurde, oder in jeder beliebigen ablaufen soll. Wählen Sie bei **Gleicher Anwendung**, dann wechselt Windows automatisch zu dieser Anwendung und führt das Makro hier aus.
Es gibt zwei Wiedergabegeschwindigkeiten, entweder so **schnell** wie möglich oder so **Wie Aufzeichnung**.
Das Kontrollfeld **Automatische Wiederholung** bestimmt, ob nach dem Ablauf des Makros automatisch ein Neuaufruf durchgeführt werden soll. Die Programmierer sprechen dann von einer Endlosschleife. In so einem Fall müssen Sie das Makro durch <STRG>+<UNTBR> abbrechen, sonst läuft es so lange, bis Sie den Computer abschalten oder neu starten.

Mit dem Kontrollfeld **Tastenkombinationen aktivieren** wird festgelegt, ob Makros über Tastenkombinationen aufgerufen werden können. Dies bezieht sich auf geschachtelte Makros!

15.5 Makros ändern

Der Inhalt von Makros, also die Folge der Tasten und Mausaktionen, kann nicht geändert werden. Wenn dies notwendig werden sollte, müssen Sie das ganze Makro in der neuen Fassung erneut aufnehmen. Es ist jedoch möglich, die sogenannten **Makroeigenschaften** zu ändern. Hierzu wählen Sie zuerst das Makro, dessen Eigenschaften geändert werden sollen, aus und klicken dann nacheinander auf **Makro** und **Eigenschaften**.

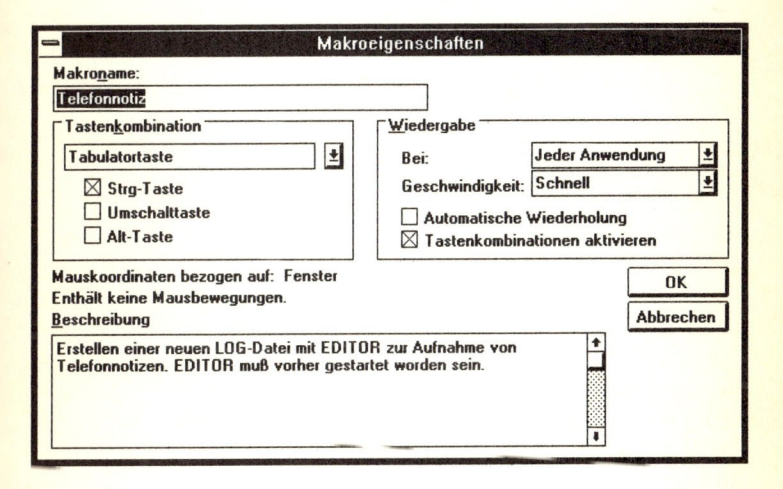

```
┌─────────────────────── Makroeigenschaften ───────────────────────┐
Makroname:
[Telefonnotiz]
┌─Tastenkombination──────────┐  ┌─Wiedergabe──────────────────────┐
│ [Tabulatortaste        ▼]  │  │ Bei:            [Jeder Anwendung ▼] │
│   ☒ Strg-Taste             │  │ Geschwindigkeit: [Schnell        ▼] │
│   ☐ Umschalttaste          │  │   ☐ Automatische Wiederholung     │
│   ☐ Alt-Taste              │  │   ☒ Tastenkombinationen aktivieren│
Mauskoordinaten bezogen auf: Fenster                  [   OK     ]
Enthält keine Mausbewegungen.
Beschreibung                                          [ Abbrechen ]
┌──────────────────────────────────────────────────┐
│ Erstellen einer neuen LOG-Datei mit EDITOR zur Aufnahme von │
│ Telefonnotizen. EDITOR muß vorher gestartet worden sein.    │
└──────────────────────────────────────────────────┘
```

Bis auf die Einstellungen, was aufzunehmen und wie aufzunehmen ist, kann nachträglich alles geändert werden. Dazu gehören sowohl Makroname, Tastenkombination und Beschreibung als auch die Wiedergabeoptionen.

15.5.1 Optionen ändern

Einige Voreinstellungen von RECORDER können modifiziert werden. Wählen Sie hierzu **Optionen**. Sie sehen eine Menüliste mit folgenden Einträgen:

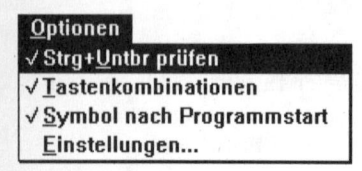

```
Optionen
√ Strg+Untbr prüfen
√ Tastenkombinationen
√ Symbol nach Programmstart
  Einstellungen...
```

Die ersten drei Einträge sind durch Häkchen markiert, also aktiv. Durch Anklicken können Sie die Häkchen entfernen und durch erneutes Anklicken wieder setzen.

Wenn Sie **STRG+UNTBR prüfen** deaktivieren, dann können Sie weder eine RECORDER-Aufnahme noch die Wiedergabe eines Makros abbrechen!

Das Deaktivieren von **Tastenkombinationen** ist dann sinnvoll, wenn Sie mit einer Anwendung arbeiten, die genau die Tastenkombinationen für spezielle Funktionen benutzt, die auch zum Aufruf von Makros verwendet werden. Makros können dann nur noch durch die Befehle **Makro** und **Ausführen** gestartet werden.

Solange **Symbol nach Programmstart** aktiviert bleibt, wird sich RECORDER nach einem Makrostart immer auf Symbolgröße verkleinern. Deaktivieren Sie diese Option, so bleibt sein Fenster nach dem Start geöffnet.

Wählen Sie nun **Eigenschaften**. Sie sehen dann folgendes Dialogfeld, mit dem Sie die Voreinstellungen für die Makroaufzeichnung ändern können. Diese Voreinstellungen bleiben auch nach Schließen von RECORDER so lange aktiv, bis sie erneut geändert werden.

```
                    Standardeinstellungen
┌─Wiedergabe──────────────────────────┐    ┌──────────┐
│ Bei:            │Gleicher Anwendung│▼│    │    OK    │
│ Geschwindigkeit:│Schnell           │▼│    ├──────────┤
└─────────────────────────────────────┘    │ Abbrechen│
                                            └──────────┘
  Maus aufzeichnen: │Klicken + Ziehen│▼│

  Bezogen auf:     │Fenster         │▼│
```

15.5.2 Makros löschen

Wenn Sie in einer RECORDER-Datei Platz für neue Makros schaffen oder wenn Sie für ein Makro eine bereits vergebene Tastenkombination verwenden wollen, so müssen Sie ein Makro löschen. Dies ist denkbar einfach. Wählen Sie das zu löschende Makro aus; benutzen Sie gegebenenfalls die Bildlaufleisten. Klicken Sie nun auf **Makro** und danach in der Menüliste auf **Löschen**. Bestätigen Sie das Hinweisfenster.

15.5.3 Makros zusammenführen

Wenn Sie über bestimmte Makros gleichzeitig verfügen möchten, so müssen diese in ein und derselben Datei gespeichert sein. Ist dies nicht der Fall, so hilft der Befehl **Datei** und **Zusammenführen**. Klicken Sie diese Befehle an, so öffnet sich ein Dateifenster, in dem Sie nun die Datei auswählen, die zur aktuell geladenen hinzugefügt werden soll.

In jeder RECORDER-Datei darf zu einer Tastenkombination nur ein Makro existieren. Daher werden die Definitionen der Tastenkombinationen bei den Doppeln aus der zugefügten Datei automatisch entfernt und müssen manuell neu definiert werden. Die Tastenkombinationen bei den bereits geladenen Makros bleiben erhalten. Auf jeden Fall werden Sie durch ein Hinweisfenster hierauf hingewiesen. Das gilt ebenfalls, wenn zwei Makros den gleichen Namen besitzen. Sie müssen dann anschließend einen Namen ändern oder eine Tastenkombination zuweisen.

15.6 Makros für Demos erstellen

Mit Hilfe der RECORDER-Makros können Sie auch selbstlaufende Demos erstellen. Zur Demonstration der Fensteranordnung durch den PROGRAMM-MANAGER erstellen wir ein Demo-Makro. Wir wollen hierzu einmal die Mausaktivitäten mit aufnehmen.

1) Zunächst schließen Sie alle Fenster, so daß nur der PROGRAMM-MANAGER und RECORDER aktiv sind.
2) Wählen Sie **Makro** und **Aufzeichnen**.
3) Füllen Sie das Dialogfeld aus, indem Sie als Makronamen

DEMO1 und als Tastenkombination <STRG>+<NACH-UNTEN-TASTE> festlegen. Die Wiedergabeoptionen belassen Sie. Wählen Sie jedoch bei "Maus aufzeichnen:" **Alles** und bei "Bezogen auf:" **Fenster**.
4) Starten Sie nun die Aufnahme. Das RECORDER-Symbol blinkt, und ab jetzt wird gespeichert, also: Vorsicht mit der Maus.
5) Bewegen Sie jetzt die Maus **langsam** zur Menüleiste auf **Fenster**, und verharren Sie kurz.
6) Klicken Sie jetzt auf **Überlappend**. Warten Sie etwa 10 Sekunden (damit der spätere Zuschauer Zeit hat).
7) Ziehen Sie die Maus dann wiederum langsam auf **Fenster**. Nach einer kurzen Pause klicken Sie auf **Fenster**, warten und ziehen dann die Maus von **Überlappend** nach **Nebeneinander**.
8) Drücken Sie nach kurzer Pause <STRG>+<UNTBR>, und speichern Sie das Makro.

Starten Sie das Makro nun durch Betätigen der Tastenkombination <STRG>+<NACH-UNTEN-TASTE>.
Nun, wie sind Sie mit dem Ergebnis zufrieden? Wahrscheinlich nicht besonders, denn das Makro läuft nur einmal und obendrein trotz unserer Pausen zu schnell. Dies ändern wir jetzt.
Wählen Sie Makro und dann Eigenschaften. Ändern Sie jetzt die Wiedergabekontrollen. Kreuzen Sie durch Anklicken Automatische Wiederholung an und wählen Sie als Geschwindigkeit Wie Aufnahme. Starten Sie das Makro jetzt erneut. Zufrieden?

15.7 Übungen 43–44

43) Erstellen Sie ein WINDOWS-Präsentations-Makro. Öffnen Sie dazu vorher verschiedene Anwendungen. Zeichnen Sie nun auf, und wechseln Sie zu den einzelnen Anwendungen. Lassen Sie dieses Makro als DEMO laufen, so daß die Anwendungsfenster automatisch abwechselnd in den Vordergrund treten.
44) Erstellen Sie ein Makro, das eine automatische Berechnung mittels RECHNER für eine in einer anderen Anwendung eingegebene Aufgabe durchführt – so wie bei RECHNER mit dem EDITOR demonstriert.

16 PIF-EDITOR

16.1 Gebrauch und Aussehen

Wenn WINDOWS eine Anwendung starten soll, die nicht speziell für WINDOWS entwickelt wurde, wie zum Beispiel WORDSTAR oder dBASE, so benötigt es zusätzliche Informationen, wie diese Programme zu behandeln sind und wie sie die verschiedenen Komponenten des Computers, wie zum Beispiel Arbeitsspeicher, Bildschirm, Druckerausgang usw. nutzen. Diese Informationen können mit dem Zubehör PIF-EDITOR eingegeben bzw. geändert werden. Die Abkürzung PIF kommt aus dem Englischen und steht für **P**rogram **I**nformation **F**ile.

Das Starten und Ablaufen eines Programms ist natürlich ein sehr technischer Vorgang. Bei der Beschreibung des PIF-EDITORS müssen wir daher tiefer in die Technik von WINDOWS bzw. der Computer einsteigen. Diejenigen unserer Leser, die sich hierfür weniger interessieren, können dieses Kapitel auch überschlagen.

WINDOWS startet Programme, die nicht für WINDOWS konzipiert wurden, in der Regel auch ohne PIF-Datei erfolgreich, indem es Standard-Informationen verwendet.

In der HAUPTGRUPPE bzw. bei aktualisierten WINDOWS-3.0-Versionen in der Gruppe ZUBEHÖR stellt das folgende Icon den PIF-EDITOR dar. Es ähnelt einem Schild mit Behandlungshinweisen, wie man es an Koffern oder besonderen Transportgütern findet.

Durch Doppelklicken auf diesem Symbol startet der PIF-EDITOR.
Das Standardfenster, das sich nach dem Start von PIF-EDITOR öffnet, ist vom jeweiligen Computertyp bzw. von der Betriebsart von WINDOWS abhängig. Näheres hierzu finden Sie im nächsten Abschnitt.
Das folgende Fenster zeigt den PIF-EDITOR im **386-erweitert**-Modus.

PIF-Dateien
PIF-EDITOR speichert seine Eingaben und Änderungen in Dateien, die die Endung PIF tragen, sofern Sie nichts anderes festlegen. Es handelt sich hier um Dateien, die die Programminformationen zu einem speziellen Programm enthalten. Diese Dateien werden automatisch angelegt, wenn Sie mit Hilfe von WINDOWS-SETUP aus der HAUPTGRUPPE die Festplatte Ihres Computers nach Anwendungen durchsuchen, um sie zu installieren. Voraussetzung ist, daß WINDOWS diese Anwendung kennt.
Zu jedem Programm kann es nur eine PIF-Datei geben. Die Zuordnung erfolgt über den Dateinamen. Für das Programm HTPM.EXE zum Beispiel heißt die PIF-Datei HTPM.PIF.

PIF-Dateien werden von WINDOWS ähnlich wie Programme behandelt. So wie Sie also ein Programm starten können, so können Sie auch PIF-Dateien starten. WINDOWS startet natürlich immer nur das zugehörige Programm.

16.2 Betriebsmodi einstellen

WINDOWS 3.1 arbeitet in zwei verschiedenen Betriebsarten, dem Standard-Modus (s) und dem 386-erweitert-Modus (3). Bei der Eingabe des Aufrufs von WINDOWS

   win

startet WINDOWS automatisch in dem für das Computersystem optimalen Modus. Folgende Tabelle zeigt die jeweils gewählte Betriebsart in Abhängigkeit von Prozessortyp und vorhandenem Arbeitsspeicher des Computers:

Prozessor	>= 1 MB	>= 2 MB
80286	s	s
80386/80486	s	3

16.2.1 Standard-Modus

Dies ist wohl bei den meisten Computern, die sich im Einsatz befinden, die schnellste Betriebsart von WINDOWS. Sie zwingen WINDOWS zu diesem Modus durch Eingabe von:

   win /s

Wenn Sie in dieser Betriebsart PIF-EDITOR aufrufen, so zeigt dieses Zubehör ein etwas modifiziertes Fenster. Beachten Sie, daß die Schaltfläche **Weitere Optionen** fehlt.

```
┌─────────────────────────────────────────────────────────┐
│ ═           PIF-Editor - (unbenannt)             ▼ ▲    │
│ Datei  Modus  Hilfe                                     │
│                                                         │
│ Programmdateiname:  [                              ]    │
│ Programmtitel:      [                        ]          │
│ Programmparameter:  [                              ]    │
│ Anfangsverzeichnis: [                              ]    │
│ Bildschirmmodus:    ● Text    ○ Grafik/Mehrfachtext     │
│ Speicherbedarf:     KB benötigt [128]                   │
│ XMS-Speicher:       KB benötigt [0]   KB maximal [0]    │
│ Modifiziert direkt: □ COM1   □ COM3    □ Tastatur       │
│                     □ COM2   □ COM4                     │
│ □ Bildschirmdruck nicht möglich  □ Programmumschaltung verhindern │
│ ☒ Fenster schließen nach Beenden □ Bildschirminhalt löschen │
│ Tastenkombination reservieren:                          │
│ □ Alt+Tabulatortaste □ Druck □ Alt+Esc □ Alt+Druck □ Strg+Esc │
│                                                         │
│ Drücken Sie F1 für Hilfe zum Programmdateinamen.        │
└─────────────────────────────────────────────────────────┘
```

16.2.2 386-erweitert-Modus

Durch die Eingabe

  win /3

zwingen Sie WINDOWS in den 386-erweitert-Modus, vorausgesetzt, Ihr PC verfügt über den notwendigen 386- oder 486-Prozessor und mindestens 1 MB Arbeitsspeicher, obwohl normalerweise 2 MB notwendig wären.

Hinweis:
Der 386-erweitert-Modus ist laut MICROSOFT nur dann **schneller als der Standard-Modus**, wenn Ihr Computer über einen Arbeitsspeicher verfügt, der **größer als 2 MB** ist.

16.3 Programminformationen eingeben

In jeder PIF-Datei sind die Programminformationen in zwei Gruppen gespeichert, eine für den Standard-Modus und eine zweite für den 386-erweitert-Modus. Sie können PIF-EDITOR auf die jeweilige Gruppe umschalten, um die dazugehörigen Daten zu erfassen bzw. zu ändern. Hierzu klicken Sie auf **Modus** und dann entweder auf **Standard** oder auf **386-erweitert**.
Wenn Sie direkt von PIF-EDITOR Informationen zu den verschiedenen Eingabe-, Kontroll- und Optionsfeldern wünschen, so klicken Sie auf **Hilfe**. Die Bedienung dieser speziellen PIF-EDITOR-Hilfe ist mit der Bedienung von WINDOWS-HILFE identisch.

16.3.1 Allgemeine Angaben

Zu den allgemeinen Angaben zählen die Informationen, wie das Programm heißt, in welchem Verzeichnis es zu finden ist und wie es aufgerufen wird.
Geben Sie bei **Programmdateiname** immer Laufwerk, Pfad und den vollständigen Namen des Hauptprogramms an.
Als **Programmtitel** können Sie beliebigen Text angeben, der dann zum Symbol mit angezeigt wird.
Unter **Programmparameter** sind die Zusätze einzutragen, die Sie bei einem Aufruf des entsprechenden Programms von der DOS-Ebene hinter den Programmnamen schreiben würden. Also geben Sie beim Programmaufruf "format A: /4" beispielsweise "A: /4" ein. Tragen Sie hier "?" ein, so wird der Parameter beim Starten immer abgefragt.
Als **Anfangsverzeichnis** geben Sie das Verzeichnis mit vollem Pfad an, zu dem **vor** dem Programmstart gewechselt werden soll.

16.3.2 Laufzeitverhalten

Die weiteren Angaben des PIF-EDITOR-Fensters bestimmen das Laufzeitverhalten des zu startenden Programms. Hierzu zählen Speicherbedarf, Bildschirmverwendung usw. Hier unterscheiden sich die Angaben für den Standard-Modus von denen des Modus 386-erweitert. Wir erläutern die einzelnen Möglichkeiten an dieser Stelle, unabhängig davon, in welchem Modus sie erscheinen.
Mit dem **Bildschirmmodus** bestimmen Sie die Art, wie das Pro-

gramm den Bildschirm ausnutzt. Für ein Programm, das ausschließlich mit ASCII-Zeichen arbeitet, können Sie **Text** ankreuzen. Für Programme, die Bilder ausgeben, die mehr als eine Bildschirmseite verwenden, und solche, bei denen Sie über die Bildschirmverwendung im Zweifel sind, wählen Sie **Grafik/Mehrfachtext**. Bei dieser Wahl benötigt das Programm mehr Speicherplatz; ein Umschalten zwischen Anwendungen ist aber leichter möglich.

Für den 386-Modus legen Sie fest, wieviel Speicher WINDOWS als **Bildschirmspeicher** benutzen muß, um die Bildschirmanzeige zwischenspeichern zu können. **Text** benutzt am wenigsten, **Hohe Auflösung** am meisten Speicher.

Für den **Speicherbedarf** des Programms machen Sie je nach WINDOWS-Betriebsart bis zu zwei Angaben. Sie geben auf jeden Fall an, wieviel KB das Programm mindestens **benötigt**, um ausgeführt zu werden. Dieser Wert schränkt nicht den Speicherplatz ein, sondern dient nur zur Beschleunigung von WINDOWS. Ist nämlich weniger Speicher verfügbar, so versucht WINDOWS erst gar nicht, das Programm zu starten, sondern gibt sofort eine Meldung aus. Im 386-erweitert-Modus geben Sie zusätzlich an, wieviel Platz im Arbeitsspeicher für die optimale Arbeitsweise **erwünscht** wird. Hierdurch können Sie den Platz für ein Programm einschränken, denn WINDOWS stellt nur so viel zur Verfügung, wie Sie hier angeben. Eine Angabe von -1 bewirkt, daß WINDOWS so viel Platz wie möglich reserviert, maximal jedoch 640 KB.

Getrennt für Expansionsspeicher (**EMS**) und Erweiterungsspeicher (**XMS**) können Sie den Bedarf für ein Programm festlegen. Dabei geben Sie sowohl den Minimalbedarf an, den das Programm zur Ausführung **benötigt**, als auch die Größe, die WINDOWS **maximal** zur Verfügung stellen darf.

Die **Anzeige** kann im 386-Modus sowohl im **Vollbild**, das heißt unter Verwendung des gesamten Bildschirms, als auch im **Fenster** erfolgen. Die letzte Möglichkeit verwendet mehr Arbeitsspeicher als die erste. Wenn die Anwendung einmal in der festgelegten Anzeige gestartet ist, können Sie auf die andere mit <ALT>+<EINGABETASTE> umschalten. Bei der Anzeigeart **Fenster** haben Sie die Möglichkeit, schnell Informationen zwischen verschiedenen Anwendungen auszutauschen.

Außerdem können Sie die **Ausführung** des jeweiligen Programms steuern. Wenn ein Programm auch dann weiterlaufen soll, wenn Sie auf eine andere Anwendung umschalten, so müssen Sie **Hintergrund** ankreuzen. Dies ist zum Beispiel für Druck- und Kopierprogramme sinnvoll. Wenn Sie **Exklusiv** ankreuzen, so werden **alle** anderen Programme angehalten, unabhängig davon, ob für diese die Hintergrundausführung erlaubt ist oder nicht.

Ein Programm **modifiziert direkt** eine der seriellen Schnittstellen **COMn** oder die **Tastatur**, wenn diese Systemressourcen von der Anwendung über Betriebssystemaufrufe kontrolliert und gesteuert werden. WINDOWS kann dann diese Schnittstellen bzw. die Tastatur nicht gleichzeitig für andere Anwendungen oder für sich selbst verwenden. Dies hat zum Beispiel zur Folge, daß die Abkürzungstasten für WINDOWS unwirksam werden. Sie müssen die jeweiligen Ressourcen ankreuzen, die direkt modifiziert werden, da sonst undefinierte Zustände eintreten.

Mit dem Kontrollfeld **Bildschirmdruck nicht möglich** schalten Sie die Tasten <DRUCKTASTE> und <ALT>+<DRUCKTASTE> ab. Sie können dann auf diese Weise keinen Bildschirminhalt mehr in die ZWISCHENABLAGE übernehmen.

Wenn eine Anwendung, die nicht für WINDOWS konzipiert wurde, beendet wird, so hält WINDOWS normalerweise an und zeigt die letzten Bildinformationen der Anwendung an. Sie können nun Informationen markieren oder durch Tastendruck mit WINDOWS weiterarbeiten. Mit **Fenster schließen nach Beenden** legen Sie fest, daß WINDOWS automatisch nach dem Ende der Anwendung weiterarbeitet.

Sie können zu keiner anderen Anwendung mehr umschalten, wenn Sie ein Programm starten, bei dem Sie **Programmumschaltung verhindern** angekreuzt haben.

Das Kontrollfeld **Bildschirminhalt löschen** legt fest, ob beim Umschalten zwischen Anwendungen der aktuelle Bildschirm zwischengespeichert wird oder nicht. Durch Aktivieren dieses Kontrollfeldes kann man zwar Speicherplatz sparen, jedoch muß das Programm dann selbst den Bildschirm wiederherstellen können.

Im Standardmodus können Sie noch Informationen zur Tastaturbehandlung angeben, die wir im nächsten Abschnitt mit erläutern.

16.4 Weitere Optionen

Im Fenster von PIF-EDITOR im 386-erweitert-Modus erkennen Sie eine Schaltfläche mit der Bezeichnung **Weitere Optionen...**. Durch Anklicken dieser Schaltfläche wird ein Fenster geöffnet, das detailliertere Informationen über die Programmausführung und -verwaltung enthält. Diese Optionen müssen nur in seltenen Fällen geändert werden.

```
┌─────────────────────── Weitere Optionen ───────────────────────┐
│ ┌─Multitasking-Optionen─────────────────────────┐  ┌─────────┐ │
│ │ Hintergrundpriorität: [50] Vordergrundpriorität: [100]     OK       │
│ │              ☒ Leerlaufzeit entdecken          │  ├─────────┤ │
│ │                                                │  Abbrechen  │
│ ┌─Speicheroptionen──────────────────────────────────────────┐ │
│ │ ☐ EMS-Speicher gesperrt        ☐ XMS-Speicher gesperrt    │ │
│ │ ☒ Benutzt oberen Speicherbereich (HMA)  ☐ Anwendungsspeicher sperren │
│ ┌─Anzeigeoptionen───────────────────────────────────────────┐ │
│ │ Anschlüsse überwachen: ☐ Text ☐ Niedrige Auflösung ☐ Hohe Auflösung │
│ │        ☒ Textmodus emulieren  ☐ Bildschirmspeicher erhalten │
│ ┌─Andere Optionen───────────────────────────────────────────┐ │
│ │ ☒ Schnelles Einfügen       ☐ Schließen beim Beenden von Windows │
│ │ Tastenkombination reservieren:  ☐ Alt+Tabulatortaste ☐ Alt+Esc │
│ │                                 ☐ Strg+Esc ☐ Druck  ☐ Alt+Druck │
│ │                                 ☐ Alt+Leertaste ☐ Alt+Eingabetaste │
│ │ Tastenkombination für Anwendung:  [Keine]                  │ │
│ Drücken Sie F1 für Hilfe zu den Prioritäten.                  │
└───────────────────────────────────────────────────────────────┘
```

Multitasking

Das Verfahren, nach dem WINDOWS Programme scheinbar gleichzeitig ausführt, wird Multitasking genannt. Dabei wird jedes Programm von WINDOWS als eine Task, das heißt eine Aufgabe, angesehen. Dieses Verfahren funktioniert ungefähr so, wie Sie sich vielleicht schon einmal beim Fernsehen mehrere Programme gleichzeitig angesehen haben, indem Sie ständig mit der Fernbedienung umschalten. Nur können die Programme bei WINDOWS nicht weiterlaufen, wenn der Prozessor umschaltet.

Wenn das Nicht-WINDOWS-Programm läuft, wird immer nur eine der Eingaben bei **Hintergrundpriorität** und **Vordergrundpriorität** ausgewertet, je nachdem, ob Sie zu dem Programm gewechselt haben (Vordergrund) oder nicht (Hintergrund).

Sie dürfen als Prioritäten Zahlenwerte von 0 bis 10000 eingeben. Mit diesen Werten legen Sie fest, wieviel Prozent seiner Zeit der Prozessor für das jeweilige Programm aufwendet. Die tatsächliche Priorität ergibt sich jedoch erst, wenn Sie in die Berechnung alle laufenden Anwendungen einbeziehen, das heißt

$$\text{Prozentuale Prozessorzeit} = \frac{\text{Priorität des Programms}}{\text{Summe aller Prioritäten}}$$

Beispiel:
Insgesamt laufen zwei Hintergrundprogramme und das Vordergrundprogramm. Bei allen ist als Hintergrundpriorität 50 und als Vordergrundpriorität 100 angegeben. Die Gesamtsumme aller Prioritäten errechnet sich also zu 50 + 50 + 100 = 200. Das Vordergrundprogramm erhält 100/200 = 50 % der Zeit, die Hintergrundprogramme jeweils 50/200 = 25 %.

Wenn Sie durch Ankreuzen zulassen, daß WINDOWS erkennt, wann das Programm auf Eingaben wartet, also die **Leerlaufzeit entdecken** kann, so wird insgesamt die Leistungsfähigkeit erhöht. Sie sollten diese Kontrolle nur dann deaktivieren, wenn die Anwendung selbst unter WINDOWS extrem langsam läuft.

Speicheroptionen festlegen

Sie können durch **Sperren** verhindern, daß WINDOWS Teile des **EMS**- oder **XMS-Speichers** auf die Festplatte auslagert. Dadurch erhöhen Sie die Leistungsfähigkeit dieses Programms – natürlich auf Kosten des Gesamtsystems.

Wenn Sie **Benutzt oberen Speicherbereich (HMA)** ankreuzen, so kann die Anwendung auf die ersten 64 KB des Erweiterungsspeichers zugreifen.

Durch **Speicher für Anwendung sperren** verhindern Sie ein Auslagern des konventionellen Speichers, der vom Programm benutzt wird, auf die Festplatte. Da somit ein Nachladen von der Festplatte überflüssig wird, kann die Ausführungsgeschwindigkeit erhöht werden.

Anzeigemodi einstellen
Die Anzeigeoptionen legen fest, in welchem Modus die **Monitoranschlüsse** kontrolliert werden sollen, damit WINDOWS weiß, wann das Programm jeweils den Bildschirm in welchen Modus geschaltet hat. Sie haben die Wahl zwischen drei verschiedenen Modi, dem Modus **Text** und beim Grafikmodus einmal **Niedrige Auflösung** und **Hohe Auflösung**.
Mit **Textmodus emulieren** können Sie die Ausführungsgeschwindigkeit mancher Programme erhöhen; es wird dann nicht in den Textmodus der Grafikkarte umgeschaltet, sondern es wird dieser nur simuliert.
Im Normalfall wird der freiwerdende Speicher beim Umschalten des Bildschirms von einer hohen Auflösung auf eine niedrigere bzw. auf Text anderen Programmen von WINDOWS zur Verfügung gestellt. Dadurch kann ein Zurückschalten unter Umständen unmöglich sein, wenn anschließend nicht mehr genügend Speicher zur Verfügung steht. Sie können dies verhindern, indem Sie **Bildschirmspeicher erhalten** auswählen.

Tastenbehandlung fixieren
In der Kontrollgruppe **Andere Optionen** wird hauptsächlich die Tastaturbehandlung festgelegt.
Wenn Sie aus den Kontrollfeldern eine **Tastenkombination reservieren**, so wird diese nicht mehr von WINDOWS ausgewertet. Dies ist erforderlich, wenn das Programm eine oder mehrere dieser Tastenkombinationen benutzt.
Als letzte Option können Sie eine **Tastenkombination für Anwendung** zuordnen. Tragen Sie hier zum Beispiel "STRG+UMSCHALT+F4" ein, so können Sie durch Drücken dieser Tastenkombination jederzeit direkt zu dieser Anwendung umschalten. Sie dürfen hier die ESC-, DRUCK-, EINGABE-, RÜCK- und TABULATORTASTE nicht verwenden, müssen aber entweder die <ALT-TASTE> oder die <STRG-TASTE> in die Kombination mit einbeziehen. Eine Tastenkombination, die Sie eventuell bereits mit dem PROGRAMM-MANAGER (Menü Datei und Befehl Eigenschaften) festgelegt haben, hat jedoch Vorrang.
Zusätzlich sind aber zwei weitere Optionen enthalten:
Schnelles Einfügen bezieht sich auf die interne Arbeitsweise mit der ZWISCHENABLAGE. Wenn es nicht gelingt, aus dieser einwand-

frei Text zu übernehmen, so deaktivieren Sie dieses Kontrollfeld.
Das zweite Kontrollfeld erlaubt das **Schließen beim Beenden von Windows**.

Achtung:
Da durch Aktivieren dieses Kontrollfeldes das Programm einfach ohne Warnung von WINDOWS abgebrochen wird, können Daten verlorengehen und Dateien beschädigt werden.

16.5 Übung 45

Wenn WINDOWS-SETUP DOS-Anwendungen automatisch installiert, werden für jede dieser Anwendungen PIF-Dateien im WINDOWS-Verzeichnis erzeugt. Öffnen Sie diese mit PIF-EDITOR, und beschreiben Sie, welche Einstellungen vorgenommen wurden.

17 ANHANG

17.1 Installation

Das Installationsprogramm SETUP ist so gut aufgebaut, daß es keiner ausführlichen Beschreibung bedarf. Zusammen mit den folgenden Hinweisen dürfte es keine Probleme bei der Installation geben.

- Die Installation kann nur auf einem Computer mit Festplatte erfolgen. Auf der Platte müssen mindestens 6,8 MB frei sein.
- Wenn Sie eine Maus besitzen, ist es sinnvoll, sie vor Beginn der Installation anzuschließen, da bereits während der Installation WINDOWS gestartet wird.
- Legen Sie die WINDOWS-Diskette 1 in ein beliebiges Laufwerk, wechseln Sie auf dieses Laufwerk (Befehl A: oder B:), und geben Sie den Befehl SETUP ein.
- Während der Installation überprüft SETUP die vorhandene Hardware und paßt WINDOWS beim Expreß-Setup automatisch an. Falls Sie die benutzerdefinierte Installation wählen, kontrollieren Sie, ob diese Angaben korrekt sind!
- Folgen Sie den Anweisungen von SETUP, und lesen Sie die Hinweise **gründlich** durch!

Sollten Sie im nachhinein feststellen, daß Sie bei der Installation etwas übersehen haben, können Sie das mit Hilfe des WINDOWS-SETUP aus der Hauptgruppe jederzeit nachholen, ohne WINDOWS komplett neu installieren zu müssen.

Hinweis:
Versuchen Sie nicht, die Dateien direkt von den Disketten auf die Festplatte zu kopieren. Die Dateien sind komprimiert und müssen erst entpackt werden, bevor sie als lauffähige Programme zur Verfü-

gung stehen. Sollte es dennoch nötig sein, daß Sie ohne SETUP arbeiten, dann gehen Sie folgendermaßen vor:
1) Die Quelldiskette in ein Diskettenlaufwerk einlegen.
2) Folgenden Befehl eingeben und <EINGABETASTE> drücken:

```
expand   x:<Dateiname>      y:<Dateiname>
```

wobei x: das Diskettenlaufwerk ist, von dem Sie kopieren, und y: die Festplatte, auf die Sie kopieren.
Die Datei wird auf Ihre Festplatte kopiert und dabei expandiert.

Achtung:
Befindet sich bereits eine Datei mit diesem Namen auf der Festplatte, so achten Sie darauf, daß sie nicht schreibgeschützt ist. Das Dienstprogramm **EXPAND.EXE erkennt diese Situation nicht** und kopiert fehlerhaft! Dies gilt insbesondere, wenn Sie SETUP benutzen, um Ihre alte WINDOWS-Version zu aktualisieren. Wechseln Sie zur Sicherheit ins WINDOWS-Verzeichnis und geben Sie folgende Befehle ein:

```
attrib -r *.*
cd system
attrib -r *.*
cd \
```

Starten Sie nun SETUP, oder geben Sie den EXPAND-Befehl ein.

17.2 Tastaturen

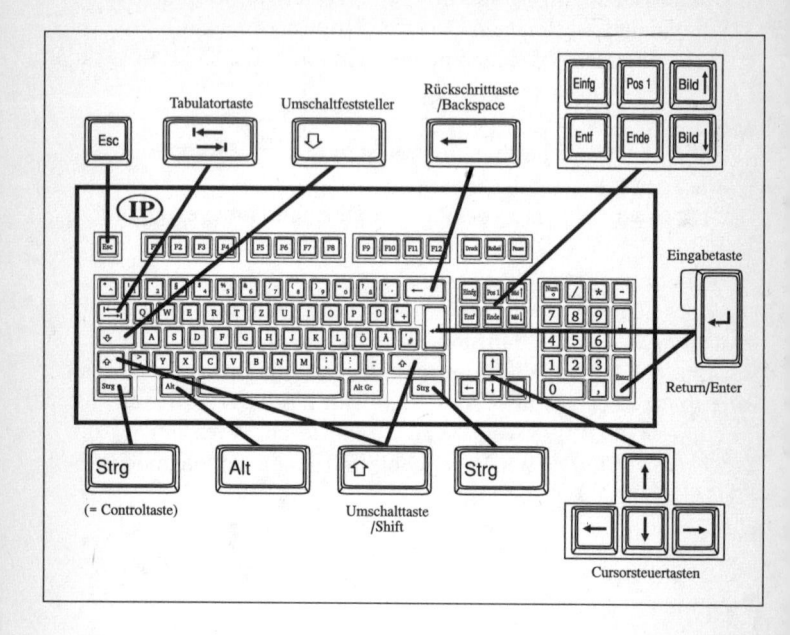

Abbildung: Tastaturbelegung mit Beschriftungen: Esc, Tabulatortaste, Umschaltfeststeller, Rückschritttaste/Backspace, Einfg, Pos 1, Bild↑, Entf, Ende, Bild↓, Eingabetaste, Return/Enter, Strg (= Controltaste), Alt, Umschalttaste/Shift, Strg, Cursorsteuertasten

17.3 Praxis-Tips

In diesem Abschnitt finden Sie einige Hinweise und Tips, wie Sie bestimmte Aufgaben lösen oder Probleme bewältigen können.

17.3.1 Allgemein Nützliches

Hardcopy vom Bildschirm
Es ist nicht direkt möglich, eine Kopie des Bildschirminhaltes auf einem Drucker auszugeben. Dafür sind folgende Zwischenschritte nötig:
a) Betätigen der <DRUCK-TASTE> für eine Kopie des gesamten Bildschirms oder
b) Betätigen von <ALT>+<DRUCK-TASTE> für eine Kopie des aktiven Fensters.

Die Daten werden durch a) oder b) in die ZWISCHENABLAGE kopiert und können von dort in andere Programme übernommen werden. Die Übernahme ist zum Beispiel in WRITE oder in PAINT-BRUSH möglich. Von diesen Programmen können die Daten dann schließlich gedruckt werden.

Beachten Sie, daß PAINTBRUSH nicht den gesamten Bildschirminhalt übernehmen kann, sondern nur den Teil, der auf die Zeichenfläche paßt. Es empfiehlt sich daher, die Utensilienleiste und die Palette vor der Übernahme der Daten auszublenden. Reicht die Größe der Fläche immer noch nicht aus, hilft folgender Trick:

1) Wählen Sie den Befehl **Einfügen** aus dem Menü **Bearbeiten**. Klicken Sie jetzt weder auf die Zeichenfläche noch auf ein Utensil!
2) Wählen Sie den Befehl **Kopieren nach** aus dem Menü **Bearbeiten**, und geben Sie einen Dateinamen zum Speichern ein.
3) Laden Sie das gespeicherte Bild mit **Datei** und **Öffnen**.

Nach diesen drei Schritten ist das gesamte Bild übernommen und kann normal bearbeitet werden.

Neue Grafikkarte einbauen
Nach dem Einbau einer neuen Grafikkarte kann Windows unter Umständen nicht mehr starten, da es versucht, einen falschen Video-Modus zu verwenden. In diesem Fall starten Sie von der DOS-Ebene das Programm **SETUP** und teilen WINDOWS mit, welche Grafikkarte der Computer jetzt besitzt. In den meisten Fällen müssen Sie auch die Installationsdisketten für den Video-Treiber bereithalten, da sie vom Setup-Programm benötigt werden.

Hinweis:
Auch andere Hardware-Änderungen sollten WINDOWS **immer** über das SETUP-Programm mitgeteilt werden.

VGA mit Monochrom-Monitor
Haben Sie eine ganz normale VGA-Karte und einen Monochrom-Monitor, so müssen Sie nicht unbedingt die Option VGA mit Monochrom-Anzeige wählen. In diesem Fall werden nämlich nur Schwarz und Weiß zur Darstellung benutzt. Das heißt, daß die 3D-Effekte, beispielsweise der Schaltflächen, nicht sichtbar sind. Sie können ruhig die Anzeigeoption **VGA** wählen. Die Farben werden in diesem Fall als verschiedene Graustufen dargestellt. Das Layout der Fenster ist dann viel ansprechender.

Schnellstart für WINDOWS
Wenn Sie das WINDOWS-Logo unterdrücken wollen, starten Sie WINDOWS durch folgenden Befehl schneller:

win :

Achten Sie bitte darauf, daß Sie die Leertaste vor dem Doppelpunkt drücken.

Windows schneller machen
Mit den folgenden Maßnahmen können Sie WINDOWS schneller machen:
- Komprimieren Sie in regelmäßigen Abständen Ihre Festplatte. Dazu benötigen Sie ein Hilfsprogramm, das die Fragmentierung der Dateien rückgängig machen kann.
- Testen Sie, welcher WINDOWS-Modus auf Ihrem Rechner der schnellste ist; häufig wird es der Standard Mode sein.
- Als Faustregel läßt sich sagen: Je mehr Speicher (z.B. 4 MByte), desto schneller werden Programme ausgeführt.
- Ihr Computer sollte nicht nur einen möglichst hoch getakteten Prozessor haben, mindestens genauso wichtig sind eine schnelle Grafikkarte und eine schnelle Festplatte. Dabei sollte die Leistungsfähigkeit der einzelnen Komponenten aufeinander abgestimmt sein.
- Verwenden Sie für den 386-Modus eine permanente Auslagerungsdatei mit 32-Bit-Zugriff.

Auslagerungsdatei anlegen
Wenn Sie WINDOWS im erweiterten 386er Modus benutzen, dann kann die Festplatte bei knapp werdendem Speicher benutzt werden, um Programmteile auszulagern. Das geschieht normalerweise in eine Datei, die WINDOWS bei jedem Start neu anlegt. Der Zugriff auf diese Datei ist aber relativ langsam. Mit Hilfe der Komponente **386-erweitert** aus der SYSTEMSTEUERUNG können Sie eine permanente Auslagerungsdatei anlegen, auf die außerordentlich schnell zugegriffen werden kann. Der Nachteil ist, daß eine solche Datei einige Megabyte auf der Festplatte dauernd belegt, selbst wenn WINDOWS nicht läuft. Das Einrichten einer permanenten Auslagerungsdatei geht so vor sich:
1) Starten Sie **386-erweitert** aus SYSTEMSTEUERUNG.
2) Wählen Sie **Virtueller Speicher**.

3) Wählen Sie **Ändern**.
4) Wählen Sie das Laufwerk, die Größe der Auslagerungsdatei und die Zugriffsoption.

Maustreiber deaktivieren
Wenn Sie Ihre Maus nur mit WINDOWS-Programmen benutzen, können Sie Befehlszeilen in CONFIG.SYS und AUTOEXEC.BAT entfernen, die die Maustreiber MOUSE.SYS bzw. MOUSE.COM starten. Dadurch gewinnen Sie zusätzlichen Hauptspeicher, da WINDOWS seine eigenen Treiber verwendet.

BUFFERS einstellen
Die Angabe BUFFERS= in der Datei CONFIG.SYS stellt die Anzahl der Puffer ein, die MS-DOS beim Transfer von Daten zwischen Hauptspeicher und Festplatte anlegt. Jeder dieser Buffer belegt über 500 Bytes. Bei der Verwendung von SMARTDRIVE braucht dieser Wert nicht über 10 zu liegen, da SMARTDRIVE die Pufferung zum Großteil übernimmt.

STACKS einstellen
Stacks sind temporäre Bereiche, die von MS-DOS und von Anwendungen benutzt werden, um miteinander zu kommunizieren. Erscheint während des Ausführens von Windows im 386-Modus die interne Stapelspeicherüberlauf-Meldung, müssen Sie Ihre Stacks-Einstellung erhöhen.

- Wenn Ihr System MS-DOS 3.2 verwendet oder wenn Sie Stapelspeicher benutzen müssen, fügen Sie in Ihre CONFIG.SYS-Datei folgende Zeile ein:

stacks=9,256

- Wenn Ihr System MS-DOS 3.3 verwendet oder wenn Sie mit Windows keine Stapelspeicher benutzen müssen, fügen Sie in Ihre CONFIG.SYS-Datei folgende Zeile ein:

stacks=0,0

Sie sparen durch stacks=0,0 wieder ein paar KB Hauptspeicher.

Die Umgebungsvariable TEMP festlegen
Viele Programme legen während ihrer Ausführung temporäre Dateien an, die bei Programmende wieder gelöscht werden. Die TEMP-Variable legt fest, in welchem Verzeichnis diese Dateien angelegt wer-

den sollen. Mit dem MS-DOS-Befehl SET kann dieses Verzeichnis bestimmt werden. Normalerweise befindet sich diese Anweisung in der Datei AUTOEXEC.BAT, damit sie bei jedem Start automatisch ausgeführt wird.

Eine Änderung der Standardeinstellung ist dann sinnvoll, wenn Ihr Rechner zwei unterschiedlich schnelle Festplatten hat oder Sie eine Ramdisk eingerichtet haben. In diesen Fällen sollte die TEMP-Variable auf die schnellere Platte bzw. auf die Ramdisk festgelegt werden. Der Befehl in der AUTOEXEC.BAT könnte dann so aussehen:

```
set temp=d:\tempdat
```

Eigene Hintergrundbilder

Erstellen Sie mit PAINTBRUSH ein eigenes Hintergrundbild. Markieren Sie einen Bildschirmbereich mit der Schere, und speichern Sie ihn mit dem Befehl **Kopieren nach...** aus dem Menü **Bearbeiten** ab. Benutzen Sie dabei eine der **Bitmap**-Optionen (Einfarbig, 16 Farben, usw.). Um das neue Bild als Hintergrund zu bekommen, wählen Sie die Option **Desktop** aus der SYSTEMSTEUERUNG aus und legen Ihr Bild als **Hintergrundbild** fest. Lassen Sie es **zentriert** darstellen, erscheint es nur einmal in der Mitte des Bildschirms, haben Sie **Kachel** gewählt, wird es so oft wiederholt, bis es den gesamten Bildschirm ausfüllt.

Kein Hintergrundbild bei Speichermangel

WINDOWS erlaubt Ihnen, ein Hintergrundbild für den Desktop zu definieren. So schön das auch aussehen mag, sollten Sie daran denken, daß dadurch bis ca. 200 KB Hauptspeicher verloren gehen. Gibt es Probleme wegen zu geringen Arbeitsspeichers, dann löschen Sie als erstes das Hintergrundbild bzw. Muster mit der SYSTEMSTEUERUNG.

Fenstersteuerung mit der Maus

- Fenster **schließen** Sie am schnellsten, indem Sie das Systemmenüfeld (oben links) doppelklicken.
- Fenster können durch Doppelklicken auf der Titelleiste auf **Vollbild** und wieder zurück auf **Fenstergröße** gebracht werden.

Wie kann man Programme starten?

WINDOWS bietet mehrere Möglichkeiten, ein Programm zu starten. In der folgenden Liste sind sie zusammengestellt. PROGRAMM-

MANAGER und DATEI-MANAGER bieten die gleichen Optionen, nur daß der PROGRAMM-MANAGER Symbole verwendet und der DATEI-MANAGER die Dateinamen.

1) Symbol/Name doppelklicken.
2) Icon/Dateiname auswählen und <EINGABETASTE> drücken.
3) Programmsymbol/-name auswählen und den Befehl **Öffnen** aus dem Menü **Datei** wählen.
4) Befehl **Ausführen** aus dem Menü **Datei** wählen. Im Eingabefeld **Befehlszeile** den Namen des zu startenden Programms eingeben, beispielsweise NOTEPAD.EXE für den EDITOR. Hier können bei Bedarf auch Programmparameter eingegeben werden.

Andere Shell bestimmen

Wenn Sie WINDOWS starten, wird der PROGRAMM-MANAGER als "Regiezentrale" geladen. Von hier aus starten Sie andere Programme und beenden WINDOWS auch wieder. Sie können jedoch jedes beliebige Programm an Stelle des PROGRAMM-MANAGERS benutzen. Sinnvoll ist jedoch nur der DATEI-MANAGER einzusetzen. Um die Änderung vorzunehmen, öffnen Sie die Datei SYSTEM.INI mit EDITOR oder SYSEDIT und ändern die Einstellung

shell=progman.exe

für den PROGRAMM-MANAGER in

shell=winfile.exe

für den DATEI-MANAGER.

Beim nächsten Start von WINDOWS wird dann der DATEI-MANAGER geladen und dient als "Regiezentrum".

Mehrfacher Zugriff auf eine Datei

Da Sie unter WINDOWS problemlos mehrere Programme gleichzeitig im Speicher halten können, kann es leicht passieren, daß sie z.B. ein und denselben Text in zwei WRITE-Fenstern bearbeiten und sich die Änderungen beim Speichern gegenseitig überschreiben. Das können Sie verhindern, indem Sie, am besten in der AUTOEXEC.BAT, den Befehl **SHARE** einbauen. Versuchen Sie jetzt, auf einen Text mehrfach zuzugreifen, erscheint die Meldung, daß diese Datei bereits von einem Programm bearbeitet wird.

Systemdateien bearbeiten
Zur Konfiguration von MS-DOS und WINDOWS dienen die Dateien CONFIG.SYS, AUTOEXEC.BAT, WIN.INI und SYSTEM.INI. Der bequemste Weg, diese Dateien zu bearbeiten, ist der Aufruf des Programms **SYSEDIT** im WINDOWS-Verzeichnis SYSTEM. SYSEDIT lädt automatisch diese vier Dateien und erlaubt ihre Bearbeitung. Müssen Sie häufiger Änderungen an diesen Dateien machen, ist es sinnvoll, dieses Programm z.B. in den Ordner Hauptgruppe aufzunehmen.

Verzeichnisse umbenennen
Der DATEI-MANAGER erlaubt unter dem Befehl **Umbenennen** im Menü **Datei** das Ändern von Verzeichnis- und Dateinamen. Klikken Sie das Verzeichnis an, wählen Sie den Befehl zum Umbenennen, und geben Sie den neuen Verzeichnisnamen ein. Beachten Sie, daß nur der Name des Verzeichnisses eingegeben werden darf, nicht der komplette Pfad.

Hinweis:
Benennen Sie das WINDOWS-Verzeichnis **nicht** um. Anschließend findet WINDOWS nämlich seine Programme nicht mehr, so daß es weder ordnungsgemäß beendet noch wieder gestartet werden kann!

Anwendungen installieren
Das Programm **WINDOWS-SETUP** in der **Hauptgruppe** ermöglicht das einfache Installieren von Programmen für WINDOWS. Dabei wird auf Wunsch die gesamte Platte abgesucht, und alle Programme, die WINDOWS kennt, werden in eine Auswahlliste aufgenommen. Zusätzlich besteht mit SETUP die Möglichkeit, nicht benötigte WINDOWS-Komponenten zu löschen.

WINHELP
Immer wenn Sie den Menüpunkt Hilfe anwählen, wird das Programm WINHELP.EXE gestartet, das dann die gerade benötigte Hilfedatei lädt. Sie können WINHELP jedoch auch direkt starten und mit dem Befehl **Öffnen** aus dem Menü **Datei** jede beliebige der vorhandenen Hilfedateien ansehen.

Schreibgeschützte Gruppen
Sie können Gruppenfenster des PROGRAMM-MANAGERS vor Veränderungen schützen, indem Sie der zugehörigen Datei mit der

Namensendung GRP mit Hilfe des DATEI-MANAGERS das Attribut "schreibgeschützt" (**r**eadonly) geben. Verfahren Sie wie folgt:
1) Starten Sie den DATEI-MANAGER.
2) Markieren Sie die Datei, beispielsweise HAUPTGRU.GRP für die HAUPTGRUPPE.
3) Wählen Sie **Datei Eigenschaften**, und aktivieren Sie **schreibgeschützt**.
4) Bestätigen Sie mit OK, und starten Sie WINDOWS neu.

Sie können jetzt weder den Namen der Gruppe ändern noch Symbole löschen oder hinzufügen.

Residente Programme laden
Sollte es notwendig sein, daß Sie Programme automatisch **vor** jedem Start von WINDOWS laden müssen, so erstellen Sie eine Batch-Datei mit Namen **WINSTART.BAT**. Tragen Sie hier die Programmaufrufe ein. Ähnlich wie die Datei AUTOEXEC.BAT beim Start von MS-DOS wird die Datei WINSTART.BAT bei jedem Start von WINDOWS verarbeitet. Die so gestarteten Programme stehen jedoch **nur WINDOWS** zur Verfügung.

Paßwort vergessen?
Sollten Sie einmal Ihr Paßwort vergessen, das Sie für einen Bildschirmschoner festgelegt haben, so können Sie dieses manuell löschen. Es ist in der Datei WIN.INI eingetragen worden. Hierzu müssen Sie folgendermaßen vorgehen.
1) Falls Ihr Computer bereits den Bildschirmschoner aktiviert hat, so schalten Sie den Netzschalter aus.
2) Starten Sie Ihren Rechner ohne WINDOWS.
3) Laden Sie die Datei CONTROL.INI mit einem DOS-Editor wie beispielsweise EDLIN, und suchen Sie die Einträge der Form [Screen Saver .....]. Löschen Sie in all diesen Abschnitten die Zeilen "Password=..." und "PWProtected=1".
4) Speichern Sie CONTROL.INI.
5) Starten Sie nun beruhigt WINDOWS, und richten Sie Ihr Paßwort neu ein.

Systemkonfiguration feststellen
Wenn Sie die Hardwarekonfiguration Ihres Rechners einmal genau

feststellen möchten, so starten Sie doch das Programm MSD.EXE von MS-DOS aus. Geben Sie als Befehl

MSD

ein. Das Programm ist selbsterklärend.

MS-DOS-Fenster einstellen
Wenn Sie über einen **386- oder 486-Rechner** verfügen, können Sie MS-DOS-Anwendungen im Fenster ablaufen lassen. Die für DOS verwendete Schriftart läßt sich dann ebenfalls einstellen. Hierzu drücken Sie zunächst <ALT>+<EINGABETASTE> und wählen dann aus dem Systemmenü **Schriftarten**. Im folgenden Fenster können Sie aus verschiedenen Schriften wählen und sich bereits vorher ein Bild machen, wie groß das Fenster werden wird und wie das Schriftbild aussieht.

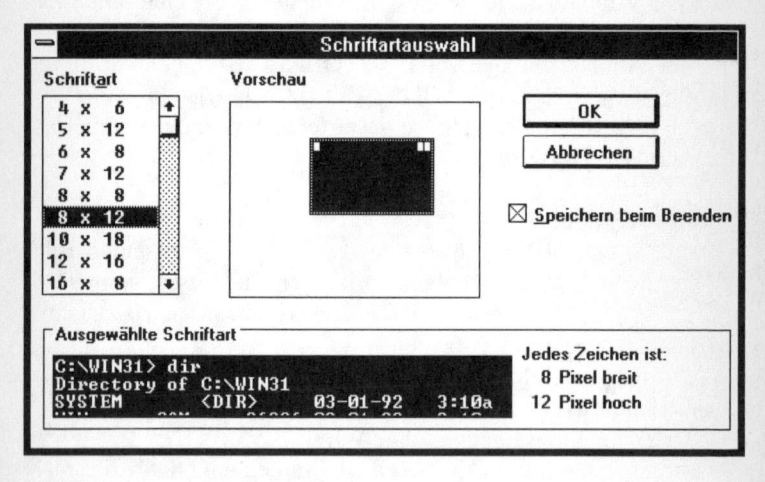

17.3.2 Dateien öffnen und speichern

Für alle Datenträgerzugriffe, wie beispielsweise Öffnen, Durchsuchen und Speichern von Dateien, benutzen alle WINDOWS-Komponenten nahezu das gleiche Dateifenster. Verfahren Sie damit wie folgt:
1) Wählen Sie das gewünschte **Dateiformat** und/oder füllen Sie **Dateiname** aus.

2) Wählen Sie das gewünschte **Laufwerk** aus der Liste.
3) Doppelklicken Sie die gewünschten Verzeichnisse, um zum Zielverzeichnis zu gelangen.
4) Doppelklicken Sie den gewünschten Namen aus der Anzeigeliste bzw. tragen Sie zum Speichern **Dateiname** ein, und bestätigen Sie OK.

17.3.3 OLE (Object-Linking-and-Embedding)

Unter WINDOWS stehen drei Techniken zur Verfügung, um Anwendungen zu integrieren. Alle setzen voraus, daß ein Objekt wie beispielsweise ein Bild, Klang oder Paket durch **Bearbeiten Kopieren** in die ZWISCHENABLAGE gebracht wurde. Im DATEI-MANAGER benutzen Sie **Datei Kopieren** und wählen das Kontrollfeld **In Zwischenablage kopieren**.

Einfügen
Objekte aus der ZWISCHENABLAGE werden nur eingebaut und können anschließend nicht bearbeitet werden. Diese Technik wird von WINDOWS automatisch gewählt, wenn entweder durch den Befehl **Bearbeiten Einfügen** ein Objekt eingefügt wird, das von keinem OLE-Server stammt, oder durch den Befehl **Bearbeiten Inhalte einfügen** ein verändertes Format eingefügt wird. Wenn Sie diese Technik bewußt einsetzen wollen, so müssen Sie eine dieser beiden Situationen schaffen.

Einbetten
Stammt ein Objekt der ZWISCHENABLAGE von einem OLE-Server, so wird es automatisch eingebettet, das heißt, es kann anschließend direkt in der Fremdanwendung bearbeitet werden. Hierzu wird das Objekt mit einem Doppelklick aufgerufen. Eventuell vorhandene Originale werden nicht verändert.

Verknüpfen
Ist ein Objekt der ZWISCHENABLAGE bereits gespeichert worden, so kann es mit **Bearbeiten Verknüpfung einfügen** mit dem Original verknüpft werden. Jede Änderung aus irgendeiner verknüpften Anwendung wird **am Original** vorgenommen.

17.3.4 Drag-and-Drop

Mit der Maus können Sie Objekte "ziehen und fallenlassen". Diese Technik erlaubt es, bestimmte Aufgaben ohne Zwischenschritte schneller auszuführen. Es ist dabei notwendig, daß sowohl das Ursprungsfenster als auch das Ziel sichtbar sind. Sie erreichen dies am schnellsten über den TASK-MANAGER. Drücken Sie <STRG-TASTE>+<ESC-TASTE>, und wählen Sie **Nebeneinander**. Mit Drag-and-Drop können Sie:

Programme zu Gruppen kopieren
Ziehen Sie das Icon von einer Gruppe zur anderen bei gedrückter <STRG-TASTE>.

Programme zwischen Gruppen verschieben
Ziehen Sie das Icon von einer Gruppe zur anderen.

Datei kopieren
Ziehen Sie den Dateinamen bei gedrückter <STRG-TASTE> zum Zielverzeichnis oder -laufwerk.

Datei verschieben
Ziehen Sie den Dateinamen bei gedrückter <ALT-TASTE> zum Zielverzeichnis oder -laufwerk.

Datei in Datei einfügen
Ziehen Sie den Dateinamen in ein Anwendungsfenster oder auf ein Anwendungssymbol auf dem Desktop.

Datei mit Programm laden
Ziehen Sie den Dateinamen auf einen Programmnamen.

Datei drucken
Ziehen Sie den Dateinamen auf das DRUCK-MANAGER-Symbol.

17.3.5 Dateien mit TrueType-Fonts drucken

Manche Drucker können die TrueType-Fonts nur als Grafik drucken. Sie erkennen dies daran, daß Ihr Drucker eine Standardschrift statt der eingestellten Schriftart benutzt. Wählen Sie dann **Datei Druckereinrichtung** und **Optionen**. Hier aktivieren Sie **TrueType als Grafik drucken**. Berücksichtigen Sie, daß eine Druckseite jetzt einige hundert Kilobytes groß ist. Dies kann bei einigen Druckern zu Pufferproblemen führen. Drucken Sie dann jede Seite einzeln aus.

17.3.6 Programme automatisch starten

Alle Programmsymbole in der Gruppe **Autostart** werden beim Start von WINDOWS automatisch geladen bzw. ausgeführt. Es gibt aber noch eine zweite Methode, um Programme automatisch zu starten.

Mit den Angaben **Load** und **Run** in der Datei **WIN.INI** können Sie dafür sorgen, daß bei jedem Aufruf von WINDOWS Programme geladen oder gestartet werden. Laden bedeutet hier, daß ein Programm als Symbol ausgeführt wird, während Starten besagt, daß es als Fenster erscheint.

Hinter Load= und Run= geben Sie einen oder mehrere Programm- oder Dateinamen an.

Beispiel:

```
Load=clock calc mein.rec
Run=heute.cal
```

Die Angaben clock und calc hinter dem load geben an, daß diese Programme als Symbole ausgeführt werden sollen. Die Angabe mein.rec ist der Name einer RECORDER-Datei. Da die Endung REC mit dem Programm RECORDER verknüpft ist, wird er gestartet und die Datei mein.rec geladen. Damit stehen alle Makros dieser Datei direkt zur Verfügung.

Da die Endung CAL mit dem KALENDER verknüpft ist, wird er automatisch gestartet, und die Datei heute.cal wird von ihm geladen. Auf diese Weise erscheint bei jedem WINDOWS-Start selbsttätig der aktuelle Terminkalender.

Die nötigen Änderungen in der Datei WIN.INI können Sie mit dem EDITOR oder SYSEDIT durchführen.

17.3.7 Das WINDOWS-Team

Die Programmierer von Microsoft haben ihre Namen in WINDOWS verewigt. Sie erhalten diese jedoch nur durch einen Trick. Verfahren Sie folgendermaßen:
1) Wählen Sie innerhalb einer WINDOWS-Komponente aus dem Menü **Hilfe** den Befehl **Info**.
2) Halten Sie <STRG-TASTE>+<UMSCHALTTASTE> gedrückt und doppelklicken Sie das Icon in dem Infofenster. Klicken Sie danach auf OK.

340 ANHANG

3) Wählen Sie erneut **Hilfe** und **Info**. Halten Sie <STRG-TASTE>+<UMSCHALTTASTE> gedrückt, und doppelklicken Sie das Icon. Sie erkennen nun ein Banner im Wind!
4) Wählen Sie nochmals **Hilfe** und **Info**. Halten Sie <STRG-TASTE>+<UMSCHALTTASTE> gedrückt, und doppelklicken Sie das Icon. Jetz erscheint ein Nachspann, präsentiert von verschiedenen Figuren!

17.4 ASCII-Zeichensatz

ASCII-Code																			
NULL	☺	☻	♥	♦	♣	♠	BEL	▪	TAB	LF	VT	FF	CR	♪	☼	▶	◀	‡	‼
0	1	2	3	4	5	6	7	8	9	10	11	12	13	14	15	16	17	18	19
¶	§	–	‡	↑	↓	→	←	L	↔	▲	▼	BLANK	!	"	#	$	%	&	'
20	21	22	23	24	25	26	27	28	29	30	31	32	33	34	35	36	37	38	39
(	)	*	+	,	-	.	/	0	1	2	3	4	5	6	7	8	9	:	;
40	41	42	43	44	45	46	47	48	49	50	51	52	53	54	55	56	57	58	59
<	=	>	?	@	A	B	C	D	E	F	G	H	I	J	K	L	M	N	O
60	61	62	63	64	65	66	67	68	69	70	71	72	73	74	75	76	77	78	79
P	Q	R	S	T	U	V	W	X	Y	Z	[	\	]	^	_	`	a	b	c
80	81	82	83	84	85	86	87	88	89	90	91	92	93	94	95	96	97	98	99
d	e	f	g	h	i	j	k	l	m	n	o	p	q	r	s	t	u	v	w
100	101	102	103	104	105	106	107	108	109	110	111	112	113	114	115	116	117	118	119
x	y	z	{			}	~	⌂	Ç	ü	é	â	ä	à	å	ç	ê	ë	è	ï
120	121	122	123	124	125	126	127	128	129	130	131	132	133	134	135	136	137	138	139
î	ì	Ä	Å	É	æ	Æ	ô	ö	ò	û	ù	ÿ	Ö	Ü	¢	£	¥	₧	ƒ
140	141	142	143	144	145	146	147	148	149	150	151	152	153	154	155	156	157	158	159
á	í	ó	ú	ñ	Ñ	ª	º	¿	⌐	¬	½	¼	¡	«	»	▒	▒	▒	│
160	161	162	163	164	165	166	167	168	169	170	171	172	173	174	175	176	177	178	179
┤	╡	╢	╖	╕	╣	║	╗	╝	╜	╛	┐	└	┴	┬	├	─	┼	╞	╟
180	181	182	183	184	185	186	187	188	189	190	191	192	193	194	195	196	197	198	199
╚	╔	╩	╦	╠	═	╬	╧	╨	╤	╥	╙	╘	╒	╓	╫	╪	┘	┌	█
200	201	202	203	204	205	206	207	208	209	210	211	212	213	214	215	216	217	218	219
▄	▌	▐	▀	α	β	Γ	π	Σ	σ	µ	τ	Φ	Θ	Ω	δ	∞	φ	ε	∩
220	221	222	223	224	225	226	227	228	229	230	231	232	233	234	235	236	237	238	239
≡	±	≥	≤	⌠	⌡	÷	≈	°	•	·	√	ⁿ	²	■					
240	241	242	243	244	245	246	247	248	249	250	251	252	253	254	255				

(Industriestandard Set#2)

BEL BELL = Glocke, erzeugt eine akustische Ausgabe (Signalton).
TAB TABULATOR: springt zur nächsten Bildschirmtabulatorposition.
LF LINE FEED = aktuelle Position eine Zeile nach unten bewegen.
VT HOME = neue aktuelle Position ist die linke obere Ecke des Bildschirms.
FF FORM FEED = Bildschirminhalt wird gelöscht, neue Seite einrichten.
CR CARRIAGE RETURN = neue Zeile am linken Bildschirmrand beginnen.

17.5 ANSI-Zeichensatz

Achtung:
WINDOWS verwendet den ANSI-Zeichensatz und nicht den erweiterten Zeichensatz für den IBM-PC! Dadurch kann es nötig werden, Texte umzuwandeln, wenn Sie von DOS-Programmen in WINDOWS-Programme oder umgekehrt übernommen werden sollen. Die Umwandlungsfunktion wird in der Regel vom WINDOWS-Programm bereitgestellt.

ANSI-Zeichensatz

0	1	2	3	4	5	6	7	8	9	10	11	12	13	14	15	16	17	18	19
								RS	TAB			CR							
20	21	22	23	24	25	26	27	28	29	30	31	32	33	34	35	36	37	38	39
												BLANK	!	"	#	$	%	&	'
40	41	42	43	44	45	46	47	48	49	50	51	52	53	54	55	56	57	58	59
(	)	*	+	,	-	.	/	0	1	2	3	4	5	6	7	8	9	:	;
60	61	62	63	64	65	66	67	68	69	70	71	72	73	74	75	76	77	78	79
<	=	>	?	@	A	B	C	D	E	F	G	H	I	J	K	L	M	N	O
80	81	82	83	84	85	86	87	88	89	90	91	92	93	94	95	96	97	98	99
P	Q	R	S	T	U	V	W	X	Y	Z	[	\	]	^	_	`	a	b	c
100	101	102	103	104	105	106	107	108	109	110	111	112	113	114	115	116	117	118	119
d	e	f	g	h	i	j	k	l	m	n	o	p	q	r	s	t	u	v	w
120	121	122	123	124	125	126	127	128	129	130	131	132	133	134	135	136	137	138	139
x	y	z	{	|	}	~													
140	141	142	143	144	145	146	147	148	149	150	151	152	153	154	155	156	157	158	159
BLANK																			
160	161	162	163	164	165	166	167	168	169	170	171	172	173	174	175	176	177	178	179
	¡	¢	£	¤	¥	¦	§	¨	©	ª	«	¬		®	¯	°	±	²	³
180	181	182	183	184	185	186	187	188	189	190	191	192	193	194	195	196	197	198	199
´	µ	¶	·	¸	¹	º	»	¼	½	¾	¿	À	Á	Â	Ã	Ä	Å	Æ	Ç
200	201	202	203	204	205	206	207	208	209	210	211	212	213	214	215	216	217	218	219
È	É	Ê	Ë	Ì	Í	Î	Ï	Ð	Ñ	Ò	Ó	Ô	Õ	Ö	×	Ø	Ù	Ú	Û
220	221	222	223	224	225	226	227	228	229	230	231	232	233	234	235	236	237	238	239
Ü	Ý	Þ	ß	à	á	â	ã	ä	å	æ	ç	è	é	ê	ë	ì	í	î	ï
240	241	242	243	244	245	246	247	248	249	250	251	252	253	254	255				
ð	ñ	ò	ó	ô	õ	ö	÷	ø	ù	ú	û	ü	ý	þ	ÿ				

```
RS   RÜCKSCHRITT     = löscht das Zeichen links von der Cursorposition.
TAB  TABULATOR       = springt zur nächsten Bildschirmtabulatorposition.
CR   CARRIAGE RETURN = neue Zeile am linken Bildschirmrand beginnen.
```

Um Zeichen einzugeben, die nicht direkt über die Tastatur zu erreichen sind, halten Sie die <ALT>-Taste fest und drücken als erstes die **Null** auf dem Ziffernblock, gefolgt vom Code für das Zeichen entsprechend obiger Tabelle (z. B. 0167 für §). Vergessen Sie, die Null zu drücken, so erhalten Sie das dem Code entsprechende ASCII-Zeichen, sofern es im ANSI-Code ebenfalls definiert ist.

17.6 Produkt- und Warennamen

dBASE ist ein eingetragenes Warenzeichen von Ashton-Tate Inc.

DR-DOS ist ein eingetragenes Warenzeichen von Digital Research Inc.

HP-LaserJet ist ein eingetragenes Warenzeichen von Hewlett Packard Inc.

HTPM ist ein eingetragenes Warenzeichen von Software Publishing Corp.

IBM-PC ist ein eingetragenes Warenzeichen von International Business Machines Corp.

Intel ist ein eingetragenes Warenzeichen von Intel Corp.

Microsoft ist ein eingetragenes Warenzeichen von Microsoft Corp.

MS-DOS ist ein eingetragenes Warenzeichen von Microsoft Corp.

Multiplan ist ein eingetragenes Warenzeichen von Microsoft Corp.

Pro Audio Spectrum ist ein eingetragenes Warenzeichen von Media Vision Inc.

QEdit ist ein eingetragenes Warenzeichen von Applied Systems Technologies Inc.

Quattro ist ein eingetragenes Warenzeichen von Borland Inc.

Sound Blaster pro ist ein eingetragenes Warenzeichen von Creative Labs. Inc.

Walkman ist ein eingetragenes Warenzeichen von Sony

Windows ist ein eingetragenes Warenzeichen von Microsoft Corp.

Word ist ein eingetragenes Warenzeichen von Microsoft Corp.

Wordperfect ist ein eingetragenes Warenzeichen von Wordperfect Corp.

Wordstar ist ein eingetragenes Warenzeichen von Micropro International Corp.

17.7 Sachwortregister

386/486-PC 171, 317

Abbrechen 34
Abkürzungstaste für Recorder 308
Abkürzungstasten reservieren 324
Absatzmarke 126
Aktives Fenster 18
Analoguhr 198
Ändern bestehender Desktop-Muster 161
Ändern bestehender Farbschemata 155
Ändern der Cursor-Blinkgeschwindigkeit 163
Ändern der Druckgeschwindigkeit 177
Ändern der Gruppeneigenschaft 50
Ändern der Fenstergröße 26, 32
Ändern der Mauseinstellungen 160
Ändern der Rahmenbreite 162
Ändern der Reihenfolge der Warteschlange 177
Ändern der Uhrzeit 170, 199
Ändern des Datums 170
Ändern des Datumformats
  Siehe Ländereinstellung
Ändern des Zeitformats
  Siehe Ländereinstellung
Anfangsverzeichnis 319
Anfangszeit des Kalenders 205
Anhalten und Fortsetzen des Druckvorgangs 177
Anklicken
  Siehe Klicken
Anordnen von Anwendungsfenstern und Symbolen 25, 48
Anordnen von Fenstern 45
Anordnen von Gruppenfenstern 45
Anordnen von Symbolen 48
Anordnen von Symbolen beim Ändern der Fenstergröße 48
Anschlüsse 158

ANSI-Zeichensatz 341
Anwendungsbeispiele für Klangdateien 285
Anwendungsfenster 23
Anwendungsprogramm 31
Anzeigen der Druckwarteschlange 177
Anzeigen des Zwischenablage-Inhalts 121
Anzeigen von Meldungen des Druck-Managers 177
Anzeigeoption 324
Arbeitsspeicher 317
Archive 186
ASCII-Zeichensatz 340
Aufnahme eines Makros 307
Aufnahme von Tondateien 285
Auslagerungsdatei 330
Auslassungspunkte 34
Ausschneiden 122
Auswählen des Standarddruckers 169
Auswählen einer Datei in einem Verzeichnisfenster 189
Auswählen eines Druckeranschlusses 166
Auswählen eines Laufwerks 182
Auswählen mehrerer Dateien oder Verzeichnisse 189
Auswählen und Abbrechen von Menüs 31
Automatisches Verkleinern des Datei-Managers auf Symbolgröße 195
Automatisches Verkleinern des Programm-Managers auf Symbolgröße 59

Baud 249, 267
Bearbeiten von markiertem Text 242
Bearbeiten von PIF-Dateien 316
Beenden des Programm-

Managers 63
Befehle des Menüs Ansicht 203, 218, 290
Befehle des Menüs Fenster 46
Befehle des Menüs Modus 319
Befehle des Menüs Optionen 312
Befehle des Menüs Suchen 228
Befehle des Systemmenüs 31
Befehlsmodus des Modems 270
Benennen von Datenträgern 192
Betriebsart 317
Bewegen innerhalb von Dialogfeldern 34
Bild-Karten 224
Bildattribute in Paintbrush 108
Bildlauffeld 29
Bildlaufleiste 29
Bildlaufpfeil 29
Bildschirm
  ~breite 265, 272
  ~datenaustausch 321
  ~modus 319
  ~punkt 89, 105
  ~schoner 162
  ~speicher 324
Binärdatei 271
Binärübertragung 273
Bit 249
Bitmap 332
Blocksatz 132
Bogen 101
Briefkopf 112
Brieftext 146
BUFFERS 331

CALC.EXE
  Siehe Rechner
CARDFILE:EXE
  Siehe Kartei
CD-Spieler 287
CHARMAP.EXE
  Siehe Zeichentabelle
Clipboard
  Siehe Zwischenablage
CLIPBRD.EXE
  Siehe Zwischenablage
CLOCK.EXE
  Siehe Uhr
Codes für Kopf- und Fußzeile 213
COM 231, 246, 269, 321
CONTROL.EXE
  Siehe Systemsteuerung
Copy 123
Cursor 20
Cut 123

Datei
  ~ attribute 186
  ~ auswählen 189
  ~ kopieren 187
  ~ löschen 188
  ~ verschieben 187
Dateiauswahlfenster 84
Dateiendungen
  BAT 186
  BKP 141
  BMP 84
  CAL 201
  COM 186
  CRD 227
  EXE 186
  MSP 85
  PCX 85
  PIF 186, 315
  REC 305
  TRM 278
  WAV 287
  WRI 141
Dateiformat für Paintbrush 84, 85
Dateimanager 180
  Menü Datei 190
  Menü Datenträger 191
  Menü Verzeichnisse 183
  Menü Ansicht 184
  Menü Optionen 188, 195
Dateiname suchen 52
Dateinamenserweiterung
  Siehe Dateiendungen
Dateiübertragung 258, 271
Datenbank 216

SACHWORTREGISTER

Datenträgerbezeichnung 182
Datenübertragungsparameter 267
DATEX-P-Netz 250
Datum ändern 170
Datum/Uhrzeit 170
Datumsformat 169
Demo-Makro 313
Demodulator 247
Desktop 18
 Hintergrundbild für ~ 161, 332
 Muster für ~ 161
 Symbolabstand 161
 Symbole anordnen 48
 Bildschirmschoner 162
Dezimaltabulator 136
Diagonale Linien 94
Dialogfeld 34
Dienste 250
Digitaluhr 198
Dokument 62
Dokumente mit Anwendungen
 verknüpfen 62, 192
Dokumentsymbol 186
Doppelklick 20
Doppelklickgeschwindigkeit 160
Doppelpfeil 26
Doppelpunkt beim Rechner 302
DOS-Programme 336
Drucken
 ~ in eine Datei 178
 ~ mit Druckmanager 164
 ~ ohne Druckmanager 169
 ~ übertragener Dateien 260
Drucken von Kopf- und Fußzeilen
 213
Drucker 164
 ~ installieren 165
 ~ konfigurieren 166
 Schriftarten für ~ 168
 Standard-~ 169
Druckertreiber 164
Druckerauflösung verwenden 105
Druckerecho 260
Druckereinrichtung 166
Druckerwarteschlange 176

Druckmanager 175
 Menü Ansicht 177
 Menü Optionen 177
Dualsystem 298

Editor 236
 Menü Datei 239, 241
 Menü Bearbeiten 241
 Menü Suchen 239
Ein- und Ausschalten des
 Signaltons 171
Einblenden von Verzeichnis-
 ebenen 183
Einfügemarke 20
Einfügen 123
Einloggen 257
Einordnen in Kartei 219, 235
Einstellen der Druckränder 213
Einstellung der Multitasking-
 Optionen 322
Einzug 134
Ellipse 101
EMS 323
Emulation eines Terminals 263
Endemarke 116
Endesignal 249, 268
Endlosschleife eines Makros 310
Endung
 Siehe Dateiendungen
Entwurfsqualität 105
Erstellen benutzerdefinierter
 Farben 156
Erstellen neuer Desktop-Muster
 161
Erstellen neuer PIF-Dateien 316
Erstellen neuer Verzeich-
 nisse 190
Erstellen von Gruppen 51
Erstellen von Protokoll-
 dokumenten 243
Erweiterungsspeicher 323
EXPAND.EXE 327
Expansionsspeicher 323
Exponentialdarstellung 291
Exponentialrechnung 293, 295

Extension
Siehe Dateiendungen

Farben selbst definieren 156
Farbpalette 110
Farbradierer 88
Farbrolle 82
Farbschema 155
Fenster 23
   Größe des ~s ändern 26
   ~ anordnen 45
   ~ schließen 30
   ~hintergrund 153
Festkommadarstellung 295
Fettdruck 129
Folgekarten 220, 223
Formatieren von Disketten 192
Freihandlinien 93
Fußzeile 140, 213

Gerätekonkurrenz 172
Grafikkarte 329
Groß-/Kleinschreibung beim
   Suchen 126
Gruppe 43
   ändern der Beschreibung 50
   ~ erstellen 51
   ~ löschen 48
   Programme in ~
   einfügen 52, 55
   Programme aus ~
   entfernen 58
Gruppensymbol 44

Hardcopy 328
Hardware-Protokoll 269
Hauptgruppe 43
Hayes-Standard 231
Herkunft 271
Hexadezimalzahlen 294, 297
Hidden 186
High-Memory-Bereich 323
Hilfe 37
Hintergrundbild 161
Hintergrundpriorität 323

Hinzufügen der Uhrzeit und
   des Datums zu einem
   Dokument 243
Hochformat 168
Hochstellen 129
Hostrechner 250

Icon 18
Icons auswählen 19, 55
Installation von Windows 326
Installieren neuer Drucker 165
ISO-Zeichensatz 266

Kachel 161
Kalender 201
   Menü Datei 212
   Menü Bearbeiten 211
   Menü Ansicht 203
   Menü Aufschlagen 206
   Menü Wecker 209
   Menü Optionen 205
   12-Stunden-Format 206
   24-Stunden-Format 206
Kalendername 212
Kalenderplanung 205
Kartei 216
   Menü Datei 227
   Menü Bearbeiten 224
   Menü Ansicht 218
   Menü Karte 223, 231
   Menü Suchen 228
Karteiplanung 219
Kartenspiel 64
Klangdateien 285
Klangrecorder 281
   Menü Datei 282
   Menü Bearbeiten 284
   Menü Effekte 283
Klein-/Großschrift beim
   Suchen 126
Klicken 20
Kontrollkästchen 61
Konturschrift 101
Kopfzeile 140, 213
Kopieren 123

Bild auf Karteikarte ~ 224
Dateien ~ 187
~ über Zwischenablage 123
Kopieren von Dateien 187
Kopieren, Ausschneiden und
  Einfügen von Text 122
Kreis 101
Kursivschrift 129

Laden von Dateien 85
Ländereinstellung 169
Laufwerksbuchstaben 182
Laufwerkssymbol 182
Layout 139
Leerkarte 221
Leerlaufzeit 323
Listenanzeige einer Kartei 218
Listenfelder 53
Load 339
Login 257
Logoff 259
Löschen von Dateien 188

Mailbox 245
Makro 304
  ~ planen 306
  ~ starten 310
  ~ löschen 313
  ~ aufzeichnen 307
Makroeigenschaften ändern 311
Makroname 308
Makrorecorder 304
Markieren des gesamten Textes
  eines Dokuments 121
Markieren von Text 120
Markierungsbereich 120
Maus 159
Maus für Linkshänder anpassen
  160
Mausspur 160
Mauszeiger 20
Mauszeigergeschwindigkeit 160
Medien-Wiedergabe 286
  Menü Datei 287
  Menü Gerät 287

Menü Skala 288
Menüs bedienen 31
MIDI 175
MIDI-Mapper 175
Minesweeper 70
Modem 247
Modembefehl 253
Modifiziert direkt (Tastatur) 321
Modifiziert direkt (Übertragungs-
  anschlüsse) 321
Monatsansicht 203
Monatskalender 203
MPLAYER.EXE
  Siehe Medien-Wiedergabe
Multimedia 280
Multitasking 322

Negativer Erstzeileneinzug bei
  Write 135
Nullmodem 248

Objekt-Manager 147
Öffnen
  Datei ~ 336
  Systemmenü ~ 31
OLE 144, 337
Ordner 43
Ordnersymbol 44
Origin 271

Paintbrush 76
  Menü Datei 83
  Menü Bearbeiten 89, 111
  Menü Ansicht 91, 97
  Menü Text 99
  Menü Trickkasten 103
  Menü Optionen 108
  Größe der Zeichen-
    fläche 108
Parität 249
Paste 123
Paßwort 250
PBRUSH.EXE
  Siehe Paintbrush
PIF-Editor 315

Menü Modus 319
Pinselform 109
Präfix 254, 270
PRINTMAN.EXE
   Siehe Druckmanager
Priorität 177, 323
PROGMAN.EXE
   Siehe Programm-Manager
Programm-Manager 43
   Menü Datei 59
   Menü Optionen 63
   Menü Fenster 46
Programmumschaltung verhindern 321
Prompt 258
Protokoll 250
Prüfbit 268

Querformat 168

Radieren 81
Read only 186
Rechner 289
   Menü Bearbeiten 301
   Menü Ansicht 290
Rechteckschere 93
Recorder 304
Registersuche 229
Rekorder
   Siehe Recorder
   Menü Datei 313
   Menü Makro 311
   Menü Optionen 312
Rücktaste 90
Run 339

Sättigung 156
Schaltfläche 33
Schere 93
Schnittstelle 158, 246, 269
Schreibtischoberfläche
   Siehe Desktop
Schriftarten 157
Schriftarten für Nicht-WINDOWS-Programm 336
Schriftarten hinzufügen/löschen 158
Schriftgröße 99, 130
Schriftstil 99, 129
Seitennummer 140, 213
Seitenumbruch 140
Sendeaufforderung 258, 273
Sendeleitung 248
Session 257
Setup-Programm 326
SHARE 333
Shell 333
Signalton 210, 263
Silbentrennung 137
Sitzung 250
Skalierung 105
Smartdrive 331
Software-Handshake 268
SOL.EXE
   Siehe Solitär
Solitär 64
   Menü Spiel 67
Sortierreihenfolge 219
Soundkarten 280
Speicherbedarf 320
Speichern von Dateien 83, 336
Sperrsignal 269
Spiele 64
Spielregeln 64, 70
Sprühdose 78
Spurenziehen 96
Stacks 331
Standard-Modus 317
Standard-RECHNER 291
Standard-Uhr 198
Standarddrucker 169
Stapelspeicher 331
Stapelspeicherüberlauf-Meldung 331
Startbit 249
Statistikfeld 300
Stichwort 219
Stoppbit 249
Stoppuhr 279
Strichbreitenfeld 77

Suchen in einer Kartei 228
Suchen nach Dateien oder
    Verzeichnissen 190
Suchen von Text 124, 239
Suchrichtung 239
Suffix 254, 270
Symbole auswählen 55
Symbolabstand 161
Sysedit 54, 334
SYSTEM.INI 153
System 186
Systemdatum 244
Systemereignisse 170
Systemklänge 171
Systemmenü 31
Systemressourcen 321
Systemsteuerung 150
    Farben 153
    Schriftarten 157
    Anschlüsse 158
    Maus 159
    Desktop 160
    Tastatur 170
    Drucker 164
    Ländereinstellung 169
    Datum/Uhrzeit 170
    MIDI-Mapper 175
    386 erweitert 171
    Treiber 174
    Klang 170
Systemzeit 244

Tabulator 135
Tageskalender 202
Taschenrechner
    Siehe Rechner
Task-Liste 151
TASKMAN.EXE
    Siehe Taskmanager
Taskmanager 150
Tastaturgeschwindigkeit 170
Tastenbezeichnungen 21
Tastenebene 276
Telefonnotiz 307
Telefonnummern für DATEX-P 251

TEMP-Variable 331
Terminal 245
    Menü Datei 278
    Menü Einstellungen 262
    Menü Telefon 254
    Menü Übertragung 258
Terminal-Emulation 263
Terminal-Modi 264
Terminkalender
    Siehe Kalender
Testfeld 160
Text-Karten 223
Textblöcke 121
Textdatei 271
Texteditor 236
Texthilfsmittel 98
Textmodus 324
Textsuche 124, 239
Textübertragung 271
Tiefstellen 129
Titelleiste 28
Tonsignal 210, 263
Tonwählsystem 232
Trägersignal 269
Transmit 270
Treiber 174
Trickkasten 103
True Type 158, 338
TTY 264

Übertragungsgeschwindigkeit 249
Übertragungsprotokolle 271
Uhr 196
Menu Einstellungen 197
Uhrzeit einstellen 199
Umbenennen von Dateien oder
    Verzeichnissen 334
Umgebungsvariable
    Siehe TEMP-Variable
Umschalten zwischen Anwen-
    dungsfenstern 151, 162
Unbedingter Seitenumbruch 141
Unterstreichung 129
Utensilienleiste 78

Verbindungsaufbau 254
Verbindungskabel 269
Verbindungszeit 279
Verknüpfen von Dokumenten mit einer Anwendung 62, 192
Verpacktes Objekt 148
Verschieben eines Elements in eine andere Gruppe 51
Verschieben von Dateien oder Verzeichnissen 187
Verschieben von Fenstern, Symbolen und Dialogfeldern 25
Verwendung der Bildlaufleisten 28
Verzeichnis 180
Verzeichnisfenster 181
Verzeichnisstrukturfenster 182
Verzögerungszeit 273
Vieleck 107
Vollbild 28
Vollbildfeld 25
Vordergrundfarbe 79
Vordergrundpriorität 323
VT-100 263

Wahlwiederholung 263
Währungsformat 169
Warteschlange 176
Wechseln zwischen Anwendungsfenstern 151, 162
Wecker 209
Weicher Trenner 137
Weitersuchen 126
Wellenbox 281
Widerrufen 89
Wiedergabe 288
Wiedergabegeschwindigkeiten 283
Windows beenden 23
Windows starten 23
Windows-Betriebsart 317
Windows-Hilfe 37
Windows-Optionen für Standard-Modus 317
Windows-Setup 326

WINFILE.EXE
  Siehe Dateimanager
Winhelp 334
WIN.INI 153
WINMINE.EXE
  Siehe Minesweeper
Write 115
  Menü Datei 141
  Menü Bearbeiten 122
  Menü Suchen 125
  Menü Schrift 129
  Menü Absatz 134
  Menü Dokument 128

XModem 274
XMS 323
Xon/Xoff 268

Zahlenformat 169
Zeichenecho 273
Zeichentabelle 130
Zeilenabstand 134
Zeilenlineal 128
Zeilenumbruch 238
Zeitformat 169
Zentrieren 132
Ziehen 20
Zubehör 43
  Editor 236
  Kalender 201
  Kartei 216
  Klangrecorder 281
  Medien-Wiedergabe 286
  Objekt-Manager 147
  Paintbrush 76
  PIF-Editor 315
  Rechner 289
  Recorder 304
  Terminal 245
  Uhr 196
  Write 115
  Zeichentabelle 130
Zwischenablage 121

Betriebssysteme, Programmiersprachen

Peter Freese
MS-DOS *Eine strukturierte Einführung (bis Version 5.0)*
(rororo computer 8145)

Christian Kurtz / Peter Freese
Softwarelexikon MS-DOS
(bis Version 5.0)
(rororo computer 8152)

Helmut Erlenkötter / Volker Reher
C, Quick-C, Turbo-C++MS-C/ C++,Berland-C++ *Eine strukturierte Einführung*
(rororo computer 8166)
MS-Windows *Eine strukturierte Einführung (bis Version 3.0)*
(rororo computer 8182)
Windows 3.1 *Eine strukturierte Einführung*
(rororo computer 9230)

Hermann Mehlig
DR DOS *Eine strukurierte Einführung (bis Version 6.0)*
(rororo computer 8191)

Hans-Josef Heck
UNIX *Eine strukturierte Einführung*
(rororo computer 8167)
UNIX für Fortgeschrittene *Benutzerumgebung und Kommandosprache*
(rororo computer 8187)

Peter Freese / Heinrich Tofall / Werner Wehmeier
Novell NetWare *Eine strukturierte Einführung*
(rororo computer 9222)

Clive Prigmore
Anfangen mit BASIC *Programmieren lernen im Selbstunterricht*
(rororo computer 8124)

rororo computer

ALexander Parkmann / J.oachim Röhl / Johannes Verhuven
BASIC unter MS-DOS *Eine strukturierte Einführung*
(rororo computer 8147)
BASIC für Fortgeschrittene *Eine strukturierte Einführung*
(rororo computer 8154)

Bernd Barfues / Ute Jacobs
QuickBASIC *Eine strukturierte Einführung (bis Version 4.5)*
(rororo computer 8190)

H. Urban / Klaus W. Jamin
Cobol *Eine strukturierte Einführung*
(rororo computer 8157)

Gregor Kuhlmann
Turbo-Pascal *Eine strukturierte Einführung (bis Version 6.0)*
(rororo computer 8148)

Gregor Kuhlmann
Turbo-Pascal für Fortgeschrittene *(bis Version 6.0)*
(rororo computer 8155)

Thomas Tai / Peter Freese
Softwarelexikon Turbo-Pascal *Begriffe, Funktionen, Menüs und Befehle (bis Version 6.0)*
(rororo computer 8168)